榜样

2023年度新时代铁路榜样风采录

中国国家铁路集团有限公司党组宣传部　编

中国铁道出版社有限公司
CHINA RAILWAY PUBLISHING HOUSE CO., LTD.

图书在版编目（CIP）数据

榜样. 2023年度新时代铁路榜样风采录 / 中国国家铁路集团有限公司党组宣传部编. — 北京 : 中国铁道出版社有限公司，2024.3

ISBN 978-7-113-31024-0

Ⅰ.①榜… Ⅱ.①中… Ⅲ.①铁路员工-先进事迹-中国-现代 Ⅳ.①K826.16

中国国家版本馆CIP数据核字（2024）第033187号

书　　名：榜　样——2023年度新时代铁路榜样风采录
作　　者：中国国家铁路集团有限公司党组宣传部

策划编辑：赵　静
责任编辑：周雨晨　　　　**编辑部电话**：(010)51873407
封面设计：刘　莎
责任校对：安海燕
责任印制：樊启鹏

出版发行：中国铁道出版社有限公司(100054，北京市西城区右安门西街8号)
网　　址：http://www.tdpress.com
印　　刷：北京盛通印刷股份有限公司
版　　次：2024年3月第1版　2024年3月第1次印刷
开　　本：710 mm × 1 000 mm　1/16　**印张**：20.5　**字数**：325千
书　　号：ISBN 978-7-113-31024-0
定　　价：80.00元

前 言

中国国家铁路集团有限公司党组以习近平新时代中国特色社会主义思想为指导，认真贯彻落实习近平总书记对铁路工作的重要指示批示精神和党中央、国务院决策部署，积极践行社会主义核心价值观和“人民铁路为人民”宗旨，大力弘扬劳模精神、劳动精神、工匠精神，坚持“千千万万普通人最伟大”“幸福都是奋斗出来的”工作导向，自2018年以来，持续运用“新时代·铁路榜样”宣传载体，大力选树宣传基层一线先进典型，全面营造了崇尚先进、学习先进、争当先进的浓厚氛围。

贯穿2023年全年的第六届“新时代·铁路榜样”选树宣传得到了全路上下的广泛关注和路内外媒体的大力宣传。面向铁路全行业，聚焦基层一线平凡岗位，自下而上，层层推选，一大批先进典型脱颖而出，人民铁道、中国铁路全媒体平台持续重磅推出，中央主要媒体和地方媒体集中报道，形成了强有力的示范引领效应。中国国家铁路集团有限公司、中华全国铁路总工会授予10名个人和1个集体“新时代·铁路榜样”称号，授予24名个人“新时代·铁路榜样”提名奖。

荣获“新时代·铁路榜样”称号的郑州局集团公司郑州车站运转车间车站值班员蒋涛、西安局集团公司安康工务段巴山线路维修一工队副队长王庭虎、上海局集团公司上海动车段调试车间列调一班工长张华、南昌局集团公司南昌车站客运车间客运值班员李军、广州局集团公司海口综合维修段海口综合维修车间信号工王笑冰、乌鲁木齐局集团公司库尔勒客运段和田一队列车长米尔班·艾依提、青藏集团公司格尔木机务段运用一车间指导司机斯朗旺扎、中国铁建二十一局集团第三工程有限公司成渝中线铁路钢构班班长马小利、中车株洲电力机车研究所有限公司正高级工程师陈燕平、广州铁路公安局惠州公安处惠来站派出所三级警长朱少铭、沈阳局集团公司通化工务段通化桥隧车间通化桥隧第一维修小组，还被中央宣传部、中国国家铁路集团有限公司联合授予2023年“最美铁路人”称号。

荣获“新时代·铁路榜样”称号和“新时代·铁路榜样”提名奖的34名个人及1个集体，全部来自铁路基层一线，是铁路运输、铁路建设、铁路装备、铁路公安等各个领域的优秀代表。他们立足岗位、忠于职守，充分展示了铁路人在新时代新征程中的先行风采、服务本色、担当品格、奋斗精神。

榜样的力量是无穷的。为充分发挥先进典型示范引领作用，讲好新时代铁路故事，我们编辑出版了这本榜样风采录，把榜样的先进事迹和精神面貌展现给广大读者。铁路人是始终听党话、永远跟党走的产业大军，以实际行动践行着国家铁路、人民铁路的使命担当。我们坚信，新征程上，在习近平新时代中国特色社会主义思想指引下，在“新时代·铁路榜样”感召下，广大铁路职工定会坚定信心、开拓奋进，奋力推动铁路高质量发展，为以中国式现代化全面推进强国建设、民族复兴伟业作出新的更大贡献！

目 录

最美铁路人 / 新时代铁路榜样

新时代铁路榜样提名奖

安临一标

2023年度新时代铁路榜样风采录

2018

2019

2020

2021

2022

2023

最美铁路人
新时代铁路榜样

扫码观看《闪亮的名字——2023
最美铁路人发布仪式》视频

扫码观看 2023 最美铁路人代表
中外记者见面会视频

扫码观看 2023 最美铁路人
先进事迹首场报告会视频

最美铁路人

新时代铁路榜样

蒋　涛

中共党员，中国铁路郑州局集团有限公司郑州车站运转车间车站值班员，曾获全国五一劳动奖章、河南省五一劳动奖章、郑州局集团公司技术能手等荣誉。

畅通中原写芳华

——记中国铁路郑州局集团有限公司郑州站运转车间车站值班员蒋涛

肖培清　王　玮　赵钰佩　赵依婷

“D2774次列车接近，2道接车”“G1588次列车，3道出站进路好了”……

3月27日7时许，旭日初升，郑州站信号楼内一派繁忙景象。一排排电脑屏幕不断闪烁着各种信息，电话铃声此起彼伏。蒋涛紧盯屏幕上的车次和股道信息，快速精准地发出一条条指令。10分钟内，5趟旅客列车出入郑州站，2趟旅客列车在车站完成了机车换挂作业。

郑州站是全国重要的枢纽站，有13条股道、223组道岔，承担着京广线、陇海线及联络线等6个方向的列车接发任务，高峰时段每36秒就办理一条列车进路。

蒋涛是中国铁路郑州局集团有限公司郑州站运转车间车站值班员，指挥“千军万马”有序进出郑州站是他的职责。在岗12年，他办理接发列车37万余列，从未错排过一次信号。

以标为纲　向阳生长

蒋涛的父亲是一名车站值班员。在蒋涛印象中，父亲经常忙于工作，追求标准近乎严苛。“我的每个指令都关系着旅客出行，错一点也不行。”年少的蒋涛不太理解父亲的话，但对行车工作充满了好奇和敬畏。

2000年，蒋涛进入铁路工作，成为郑州站运转车间的一名连结员。偌大的站场里，蒋涛穿梭在股道间，解体车辆、编组车列，忙碌的身影像跳跃的音符。在一次邮政车摘挂作业时，蒋涛发现车站值班员调整了当日的调车径路。这样做不仅减少了作业折返时间，而且避开了邻线通过的列车，大大提升了作业效率，增强了安全性。

蒋涛正在确认当日行车组织重点事项　王玮 / 摄

“不同值班员对现场的认识和理解不同，‘指挥’的效果也大不相同。”蒋涛对车站值班员岗位更向往了。他沉下心来学业务、练技能，2008 年通过车站信号员选拔考试，进入信号楼工作。

信号楼是车站指挥列车运行的“神经中枢”。列车何时出发到达、进站后停靠哪一股道、运行时间如何衔接、相邻车站间列车如何运行，都需要信号楼统一指挥。郑州站接发 6 个方向的列车，普速列车机车换挂作业繁多，股道运用紧张。蒋涛意识到，开放信号的时间非常紧凑，不能出任何差错，否则就可能影响后续列车运行。

实际工作难度远超蒋涛想象。上班时，他跟着师傅学习、演练，记下车站值班员安排的关键行车进路；下班后复盘总结，不懂的地方和父亲讨论。

父亲告诉他，要干好行车组织工作，按标作业是基本功。蒋涛把对行车组织的理解写在笔记本上，把规章的重点和非正常应急处置办法示意图贴在墙上，把各项规章制度和标准作业流程刻在心上。8 本厚厚的笔记，是他努力的见证！

2010 年，郑西高铁开通运营。郑州站成为高速铁路和普速铁路并用的车站，行车组织难度更大了。这一年，蒋涛成为车站值班员，并获得了郑州铁路局行车岗位练功比武竞赛季军。

“当上了值班员，自己就成了指挥‘千军万马’的指挥员。”至今，蒋涛还清楚记得初当车站值班员时的情景。上岗前一天晚上，他记下了车站每趟高铁列车的时刻，梳理出每趟高铁列车可能影响的普速机车换挂车次。“因为动车组列车停靠的股道一般是固定的，普速旅客列车换挂机车时不能占用该股道，调车作业也不能影响动车组列车进路。”蒋涛介绍，只能提前预想特殊情况下的进路排布，做到心中有数。第一天值班，蒋涛全神贯注，精准发出每一条指令、盯控每一道流程，尽可能减少机车出入库、调车作业给接发列车造成的干扰。第一个班，蒋涛接发了 200 多趟列车。那时正值深秋，蒋涛因为紧张衣服都被汗水浸湿了。“当时脑子就一个念头——不能出任何差错。”蒋涛说。

“要不出差错也很简单，就是按标作业！”蒋涛介绍，郑州站每天接发列车 350 余列，平均每 4 分钟就有一趟客车进站停靠。尽管列车开行密度越来越大，但只要对站场股道、线路设备状况了如指掌，严格按标准流程“发号施令”，就能确保旅客列车安全正点有序进出郑州站。

有一种生长，是你听不到禾苗拔节的声音，却能从饱满的稻穗中感受到生命的蓬勃！

“蒋涛在岗，大家放心。”郑州站运转车间党总支书记杨涛说。

行车千计　安全第一

“道路千万条，安全第一条。”蒋涛很喜欢电影《流浪地球》中的这句台词，他觉得铁路行车组织工作也是如此。每次上班前，蒋涛做的第一件事就是关注安全生产天数。这是他多年来养成的习惯。“数字提醒着我，安全永远是第一位的。”蒋涛说。

郑州站车流量大、股道运用紧张，保安全畅通不易，遭遇突发情况更是家常便饭。作为车站值班员，蒋涛总能忙而不乱、沉着应对。2013 年的一天，蒋涛发现担当 K175 次列车牵引任务的电力机车在通过郑州站一处道岔时，屏幕显示出现异常。蒋涛判断，可能是现场设备出了问题。“K175 次客车司机，不要动车！信号取消！”没有丝毫犹豫，蒋涛立刻联控司机。

随后，蒋涛多方联系确认情况。因线路故障，机车停滞在车站北岔区，且占用了陇海下行正线。他向调度部门汇报后，调度部门对行车组织办法进行了调整，将郑州站至郑州西站间上行线路改用电话闭塞，按单线行车。那一夜，蒋涛沉着冷静地发出近千条行车指令，既确保京广方向列车的正常接发，又妥善组织现场施工，同时有序疏导陇海线上积压的列车，减少突发故障对运输秩序的影响。事后，蒋涛得到了郑州铁路局的通报嘉奖。

蒋涛（左）在进行业务帮扶指导　王玮 / 摄

心有所信，方能行远。这件事情让蒋涛更加深刻地认识到，如果处理不好突发情况，堵塞的可能不仅仅是一个站、几条线。工作之余，他收集全路非正常接发列车的典型事例，深入思考各种突发情况下的科学处置方法，主动学习机务、工务、电务、供电等系统的安全规章和应急处置流程，总结优化了不同设备故障时行车指挥注意项点，持续提升应急处置能力。

近10年，正是中原铁路快速发展的时期。郑州站持续升级改造设备，提升站场接发列车能力、设备安全性能和列车运行平稳舒适度。蒋涛以临危不乱的心理素质和沉稳睿智的应变能力，在一次次非正常情况“大考”中交出高分答卷。

2017年10月，郑州站连续33天每天都有3至5小时的施工时间，集中更换73组木枕道岔。这是当时全国铁路历史上一次性更换道岔最多、周期最长、施工难度最大、有计划影响列车最多的一次施工。当时，车站值班员既要协调工务、电务、供电各单位，确保每天施工安全有序进行，又要尽可能在施工区域邻线组织旅客列车，在施工前后赶点组织相应列车，责任重大。蒋涛带领班组成员讨论优化每场施工方案，研判风险点和行车组织要点，推演施工组织流程，细化重点车次接发方案。施工期间，蒋涛带领大家组织非正常行车作业26次、调整高铁列车股道34次，发送行车指令2万余条，实现了“零差错”，有力保障了施工效率和行车安全。

蒋涛正在组织行车作业　王玮 / 摄

大灾大险方显本色担当。2021 年 7 月 20 日，郑州遭受特大暴雨灾害，郑州站股道、岔区被积水淹没，信号、联锁和闭塞设备全部失效，与邻站及列车调度员通信全部中断。面对前所未有的紧急情况，蒋涛临危不乱，手抄计划、手写站线板，认真做好行车凭证核对、调度命令收转发及执行等工作，确保了非正常情况下行车安全。7 月 21 日，在站区电务设备全部停用的情况下，郑州站首次向水害断道区间开出救援车，运送抢险指挥人员前往受灾一线。蒋涛主动请缨到车站北岔区，在一群复式交分道岔和交叉渡线道岔中找出列车开行径路，并和相关设备单位人员一起进行道岔加锁。首趟救援车顺利从郑州站开出，为西陇海线抢险救灾争取了宝贵时间。

有一种沉着，是你虽然无法预知明天会发生些什么，却能从千万次“零差错”的指令中，感受到肩上的责任！

“每次遇到突发情况，蒋涛都要对我们叮嘱、叮嘱、再叮嘱。”郑州站助理值班员齐宁说。

灯亮一盏　照亮一片

做好行车组织工作，需要“指挥员”具备优秀的专业素养，更需要团队的默契和凝聚力。蒋涛带的班组共有 5 名职工。班组虽小，管理并不容易。“行车组织工作强度高、安全压力大，需要时刻保持情绪稳定、精神振奋。”蒋涛说。

在大家眼中，蒋涛就像一盏暖光灯，柔和、温暖，给人以安全感。蒋涛熟悉班组中每个人的性格特点，平时注意观察大家的精神状态，及时发现出现思想波动的职工，并有针对性地化解矛盾、消除心结。工作中，蒋涛还毫无保留地将自己的行车组织经验和工作方法传授给大家。

“蒋涛很少发脾气，处理大事小情有条不紊，我们打心底里佩服他。”邢靓说。邢靓曾是助理值班员。有段时间，她注意力不集中，复诵蒋涛的接车指令时会出错。蒋涛当即纠正，班后严肃地告诉她：“复诵是对指令的确认，是为了保证指令的准确性。随口说错，就有可能点错信号、酿成大错，后果不堪设想。”他记下邢靓每个班操作不当的地方，认真分析原因，手把手地教，一遍遍地提示，帮她改掉作业中的不良习惯。2022 年底，邢靓成长为车站值班员，是当时郑州站唯一的女性车站值班员。

蒋涛的工作台位上放着一个小本子，上面密密麻麻地记着各种重点提示。“平时多想、多记、多背，把标准化作业变成习惯，干起活来才能心中不慌。”蒋涛经常这样告诫大家。在长期实践中，他形成了“预想、分享、互控”工作法：及时传达布置当班工作重点，做好安全预想；班后组织分享会，分享工作经验，提升班组整体业务水平；互相盯控，提升安全互控力。每天上岗前，蒋涛都要和大伙儿共同研究当天的行车组织计划和命令，做好关键工作预想，制订突发情况下接发车进路安排和调车方案。每次调图前，他带着大家记列车运行图、研判变化点、做好风险提示，确保调图过渡期平稳度过。

一枝独秀不是春，百花齐放春满园。在蒋涛的带动下，2021年，4名班组成员在郑州站“星级职工”年度评定中获评“三星级职工”，2名青年职工走上车站值班员、列车调度员岗位。如今，班组成员个个技能过硬，大家配合默契、干劲十足。

有一种生机，是你虽然看不到花儿绽放的过程，却能从绚丽的色彩中，体会到春天的力量！

“从蒋涛身上，我们不仅学到了真本领，而且认识到团队合作的重要性。”邢靓说。

12年来，无数旅客在蒋涛的行车指挥下安全前往目的地。

“在平凡的岗位做好平凡的事，我感到踏实而快乐。”蒋涛说。

扫码观看视频

采访手记

做好平凡事就是不平凡

一座信号楼，三尺控制台，十二个春秋，指挥“千军万马”，蒋涛坚定而从容。采访中，他低调谦和，说自己“只是在平凡的岗位上做了平凡的事”。蒋涛用行动证明，把平凡的事情天天做好，就是不平凡！

追梦路上，唯有实干与奋斗。蒋涛通过坚持不懈地勤学苦练，努力让自己的专业能力与铁路发展需要相匹配。他日复一日默默耕耘，在关键时刻挺身而出，当好服务枢纽畅通的“指挥者”。我们应像蒋涛那样，干一行、爱一行、专一行、精一行，意志坚定，笃行实干，在奋力拼搏中实现人生的价值。

铁路发展日新月异，每个岗位都有自己的精彩。新征程上，聚焦勇当服务和支撑中国式现代化建设的“火车头”，需要我们同向发力、笃行实干、奋勇作为，做好平凡事，成就不平凡。

（原载于 2023 年 4 月 2 日《人民铁道》报 1 版）

当好枢纽大站行车“指挥员”

——• 蒋　涛 •——

郑州站作为全国铁路综合交通枢纽，地处中原、联通四方，是名副其实的“郑中心”，既是河南省“米”字形高铁网中心，又是京广、陇海普速铁路的交会处，日接发列车近 330 列，繁忙时段 1.8 分钟就要接发一趟列车，每 36 秒就要办理一条进路。作为枢纽大站的车站值班员，工作 24 年来，我安全办理接发列车 37 万列，为 3 亿多旅客出行保驾护航。

车站值班员就像“指挥员”，指挥列车奔向四面八方。想要干好枢纽大站值班员绝不是一件容易的事，不仅要有过硬的本领，还要灵活运用每条股道。记得刚到岗位不久，在一次指挥换挂机车作业时，我自信地把机车接进了 6 道。谁知 4 道客车晚点，导致换挂时差半分钟就影响临线客车，我惊出了一身冷汗。当时，我就立志要当一名最好的车站值班员。上班时，我向师傅跟班学习列车运行组织、机车出入库等关键环节，向其他师傅请教行车技巧；休班时，我就抱着技规、行规等规章，背诵默画站线图，掌握每条股道进路；一有功夫就在站场里熟悉股道线路，每天走 3 万多步。慢慢地，我对车站 13 条股道、223 组道岔、1458 条列车进路了如指掌，成了同事眼里的“活地图”。

当一名优秀的车站值班员，不仅要业务过硬，还要会在非正常作业中做好行车组织。施工就是其中的一项，郑州站施工每年都有。记忆最深的是 2017 年 10 月 10 日进行木枕道岔大型换装施工，为期 33 天的施工要更换 73 组道岔木枕，影响 1200 多列客车，这是郑州站 1904 年建站以来最大的一次施工。由于郑州站位置的特殊性，要保证施工作业与行车组织两不误，我感到压力山大。我告诫自己，关键时刻绝不能掉链子。于是，我把每日施工关键点、变化点、风险点做成小卡片，提前 4 小时推演施工组织流程，对每趟列车的到开点和运行线路了然于胸。记得施工结束的前一天，在编制更换 102 号道岔施工组织方案时，我发现郑州开往福州的 D295 次始发列车，按计划进 2 道办理旅客乘降作业，接车进路和施工地点邻近，这样对现场施工人员的人身安全会造成威胁。随后，我立即向上级汇报情况，积极联系工务、电务、机务，最终将 D295 次列车调整到 9 道接发，避免可能发生的事故。我深知，施工期间必须认真负责、严谨细致，时刻把安全放在第一位，考虑好每一个环节，才能保障安全万无一失。直到施工圆满完成，我紧绷的神经才松弛下来。这次施工，百年老站告别了木枕时代，我有幸参与进来，感到特别自豪。

郑州站日均接发旅客 20 万人，高峰时达 40 多万人次，保证所有旅客平安到达目的地是我肩负的职责和使命。有一年深秋的一个晚上，我接到客运调度通知：Z94 次列车 8 号车厢一名怀孕 37 周的孕妇出现下腹疼痛症状，需要快速做好应急。接到通知后，我头脑快速运转，Z94 次列车按原计划在 3 站台停车，可能会耽误 10 分钟的救护时间，如果临时改变接车计划，将列车停靠在 1 站台，会影响其他列车正常运行。面对旅客的生命安全，我让救护车马上开往 1 站台，随即下达了将列车也接进 1 站台的指令，并重新研究制定受影响列车接发计划。车站调度工作牵一发动全身，尤其是郑州站这样的枢纽大站，一个小变化，有可能整个运输组织就乱成一锅粥。后来，我和同事们花了近 2 个小时，才将运输秩序恢复正常。第二天，我得知那名孕妇如果再晚两分钟，就可能有生命危险，幸亏抢救及时，母子平安。铁路人最大的心愿就是让每名旅客都能平安抵达终点。没有比人的生命更重要的，如果今后再遇到类似的这种情况，哪怕多抢 1 分钟或者半分钟，我都要毫不犹豫的把它抢出来。

应对自然灾害是铁路最严峻的挑战，对于值班员来说也是最难答的“一道题”，更是一种综合考验。2021 年夏天，郑州遭遇了一场特大暴雨，一小时降雨量达到 201.9 毫米。当天我在家休班，下午 2 点多雨越下越大，看着工作群里“雨情”消息一直刷屏，我坐不住了，披上雨衣就往车站赶，不到 3 公里的距离我走了 3 个多小时。暴雨造成设备停电、通信中断，指挥台一下“哑火”了，全靠人工指挥。我心里清楚，越是乱时越不能慌，绝不能漏下任何一个命令，要准确掌握每趟车的位置。我们冒着雨一个站台一个站台的巡检、一趟列车一趟列车的现场确认……刚忙完想松口气，凌晨 4 点多接到调度通知：要开一列救援车。这是郑州站首次向水害断道区间开救援车，我感到了前所未有的压力。来不及多想，我和同事拿上信号旗、背上工具包就往接车点跑，将救援车接进站后，我们蹚着水到达车站北岔区时，当时就傻眼了。整个股道全被雨水淹了，连道岔在哪都看不清楚，如果救援列车开不出去，这可咋办？我冷静下来，凭借对股道、道岔的了解，一边给大伙指位置，一边深一脚浅一脚给 28 组道岔逐个进行人工加锁。这是郑州站第一次采用人工加锁方式准备进路，经过 3 个多小时奋战，看着救援车顺利开出，我心里的石头终于落地，我也感到特别有成就感。

2023 年 12 月 8 日，济郑高铁全线通车，郑州成为全国首个“米”字形高铁网建成的城市，不仅极大方便了人民群众的出行，更拉近了郑州与全国各大城市的时空距离，为地方经济社会发展注入了新动力。今后，我将一如既往地精准指挥、科学调度，为枢纽大站的安全畅通作出新的更大的贡献！

（在 2024 年 3 月 14 日第六届“最美铁路人”先进事迹首场报告会上的报告稿）

扫码观看视频

王庭虎

中共党员，中国铁路西安局集团有限公司安康工务段巴山线路维修一工队副队长，入选中央电视台《感动中国》2014 年度推荐人物，曾获全国劳动模范、全国五一劳动奖章、“中国好人榜”敬业奉献好人、感动陕西十大人物等荣誉。

“巴山精神”的忠实实践者

——记中国铁路西安局集团有限公司安康工务段巴山线路车间巴山线路工区党支部书记、工长王庭虎

唐　茹

“峰有千盘之险，路无百步之平。”这里是全国集中连片贫困地区之一——秦巴山区。

6月25日清晨，一场夏雨后，云雾山岚笼罩着大巴山。在襄渝线旁的安康工务段巴山线路车间巴山线路工区，党支部书记、工长王庭虎声如洪钟，带领大伙儿进行安全宣誓：“设好防护，不走道心，下道及时，珍惜生命。”

“安全宣誓是一堂工前必修课，多年来雷打不动，目的就是提醒包括我在内的每名职工不忘养路人初心、牢记铁路人使命，不给‘巴山精神’抹黑。”王庭虎介绍道。

王庭虎脸庞黝黑，走路脚下生风，认准一件事就有股坚韧不拔、敢干敢拼的虎劲儿，被工友们亲切地称为“巴山虎哥”。

1988年，19岁的王庭虎走进孕育“巴山精神”的巴山线路车间，成为一名养路工，至今31年坚守岗位。31年来，他从师傅手上接过接力棒，守护襄渝线最难养护的一段线路，带领工区职工实现了41年安全无事故。

31年钟情大巴山

四等小站巴山站建在千仞绝壁处，站台位于凌空飞架的桥上，桥如沉入

山谷的弯月，一头钩着黑水河钢梁桥，另一头嵌入大巴山隧道群。

王庭虎（右一）与工友们更换伤损钢轨　关富成/摄

巴山线路工区坐落在桥头逼仄之地，管辖12公里线路设备，集中了襄渝线最高的桥梁、最长的隧道、最小的曲线半径和最大的坡度区段。

在山下的展览馆里，发黄的史料揭示了“巴山精神”的孕育史：20世纪70年代，铁道兵挺进秦巴山区，用鲜血和汗水建成了襄渝线。此后，乘着改革开放的春风，一代代铁路人来到巴山，巴山线路车间党总支带领党员群众秉承筑路烈士遗志，战胜艰难困苦，确保铁路大动脉安全畅通，培育了以“艰苦奋斗、无私奉献、务实创新”为基本内涵的“巴山精神”，在路内外引起强烈反响，被陕西省委誉为“新时期的延安精神”。在全国召开的培育和践行社会主义核心价值观工作经验交流会上，中国铁路西安局集团有限公司作了弘扬“巴山精神”的交流发言。

“在巴山工作31年来，我感受最深的是扑下身子实干，确保‘先天不良’的线路设备安全畅通。”王庭虎说。1988年，他被分配到车间所辖的松树坡线路工区。松树坡紧邻巴山站，环境更为艰苦。他和工友时刻牢记第一代巴山养路人解和平所说的一段话。

“解师傅说，巴山的条件再苦，它也在共和国的版图上。铁路修到这里，总要有人来养护。我们不来，别人就得来。既然来了，在一天就要干好一天。”王庭虎说，“襄渝线是一条流着烈士鲜血的大动脉，我们要是养不好，实在对不住筑路烈士们。”

大巴山 2 号隧道堪称“地质博物馆”，曾被列为全路重点病害区段，常年翻浆冒泥，病害不断，起初列车限制时速 15 公里。几位外国专家来查看后，给隧道判了“死刑”：要么报废，要么重建。

巴山职工们偏不信，在阴冷潮湿的隧道里，一代接着一代整修线路设备，硬是将列车经过大巴山隧道的时速提到了 60 公里。2000 年，王庭虎调到巴山线路工区任工长，带着大伙儿继续铆足劲儿干，使列车经过大巴山隧道的时速达到 90 公里，把一条“担心线”建成了“放心线”。

入路第二年，王庭虎就把自己的户口从安康市迁到巴山乡，至今没迁走。

王庭虎在现场组织施工　李珂 / 摄

安康工务段曾多次对长年在巴山等艰苦站区工作的职工进行岗位调整。可每次，王庭虎都主动要求留下。他说：“我的青春留在了巴山，我已经和巴山融为一体了。”

31 年安全无事故

6 月 25 日，持续了几天的夏雨停了下来。王庭虎提着道尺，背着工具包，和工友们一起巡查线路。他趴在道床上，耳朵贴近锃亮的钢轨，虎视眈眈地扫描着线路。他说："身子只有趴得够低，才能精准目测钢轨的平滑度。"

王庭虎的眼睛黝黑明亮，他目测过的钢轨水平度和弯道平顺度，堪比用弦绳、水准仪测量过的一样。多年来，他几乎从未看走眼。

钢轨的轨距水平关系到列车是否能够平稳运行。全路钢轨以 1435 毫米轨距为基准，大 6 毫米、小 2 毫米都在合格范围内，而巴山标准是"1435 毫米 ±1 毫米"，只允许有 1 毫米的正负误差，比国家标准更严格，而且是在襄渝线曲线半径最小的山区区段。

王庭虎这样解释巴山标准："标准松一格，火车通过时的风险就增一分。千千万万旅客的生命安全攥在养路人的手里，检查必须精细精细再精细。"

王庭虎检查钢轨时习惯用检查锤轻轻敲击钢轨，根据锤子的弹跳和钢轨的回声，判断钢轨焊缝有无异常。"好钢轨的回音响亮、持续，弹跳长而均匀；有伤或者有裂纹的钢轨，声音发木，弹跳短而不匀。"这是王庭虎总结出的验伤秘诀。

工区所辖的 12 公里线路，有 22080 根枕木、88320 套扣件，每次巡查，王庭虎和工友们都一个不漏地检查，他们用 1.1 万次弯腰换回 1.1 万个数据。31 年来，凭借脚功、眼功、耳功、手功和仪器检测，他们消除了数千起安全隐患。

"铁路发展日新月异，要挑起工长担子，扛好'巴山精神'旗帜，只有坚持不懈地学习，琢磨线路养护新方式。"王庭虎说。一次，他到一家啤酒厂参观，看到自动生产线上一罐罐啤酒齐刷刷地出来，受到启发，提出"工厂化"单元修线路养护模式，将 12 公里线路每 200 米划分成一个单元，按照轻重缓急，每次集中力量全方位养护，把每个单元都做成精品。

对钢轨高低平顺出现反复的地方，王庭虎绝不放松。每次回家探亲，他都选择火车，上车后倒一杯水放在面前，观察水的变化。他说："钢轨下面藏暗坑，容易形成隐蔽的'空吊'病态，平常检查发现不了，但列车驶过时钢轨会下沉，从而引起水晃动。"通过这种检测方法，他发现了晃车仪都测不出来的隐患。

接过工长的接力棒后，王庭虎不断创新工作方法，探索出道岔养护四步法、大兵团移动式作业等线路养护法，保证了线路设备优良运行，实现安全生产 31 年，也确保工区安全生产持续稳定。

31 年守护“传家宝”

每年 4 月下旬，巴山站区就有几天彩旗飘扬，上千名铁路职工和当地群众喜迎大山深处的“小奥运”——巴山路地群众运动会。王庭虎说：“运动会至今已举办了 38 届，是全国开展群众体育运动的一个品牌，也是弘扬‘巴山精神’的一个方面。”

1981 年，在地无三尺平的河滩上，巴山职工们平整出半个篮球场，举行了首届运动会，此后，运动会每年举行一次，站区职工、守桥武警、巴山老乡和中小学生纷纷参与。除了举行运动会，篮球场还经常举行表演比赛、办篝火晚会。

王庭虎到巴山后，带领大伙一起共建文化家园，从办运动会、架水管引山泉到建文化长廊、修路地和谐广场……31 年不间断。以前，工区到车间驻地是一条条陡峭山路。王庭虎担任巴山线路工区工长后，带着职工移石运土，开山凿路，铺就了巴山“创业一路”“创业二路”“创业三路”。

在一次次火热实践中，王庭虎体会到了团队合作的强大力量。他把弘扬“巴山精神”作为“传家宝”，倡议工区成立“学雷锋爱心小站”，和工友们一起为巴山乡修路架桥，给孩子们捐款助学。

然而王庭虎的生活担子并不轻松，他既要赡养 80 多岁的老母亲、照顾因病停职在家的妻子，又要承担儿子的上学费用，每个月的工资都捉襟见肘。尽管如此，他还是拿出部分奖金，资助多名巴山孩子完成学业。

每年都有一些年轻人来到巴山工作。为留住这些青工，每年清明节，王庭虎都带领他们为巴山筑路烈士扫墓、描碑文，每月都组织他们参观“巴山精神”荣誉室，观看反映巴山铁路人奋斗史的纪录片《巴山路魂》，引导青工们找准人生坐标。

2011 年，青工吉文佳被分配到巴山工作，第一次巡查大巴山隧道就走了一天的路，晚上回到宿舍，又累又困，想起家乡和父母，不觉泪流满面，犹豫要不要留下来。一次执行完雨中夜查任务时，突然下起了大雨，吉文佳浑身都湿透了。结果他一回到工区，师傅王庭虎就送来了干净的工作服，并打开暖气帮他烘干了湿衣服。当时吉文佳就决定留在巴山。

在工作中，王庭虎毫无保留地传授青工线路养护方法，并在一次次施工作业中激励年轻人成长。2014 年，吉文佳成为新麻柳线路工区工长。

在巴山工作的日子里，王庭虎用激情和责任给职工树立了榜样，让职工的心安定下来。他先后培育了 10 多名优秀青工走上工班长、管理干部岗位，这些年轻人就像一粒粒种子，将“巴山精神”根植于新的岗位，不断发扬光大。

扫码观看视频

采访手记

保持本色　坚定向前

人们对“巴山虎哥”的喜爱，在于他身上体现出来的一种气度：不管外面的世界多么精彩，他都耐得住山区的寂寞和清贫，在艰苦的工作、生活环境中成为一个“巴山精神”的忠实实践者，始终保持着坚韧不拔、敢拼敢干、冲锋在前的本色。

31 年来，王庭虎一直记着老巴山铁路人的重托，始终坚守“巴山标准”，不实现安全目标绝不罢休。在一次次面对小站和大站、小家和大家的选择过程中，他不断调整自我，以一种勇担当、真作为的态度展现了“巴山虎哥”的敬业风采。

聚焦交通强国、铁路先行，深化强基达标、提质增效，我们需要干部职工像王庭虎这样奋勇向前、无所畏惧，立足本职岗位，接续奋斗，主动担起当代铁路人的职责和使命，推动铁路高质量持续健康发展。

（原载于 2019 年 7 月 4 日《人民铁道》报 1 版）

永葆初心养护好钢铁大动脉

王庭虎

1968 年，百万铁道兵、民兵、学兵挺进秦巴楚水，修建襄渝铁路，全长 895.3 公里施工牺牲了 1475 人，历经十年终于建成通车。从此，一代代巴山养路人在大巴山深处担负起养护川陕铁路钢铁通道的神圣使命。

1988 年，我来到大巴山，就再也没有离开过，一干就是 36 年。抬头一线天，低头是深渊，天天云雾罩，半年雨绵绵。这就是巴山的自然环境。工区在半山腰，每次上班要先下到山脚，然后再爬到对面铁路，一下一上高低落差近 200 米、六十几层楼高，坡度近五六十度。每次上班都需要爬坡趟河，肩扛手提工具材料，还得提防随时出没的毒蛇。记得第一次爬山，我扛着一块 40 多斤重的夹板，沿着不足半米宽的上山小路，颤颤巍巍往上爬，才爬了几十米，就感觉肩上越来越重，火辣辣的疼，两条腿也打摆子似的抖个不停，小路咋这么长，好像永远也走不到头。可看到前面的师傅们像挑山工一样，弓着腰、扛着工具材料，如履平地般走在小路上时，我极为震撼，咬着牙继续向上爬。当我气喘吁吁爬到线路边时，一屁股坐在了地上。而这一爬，就是 36 年。

这些年，有很多新工问我，是什么样的初心支撑我在这么艰苦的环境中坚守了 36 年？想想长眠在巴山烈士陵园的 32 名年轻生命为了什么？老一辈养路人铁钉刺穿脚心缠上手绢继续干为了什么？把自己栓在桥上、把孩子拴在床上的曹美英又是为了什么？就像师傅当年说的那样：巴山的条件确实苦，但它在祖国的版图上，铁路修到这儿，总要有人来养护，你不来，别人就得来，既然来了，就要干出个样子来。这就是 36 年我坚守在这里的初心。

坚守，不只是把人留下，更要把心留下，这样的坚守才更具意义和价值。

记得那年，陕南突发50年一遇的洪灾，管内学堂沟桥130吨重的梁体被山洪卷走，钢轨悬空，情况十万火急。险情就是命令！我火速集结工友奔赴抢险现场。就在这时，爱人打来电话说，家里被水淹了，让我赶紧回去。我心里一惊，可没办法，只能给她说，家里的东西别管了，赶紧带儿子先躲到亲戚家去……说完我便坐上轨道车直奔现场。到达现场，倾泻的山洪像发了疯的野兽，肆虐咆哮，悬空的钢轨摇摇欲坠。我当即组织工友们破拆钢轨、架军便梁、抢铺枕木、安装钢轨，全面投入抗洪抢险。经过三天三夜鏖战，线路终于抢通，没有一个人喊苦喊累，大家伙儿只有一个目标：早一点抢通线路。抢险中，困了就在隧道打个盹，饿了就啃包方便面，全身泥水，手脚全是血泡。线路抢通，我才想起前几天家里的事儿，赶紧给妻子拨去电话。当我得知妻子和孩子没事，单位来家里帮忙，没啥损失后，悬着的心落了地，感觉好温暖。这也是我坚守巴山36年的另一个原因，用大家的话说，就是“我们不是一个人在战斗”。

时代在发展，中国铁路更是飞速前进。山区线路病害多，每天我都带着工友四处奔波，头痛医头脚痛医脚。要把巴山守得好，就得让安全更牢固。有一次，我到啤酒厂参观学习，看到生产线上一箱箱啤酒整齐划一、分类包装时，顿时萌生一个想法，是否可以将线路按照“工厂化”进行养护管理，简单来说，就是将线路每200米、道岔每100米划成一个整修单元，按照线路等级、轨道结构、病害轻重缓急，集中人力物力分批次重点整治。这个想法立刻得到上级的支持。经过实践，全长10658米的新大巴山隧道实现了连续13个月7项指标零误差，创造了山区非提速线路养护维修的好成绩。后来，我又探索出将高速铁路检查模式嫁接到普速铁路上，用水准仪、50米钢弦对线路进行测量，摸索出道岔养护四步法、第三方查看分析等新的检查维修养护方法，这些小创新都在工作中收到了良好效果。这些事让我明白，老办法不能解决新问题，要守护好巴山必须与时俱进！

山还是那座山，但人在变，环境也在变。如今，我们住上了标准间、吃上了营养餐，职工还可以坐着电梯去上班。但很多地方还是山大沟深、交通不便，大部分时间上线作业，依然是肩扛手提工具材料，可是刻在巴山养路人骨子里不向艰苦环境低头、无私奉献的坚守信念始终没变！我们坚持自强自立，连续举办42届路地运动会，被誉为大山深处的小奥运；为地方修建了扶贫集贸市场、便民路便民桥；捐资助学让 20 多名贫困学子走出大山。当铁路发生险情时，地方政府、百姓也会积极配合抢险，路地手拉手、政企心连心。

在巴山，没有一条坚守的标语，但大家伙一干就是 10 年、15 年、20 年……回首 36 年，我的青春在巴山，我的奋斗在巴山，我早已和巴山融为一体。36 年来，我培养出工班长 35 名、工人技师 7 名、管理人员 20 名，班组也先后荣获“雷锋式班组”“全国安康杯竞赛优胜班组”等荣誉称号。

2021 年 7 月 1 日，我作为全国劳动模范代表参加庆祝中国共产党成立 100 周年大会活动时，内心无比的骄傲和自豪。我深知，这份殊荣来之不易，它属于我们巴山人、西铁人，更属于千千万万的铁路人。新时代新征程，我们一定要养好路、守好桥，让列车在大巴山之巅安全平稳驶过，用无悔坚守彰显人生价值！

（在 2024 年 3 月 14 日第六届“最美铁路人”先进事迹首场报告会上的报告稿）

扫码观看视频

张　华

中共党员，中国铁路上海局集团有限公司上海动车段调试车间列调一班工长，曾获全国劳动模范、全国五一劳动奖章、全国铁路优秀共产党员、全国铁路技术能手、“上海工匠”、全国铁路工匠等荣誉。

筑梦高铁正风华

——记中国铁路上海局集团有限公司上海动车段调试车间工长张华

吴少妮

仲春时节，黄浦江畔樱花怒放。在上海市城乡建设和交通委员会7楼会议厅内，一位个头不高、戴着黑框眼镜的动车组机械师站在讲台上，铿锵有力地讲述着自己勇当高铁运维探路者的精彩故事。

他叫张华，中国铁路上海局集团有限公司上海动车段调试车间的一名工长，工友们眼中的“动车技术大拿”。

“越是精密的仪器设备，越是需要专注忘我，用心去捕捉、倾听设备的‘哭泣声’”

一列标准动车组有近50万个零部件，任何一个“器官”出问题，都会影响动车组的安全运行。这对动车组机械师提出了高要求。而张华却能在数秒内准确诊断出动车故障。

一次，张华带着徒弟王超检修动车组，走到1号车厢时他停下脚步，问道：“这节车厢有什么异常？”王超将车厢内的电器设备检查了一遍没有发现任何问题。张华说：“脚下这个部位下面是换气设备，通了高压电的换气设备没有振动，一定出现了故障。”他们打开车下设备舱后，果然发现换气装置没有正常工作。从那以后，王超成了张华的“铁粉”。

1997年7月，张华中专毕业，进入铁路从事普速客车电气检修工作。2009年底，他加入上海动车段高级修基地，随后作为技术骨干被派往动车组生产厂家学习高级修调试技术。白天，他登车顶、钻车底、进车厢，追着厂方师傅学，遇到不明白的问题就打破砂锅问到底。晚上，他翻图纸、查资料、悟原理，很少在零点前睡觉。不到一个月，张华就走坏了一双绝缘鞋，鼻梁上架起了一副近视眼镜。也是在这段时间里，张华初步掌握了CRH2型动车组高级修调试技术。

张华现场排查动车组故障问题　朱顺志／供图

回到上海后，张华几乎把所有空闲时间都用在了钻研技术上。CRH2系列9种车型的近千张电气图纸、上万张配线图纸和相关技术原理和上万个电器元件的位置、功能、状态，都清晰地印刻在他的大脑里。

2013年，在全国铁路动车组机械师职业技能竞赛中，经过理论和实作多场竞赛，张华从96名选手中脱颖而出，以优异成绩一举夺魁，摘得个人全能第一名。

一次，一列高速动车组在动态调试时连续报出故障代码，辅助电源装置停止工作，导致一个单元的动力丢失。技术人员排查了两个小时都没有找到故障原因。“几小时后就要交车，难道将整个装置换掉不成？”在场的人心急如焚。

“找张华！”有人提议。20 分钟后，张华出现在动车组司机室。在紧张的气氛中，他沉着地分析故障代码，下载相关运行数据，查看电压、频率等检测波形，随后确定问题出在电压互感器上。更换电压互感器后，故障果然消失。

“越是精密的仪器设备，越是需要专注忘我，用心去捕捉、倾听设备的‘哭泣声’。”面对采访，张华说出了自己在解决急难问题时技高一筹的秘诀。

“检修动车就像登山，修程越往上，检修难度越大，越需要创新”

在经济发达的长三角地区，进入 21 世纪的第二个十年，高铁快速发展，越来越多的动车组列车进入了高级修修程。动车高级修调试主控的重担落到了张华肩上。这一年，他 33 岁。

张华（右）在给团队成员进行动车组原理现场教学　朱顺志 / 供图

2017 年春运期间，一列动车组正在进行上线前的最后调试。张华发现这列动车组的主回路绝缘状态接近临界值。复查随即展开，可并未有新收获。有人当场建议：指标仍是合格的，可以放行。

要么继续扣车检查，但春运期间列车交路咬得紧，隐患一旦短时间内查不出来，就有可能影响旅客出行；要么放行，但动车如果带病上线，途中随时可能引发动力丢失，列车在春运繁忙的线路上“趴窝”，后果不堪设想。

“原因不清楚、问题不解决，就绝不放过！”张华带领应急小组连夜彻查牵引传动系统的每根配线和每个部件。断电状态下的车厢温度已降至 0 摄氏度以下，为了钻进钻出方便，张华脱去厚厚的棉服，手指冻僵了，就赶紧搓一搓，对着手哈口热气，再跺跺脚接着查。凌晨时分，问题终于水落石出。第二天一大早，值乘司机准点来到接车地点，连续工作了近 20 个小时的张华和司机办理了交接手续，内心充满了成就感和自豪感。

动车组高级修产能紧张，为高效开展自主修，从业者除了要有专业的技能和强烈的责任心之外，还要有敢于创新的勇气和本领。张华调整工作重心，摸索着开展技术创新，处处留心生活中的细节，捕捉创新灵感，开展工艺优化、逻辑原理等攻关。

有一次，张华在逛家具店时看到一张可以自由组合的餐桌，平时可以当作家庭使用的小餐桌，有需要时也可以变成大餐桌。看着家具销售员的演示，张华灵机一动：动车组的调试检修是不是也能通过灵活组织，从而最大程度释放检修产能？回到岗位上，他立即开展调研分析，排摸出自由组合的技术瓶颈。

整列动车组一旦分解成一节一节的车厢，受网络通信和供电环路影响，无法进行带电作业，检修效率势必受到影响。他带领团队解析大量控制协议，搭建模型反复验证，重建动车组部分通信和供电网络。为了尽快研发出动车临时网络控制系统，他一边研究梳理动车组调试检修工艺项点，一边解析车辆通信协议，组织团队编写控制程序，开发模拟指令器。

为了不和白天工作生产冲突，张华带领团队成员时常加班到午夜，3 个多月下来，仅采集的数据就有 64 GB。经数千次试验，技术瓶颈终于被突破。2018 年，国内首个以动力单元为对象的调试检修新模式在张华团队手中问世，直接推动了行业动车组高级修的生产组织变革。面对国内专家的称赞，张华如是说：“检修动车就像登山，修程越往上，检修难度越大，越需要创新。”

“在现代化的动车检修生产中，仅我一身是铁，不如人人是钉”

张华深知团队的力量。他常说：“在现代化的动车检修生产中，仅我一身是铁，不如人人是钉。”

2015 年 1 月，以张华名字命名的动车技术创新工作室正式成立，重点解决“疑难杂症”、开展科技创新、帮带青年成才。在张华的“传道授业”下，“心中有章法，眼中有标准，手眼心同步”的调试理念已经深深印入班组职工的脑海中。多年来，张华通过言传身教，以师带徒的方式培养出近百名第二、第三代动车检修人才，许多“80 后”“90 后”已成长为动车检修的中坚力量。

从一个人到一群人，从一间房到一层楼。看到自己带领的团队日渐壮大、平均年龄还不到 30 岁，张华心里想：要让 12 名成员“握指成拳”干大事，首先就是要充分发掘每一名成员的特长，让他们在岗位上实现自我价值。

今年 26 岁的韩晨是团队里年龄最小的成员，还是个软件发烧友，刚被选拔到工作室时对一切都跃跃欲试。张华不慌不忙，先让他跟着现场检修师傅学习。看到韩晨有些失落，张华耐心相劝：“磨刀不误砍柴工。”

2019 年 9 月，有了现场经验的韩晨第一次负责项目攻关，解决动车传感器离线检测问题。经过 4 个月的熬夜组装调试，他们终于完成整套设备的控制软件开发。项目演示当天，韩晨信心满满。面对 2.5% 的偏差率，项目组大多数人说可以接受，而且很难再降低。

“动车组时速 300 公里，再小的偏差都不容小觑。”“华哥”言传身教，当晚把设备带回家研究。两天后，他拿来了手写的改进项点清单，涉及设备的硬件布局、电磁防护方面。经过改进后，新设备完美达标。

工作严谨的张华也是一位“热心肠”。动车高级修的调试工作往往需要连夜突击，下班已是深夜。大家虽然饿着肚子，但累并快乐着。他们在小吃店里一边喝着热气腾腾的牛肉汤，一边分享着消灭故障的喜悦。站在一旁的小吃店老板投来羡慕的目光：“你们这帮‘小蓝人’做的事可真不简单！”

一次，负责部件维修的池涛踢球时腿部骨折，住进医院。由于家远且父母年迈，张华组织团队成员主动承担起护理任务。手术结束的当天夜里，池涛麻醉过后疼痛难忍，张华和另一位同事一直陪在床边，准备了十几个笑话用来转移他的注意力。此后一周，大家轮流到医院照顾池涛，送饭、陪护，一天也没落下。出院时，池涛感激地说："在这个有爱的集体里，我感受到了家一样的温暖！"

众人划桨，合力远航。在张华的带领下，团队成员拧成一股绳，研发出20余种新型工具装备，攻克37项关键技术，获得24项国家专利，构建起一套具有独立知识产权的部件检测维修体系，零差错优质调试动车组500余列。

筑梦高铁正风华。张华正如他的名字，风华正茂、一路攻坚。他用智慧和汗水调试的一列列动车组列车，正奔驰在祖国广袤的大地上。

扫码观看视频

采访手记

追求极致才能超越自我

作为一名普通的铁路工人，张华在面对困难时展现出的韧劲令人敬佩。身处铁路事业蓬勃发展的新时代，他能够在广大一线职工中脱颖而出，靠的是一颗追求极致的进取之心。

追求极致，才能超越自我。做好"从99%至99.99%"的那部分，不仅要有扎实的专业本领，而且要有不满足、不畏难、不放弃的拼搏精神。检修动车组如此，企业经营发展更是如此。

成功从来没有巧合和运气。越是接近目标，越是要付出更多努力。担负交通强国、铁路先行光荣使命，奋力开创铁路高质量发展新局面，需要更多像张华这样的脚踏实地、追求极致的铁路工匠。

（原载于2021年4月2日《人民铁道》报1版）

用匠心为动车保驾护航

张　华

从和谐号到复兴号，中国高铁经过十几年的发展，已经领跑世界，成为一张亮丽的名片。作为第一代动车检修人，我们始终以专业的技能和高度的责任心保障万千旅客平安出行，我们是中国高铁快速发展的见证者和参与者。为此，我感到非常幸运和自豪。

中国高铁从无到有，动车检修也是从零起步。动车组结构复杂，科技含量很高，一列动车仅电路图和配线图就有上千张。身为首批动车检修人，我们没有经验可循，只能在学习和实践中一步步摸索。为学好技术，我白天进车厢、登车顶、钻车底，按图索骥，仔细观察每个部件的构造和工作原理，在车上常常一待就是一整天。晚上，我顾不上一天的疲劳，接着查资料、翻字典、学习线路走向。看着一张张如同蜘蛛网一样的电路图，稍一走神就串了行。于是，我就用直尺在电路图上比划着，一条一条捋，实在看不清了，就用放大镜。大半年下来，我的视力越来越模糊，脑海里的电路图却越来越清晰，对动车组的控制逻辑已经能够了然于胸。四年后，在 2013 年举办的全路动车组机械师技能竞赛中，我获得了个人全能第一的优异成绩，站到了全路最高领奖台上。

动车组关键核心技术多，起初一些零部件的检修技术我们并不掌握，遇到部件故障，只能更换。记得 2018 年底，和谐号某款动车组上有一种温度监控模块连续发生问题，需要采购新件，国外生产商却说要等 2 个月时间。当时，我就觉得很憋屈，缺一个巴掌大的部件，就能让一列动车“趴窝”。于是，我暗暗下定决心，一定要啃下这块“硬骨头”。我找来几十个损坏的温度监控部件，逐个分析故障现象，查找故障原因，搭建仿真平台，反复测试诊断。

经过不懈的努力，我彻底弄清了这类部件的构造原理和通信逻辑，掌握了自主检修技术。从那时起，就再也不用看国外生产商的脸色了。我深深体会到，修车不能只会“换”，更要会“修”，只有这样才能把检修技术牢牢攥在自己手里。

“修车人要想着坐车人”，确保每一列动车运行安全可靠、万无一失，是我们的职责所在。2019 年春运前夕，我在对一列即将交付的动车组进行最后调试时，发现主回路绝缘接近临界值。虽然说暂时不影响功能，但多年检修经验告诉我，这个车很可能有问题，如果上线运行绝缘继续下降，就会造成动力丢失、列车晚点，干扰运输秩序，影响旅客出行。当时我就想：“故障原因不清楚、问题不解决，就绝不放过。”于是，我带着应急小组连夜彻查牵引传动系统每根配线、每个部件，最终发现导致绝缘下降的原因，是由一根牵引动力线连接器灼伤引起。我带着大伙钻进不足一米高的设备舱里更换连接器，一直忙到凌晨四点多钟。问题解决了，大家虽然很累，但这一夜没白熬，我们放心了。动车检修无小事，关乎万千旅客平安，我们不能有丝毫马虎和懈怠，必须以专业、专注、精细、精益的工匠精神，检修好每一列动车组。

随着中国高铁的快速发展，“四纵四横”逐步变成了“八纵八横”，动车开行越来越多，对检修效率也提出了更高的要求。动车检修分为 1~5 级修，1~2 级为运用修，也就是常规修，3~5 级为高级修，通俗来讲就是大修，高级修有着严格且复杂的工艺，修程越高难度越大。其中，三级修有两种模式，一种是整列修，另一种是拆开修，整列修场地要足够大，拆开修费时又费力。怎样才能利用现有场地，把车修得又好又快呢？作为动车调试工长，我一直在琢磨新的检修模式。一个休息日，我在商场看到有小朋友在摆弄玩具火车，想拼几节就拼几节，突然让我茅塞顿开。回到单位，我先后设计出三套方案，然后又和同事反复研究、论证、实验，经过一年多的攻关，我们研发出动车指令控制器，打通了动车组拆开分解后的通信环路，实现了对“列车大脑”的接管，首创了以 4 节车厢作为一个动力单元的检修技术，让动车组高级修变得更加灵活高效，检修效率提高了 13%，调试效率成倍增长。这项技术还获得了全国职工优秀技术创新成果、上海市优秀发明选拔赛金奖。

15 年来，我先后检修过 13 种细分车型、700 多列动车组，没有发生过一起上线后故障，赢得了大家的认可，我也成长为全路首批动车组运用检修专家。

为更好地发挥技术带头人作用，2015年，单位成立了以我名字命名的动车技术创新工作室。我带领团队先后攻关掌握了动车组6大系统40余种高精尖部件的检测维修技术，仅2023年就节约检修成本6100余万元。同时，优化调试工艺57项，研制新型工具装备28种，开发检测平台12套，其中27项获省部级及以上技术成果、43项获国家专利，所在班组荣获“全国工人先锋号”称号。许多路外企业抛来橄榄枝，甚至有人愿意提供上千万元的项目经费和企业股份，都被我婉言谢绝。我深知，我取得的成绩离不开团队的支持，离不开单位的培养，更离不开蓬勃发展的高铁时代。

这辈子，我就想在铁路干出一番事业！

（在2024年3月14日第六届“最美铁路人”先进事迹首场报告会上的报告稿）

扫码观看视频

李　军

中共党员，中国铁路南昌局集团有限公司南昌车站客运车间客运值班员，党的二十大代表，曾获全国职工职业道德建设先进个人、全国铁路劳动模范、火车头奖章、全国志愿助残阳光使者等荣誉。

爱洒服务台　奉献十五载

——记中国铁路南昌局集团有限公司南昌站客运车间客运值班员李军

毕嘉伟　刘　慕

中秋国庆黄金周过后，中国铁路南昌局集团有限公司南昌站内依然客流如织。在候车室“红土情”服务台里，客运值班员李军耐心解答完旅客问询，马上打电话进行作业联控。茶杯数次端起又放下，一个上午她连口水都没顾上喝。

15个春夏秋冬，迎来送往，这样的忙碌是李军的工作常态。但再苦再累，她发自内心的微笑和对工作的热忱却始终如一。

从“好苗子”到“领头雁”

2008年7月，李军入职南昌站客运车间。由于勤奋好学，她很快成为“红土情”服务台的一名工作人员。南昌站是客运大站、省会窗口，是植根在英雄城这片红土地上的“红土情”服务台。

刚来到这个岗位，为尽快进入角色，李军上班细细观察同事的服务技巧，下班后反复记背客运规章制度、服务标准及列车时刻表，思考服务不同类型重点旅客的方法。

功夫不负有心人。李军很快就靠自身的努力脱颖而出。时任客运车间副主任的黄勇清晰地记得，那时在“红土情”服务台值班的客运员都是站里精挑细选的服务能手，李军这个“好苗子”来了之后，先是学习大家的技能优点，之后把这些技巧总结归纳并不断改进提升。个子不足一米六的她，背起腿脚不便的旅客，帮着扛重量不轻的行李，受到了旅客称赞。

一次，正在当班的李军推一位身患重病、无法行走的八旬老人进站上车。这中间要经过一段较长斜坡，为了防止老人前倾滑出座位，李军变推着走为退着走。这样一来，老人可以安稳坐在轮椅上。上车时，连人带轮椅 100 多斤的重量，压在李军的手臂上，但她咬牙坚持住，与列车员合力将老人抬上车。

办理好交接，李军正要转身离开，老人抬起手拉住她衣角，动了动嘴，却发不出声来。老人的女儿问："爸爸，您是要感谢这位铁路小姑娘吗？"老人吃力地点了点头。

光阴荏苒，一路走来，在服务旅客方面，李军不光手脚勤，更是肯用心。2014 年春运期间，"红土情"服务台开通重点旅客预约服务。为了将这件事做得更好，当时入党不久的李军高标定位，每晚都要将次日需要服务的网络预约重点旅客信息记在小纸条上，标注好乘坐车次、到站时间和特殊要求，根据预约情况和交接班事项，合理规划好每位重点旅客的接送顺序，仔细琢磨他们的服务需求，精准提供出行"定制服务"。

李军在引导旅客乘车　张杰 / 摄

2023 年中秋国庆黄金周期间，重点旅客张先生购买了深夜回荆州的火车票。担心晚上出门不方便，他提前几小时来到车站。独自出行的他让李军格外关注。李军把张先生安顿在服务台附近的座椅上，并拨通了荆州站的客运值班电话，将张先生的车次、座位告知对方，方便荆州站接车。候车时间里，李军每接送完一批重点旅客后，都会特意来问问张先生有什么需求。暖心的服务让张先生连连道谢。

参加工作十五载，服务旅客千千万，李军以实际行动传承用心用情服务旅客的优良传统。她还主动向全国五一劳动奖章获得者杨秀珍、全国三八红旗集体领头人曾传红等服务明星学方法、学经验。在耳濡目染、潜移默化中，她成为车站客运服务的“领头雁”，至今保持着“零投诉”的纪录。

从“微笑姐”到“多面手”

多年来，李军一直保持着一个习惯：上班前，对着镜子整理着装，再呈现一个微笑。

2013年春运期间，南昌车站“红土情”服务台工作人员李军向“温暖还乡人”活动志愿者、全国道德模范邱娥国介绍车站志愿服务举措　张学东 / 摄

她说，每一名旅客都是一面镜子，如果你微笑，他们也会回馈微笑。

刚入路时，李军哪顾得上管理笑容，客运工作繁杂忙碌，“红土情”服务台标准高、压力大，时不时还会遇到不文明的旅客。李军也委屈过、郁闷过，是组织的引导、师傅的开导让她明白“我是谁，为了谁”，并从此放下纠结、微笑以对。哪怕是戴着口罩，遮住了她上扬的嘴角，也挡不住她眼中的微笑。

长期以来，李军的微笑给旅客留下了深刻的印象，赢得了他们的信任和喜爱。但她也深知，要成为一名优秀的客运员，仅有微笑是不够的，还需要一专多能、全面发展。于是，她更加努力。

设身处地更到位。遇到要改签的旅客，她会提醒对方注意改签的列车是否晚点；碰见前来咨询的大学生，她会延伸介绍铁路最新购买学生票的规定；接送独自出行的重点旅客时，她会跟旅客聊乘车信息，方便接送站的同时，缓解他们的紧张情绪。

主动思考更全面。10 多年前，网络不像现在这么发达，李军特别留意路上的餐馆、药店、公交站等与百姓衣食住行息息相关的信息，在大脑里建立起服务信息库，即使旅客问题五花八门，李军都能对答如流。

服务细致更动人。年过九旬的江西弋阳籍抗战老兵吕春云 2018 年在南昌站中转换乘时与李军相遇相识，李军的一声尊称、一杯热茶、一路搀扶，当即便让吕老打定主意，今后再来南昌站乘车就找“红土情”服务台。从此，他只要来南昌站转车，就一定会来看看“红土情”服务台的这位好姑娘。

拜师求教更能干。她抓住机会，向前来车站开展志愿服务的南昌大学第四附属医院医疗服务部主任、第 44 届南丁格尔奖章获得者邹德凤学习基础医学知识和急救技巧，学习的这些知识及技巧在工作中不止一次派上用场。

从事铁路客运工作 15 年来，李军直接服务的旅客达 6 万人次，收到表扬信 200 余封、锦旗 30 余面。在“红土情”服务台的留言簿上，记录着不少旅客对李军的称赞。有位旅客写道：“你勤于工作、乐于助人，就像一颗小小的螺丝钉，在本职工作岗位上，默默地发着光和热。”

大爱铺就通途。铭记这一份约定，李军努力守护着每一位旅客的美好出行。

这些年，李军已经帮 500 多名候车时走散的儿童第一时间找到亲人或监护人。因为走散儿童常常集中在服务台，尚未结婚成家的李军竟也无师自通地练就了“带娃”技巧，口袋里的小零食、脑袋里的小故事，能让萌娃破涕为笑。她被大家送了一个外号“托儿所所长”。她的事迹也登上了《人民日报》

《新华每日电讯》《中国青年报》等媒体。

李军说，看到找到孩子的家长露出感激的笑容，她也会感到无比幸福，觉得自己这个“托儿所所长”当得特别值。

从“台柱子”到党代表

2013年9月，表现优异的李军光荣地加入中国共产党。她深知，没有党组织的关心和培养，就没有自己的幸福成长，要知恩感恩，就应当扎根服务台，干好每一天的工作。

星光不问赶路人，岁月不负有心人。这些年，李军结合服务台实际和多年工作经验，总结提炼出微笑服务要从心、接待旅客要热心、解难帮困要真心、答疑解惑要耐心、换位思考更贴心、重点旅客需爱心、提供服务要诚心的“七心”工作法，成为“红土情”服务台的标准。

2019年，李军被评为全国铁路劳动模范。不久，以其名字命名的劳模创新工作室正式成立，在她的带领下，大家坚持学技练功，收获累累成果。工作室先后培养出火车头奖章获得者、南昌局集团公司“十大平凡之星”、南昌局集团公司“客运提质之星”。一批业务精湛的尖子脱颖而出，让李军这个“红土情”服务台的“台柱子”备感欣慰。

2022年，李军当选党的二十大代表。她心潮久久难以平复，这既是一份荣誉，更是一种责任。

作为来自铁路基层一线的党的二十大代表，李军时刻不忘自己铁路人的身份，总是找准机会，当好铁路代言人。在前往北京的航班上，她给同行的江西代表团成员讲了一路铁路和高铁发展的故事，受到大家称赞。

在京出席党的二十大期间，代表们参观了北京展览馆“奋进新时代”主题成就展。在“交通强国”展区，事先做足了功课的李军，现场客串讲解员，把“2012年至2021年铁路营业里程从9.8万公里到突破15万公里”等细节讲得头头是道，赢得阵阵掌声。

从北京出席盛会归来，她迅速当好党的二十大精神的传播者。在集团公司内外展开宣讲，地铁、航空、院校、博物馆、社区都留下了她铿锵的话语。当然，更多的时间，李军结合岗位实际，和车站特别是身边的同事一道学思践悟，以党的二十大精神为工作指南、奋进动力，把“人民至上、生命至上”落实落细到扶老携幼、尊老爱幼等诸多举措中，带领团队围绕客运组织、作业难点、服务创新等方面，做好立项、展开攻关。

针对客流大幅回升，家长带着孩子出行的情况日渐增多这一实际，李军这个“托儿所所长”和同事们集思广益又出新招。他们在服务台备下了一种防丢爱心贴，随时提供给带孩子的家长，让他们填写手机号等联系方式后，贴在孩子身上。一旦出现孩子走散，客运人员发现后就可以迅速拨打爱心贴上的电话，很快找到家长。

李军表示，铁路飞速发展，作为党代表，她要不断学习，努力提升自己，用更贴心的服务让旅客体验更美好。

扫码观看视频

采访手记

用心用情　初心不改

不善言辞与滔滔不绝，本是意义相反的两个成语，但在李军身上却十分和谐、得当。工作之余，她低调内敛、话语不多；岗位上，她对待旅客有求必应，总想着多问一句、多帮一把。

数次跟班采访，被李军的工作状态折服。面对极大的工作量和超快的工作节奏，她镇定自若、态度亲切。不少旅客焦急而来、微笑而归。她的服务魅力让人称赞：对旅客细致体贴，是真情；为旅客排忧解难，是真诚；把服务做到更细更好，是真挚。她身上，彰显着铁路人的责任意识、专业素养和奉献精神，鼓舞着更多人铆足干劲为勇当服务和支撑中国式现代化建设的“火车头”贡献力量。

（原载于 2023 年 10 月 23 日《人民铁道》报 1 版）

努力当好旅客的贴心人

李　军

习近平总书记在党的二十大报告中指出："必须坚持在发展中保障和改善民生，鼓励共同奋斗创造美好生活，不断实现人民对美好生活的向往。"作为一名铁路客运人员，在人民大会堂聆听了总书记的重要讲话，我倍感振奋和自豪。工作16年来，我扎根南昌车站红土情服务台，与同事们服务重点旅客36.6万多人次，收到表扬信1800多封、锦旗400多面，我们的贴心服务不仅给旅客提供了更美好的出行体验，也受到广泛点赞好评。

车站客运服务工作看似简单，想要干好却不是一件容易的事，必须练就十八般武艺。刚参加工作时，我连东南西北都分不清，好几次被旅客问得无所适从。有一次，一个没赶上车的旅客急匆匆跑到服务台，让我提供一个最快的改签方案。因为业务不熟练，我手忙脚乱，师傅看到后迅速支援，三下五除二就办好了改签手续。这件事让我很惭愧，此后，我开始在学技练功上发力，除了学规章、默画铁路运行图、背列车时刻表，还拜南丁格尔奖获得者邹德凤为师，学习常见病症的急救知识和技能，考取了红十字会救护员证；加入志愿服务队，到社区养老院和儿童村献爱心、送温暖，同时提升跟老人孩子打交道的技巧；我学会了常用英语、手语，以及修行李箱、修拉链等技能。此外我还熟悉车站附近的公交乘车点和主要的旅游公交线路，把路边的餐馆、医院、旅馆手绘在城市地图上熟记。如今，我能熟练地为外地旅客介绍江西各地旅游景区和美食"打卡"攻略，能跟南来北往的"小候鸟"聊动画、讲故事，不仅成了问不倒的百事通、难不住的多面手，也得到了很多旅客的认可。

只要把旅客当亲人，就能看到他们的难处，第一时间提供帮助。记得有一次，我正在服务台值班，老远就看到一名旅客背着一位老人，浑身大汗淋漓，满脸涨得通红，边上的大姐背着被褥、拎着大包小包、拿着X光片。由于男旅客体力不支，身上的老人正在往下溜。我赶紧推着轮椅跑过去扶老人坐好。这时男旅客告诉我，患重病的老父亲治疗无望，准备返回老家。听到这些，我心里特别难过，就想帮他们一把。去站台的路上要经过一段大斜坡，为防止老人摔下轮椅，我顶着轮椅一点点倒退着走，不一会儿就满头大汗，200多米的距离走了近10分钟。快上车时，老人突然紧紧拉住我的手不松开，喉咙一个劲儿地动，眼泪止不住地往下流。他女儿问："爸爸你是不是想谢谢这位工作人员？"理解老人的想法后，他的女儿也哭着向我道谢。不过是举手之劳，却让这位时日无多的老人感受到了莫大的温暖，我深深认识到：用心用情为旅客排忧解难，让他们的出行体验更美好，就是客运服务最大的价值，也是干好客运服务的真谛。这些年，我们服务台与时俱进，摸索提炼出了"七心"服务工作法，把亲情服务网织得越来越密。以我名字命名的劳模创新工作室，帮助一批批年轻客运员迅速成长，成为客运一线的骨干力量。

近年来，南昌站旅客越来越多，对客运服务的考验也越来越大。2021年暑运的一天，持续暴雨造成多趟列车晚点、停运，我和同事们按照车站应急预案妥善应对。而随着时间的推移，部分旅客的情绪越来越急躁，把服务台围得里三层外三层。面对一连串高声问询、斥责甚至少数旅客情绪失控后的不理智行为，我和同事放下心中的委屈，各自坚守岗位，一遍遍耐心解释、安抚，跟沿途各站和晚点列车的列车长确认情况，给旅客办理换乘、改签、退票等手续。喉咙疼得讲不出话来，就用纸和笔交流。直到把最后一批滞留旅客送上车，大家才长舒一口气。10多个小时的紧张忙碌，让我的嗓子完全说不出话来，两条腿像灌了铅一样沉。干客运服务总会遇到各种各样的突发状况，但只要穿上制服、走上岗位，我就会面带微笑，把温暖留给旅客。

16年来，我和同事们当过视力障碍旅客的眼睛、残疾人的拐杖、听障人的知音，还客串过旅客的家人。2012年第一次见到徐秋云，是他从云南曲靖回到江西南昌，我和同事用担架抬着他从站台送到救护车上。后来，他多次从南昌站乘车往返云南曲靖，熟悉以后告诉我，他在曲靖遭遇车祸，被下了三次病危通知书，还因医疗事故导致髋关节近乎坏死，欠下了100多万债务，婚姻也出现危机，重重压力像一座座大山压得他喘不过气，多次有过轻生的念头。徐秋云的不幸遭遇，让我更想多帮帮他。我帮他买车票、带盒饭、打开水，送他检票上车、跟车长办好交接，还主动关心他的身体康复、工作进展等情况，鼓励他坚强面对生活。渐渐地，徐秋云的情况有了好转，从坐轮椅、拄拐杖到行走自如，生活也慢慢步入了正轨。他好几次对我说："当初要是没有你的帮助，我可能熬不过那段艰难的日子！"干客运服务这么多年，让我明白了一个道理：你把旅客当亲人，旅客也会拿你当亲人，无论是第一次还是来过很多次的旅客，只要到了车站，只要有需求，我们就会用心用情服务，让他感受到家的温暖！

服务无止境，用心方行远。干客运服务 16 年来，我相继获得全国职工职业道德建设先进个人、全国铁路劳动模范、全国志愿助残阳光使者、火车头奖章等称号。荣誉属于服务台的每一个人，成绩得益于波澜壮阔的中国铁路事业。在今后的工作中，我和服务台的同事们将再接再厉，持续提升服务技能和服务品质，永远做旅客的贴心人！

（在 2024 年 3 月 14 日第六届"最美铁路人"先进事迹首场报告会上的报告稿）

扫码观看视频

王笑冰

中共党员，中国铁路广州局集团有限公司海口综合维修段海口综合维修车间信号工，曾获全国劳动模范、火车头奖章、全国铁路工匠、全国铁路劳动模范等荣誉。

星光不问赶路人

——记中国铁路广州局集团有限公司海口综合维修段海口综合维修车间信号工、高级技师王笑冰

陈明君　孙　磊　黄凯芝

“人要成长，就必须勇敢面对困难，笑对冰雪，像磨刀石一样不断打磨自己。”秋日的海南云高天蓝，在海口综合维修段的一间教室里，中国铁路广州局集团有限公司海口综合维修段海口综合维修车间信号工、高级技师王笑冰侃侃而谈。

看似普通的一句话，背后蕴藏着他不断成长进步的密码。

晨光见证他的求索

1976 年的冬天，一个小男孩呱呱坠地。父母希望他能够在人生路上笑对冰雪，便给他取名王笑冰。

1993 年，王笑冰毕业后回到家乡湘西，在张家界电务段工作。“参加工作的第一天，我就立志成为一名业务过硬的信号工。可是看到自己和老职工的差距，我感到非常焦急，于是就拿起书本用功学习。”谈起刚工作时的情形，王笑冰记忆犹新。

功夫不负有心人。王笑冰 25 岁就成为了工长，是当时段里最年轻的工长之一，32 岁成为了段里最年轻的高级技师。

2006 年，张家界电务段整合到怀化电务段，王笑冰接触的业务由 6502 电气集中联锁变成了计算机联锁。对他而言，这是一个新的考验。他自学各

种新技术，时常早起看书，有时夜深了还在实训基地钻研业务。

“你们见过凌晨 3 时的天空吗？我过去经常在实训基地见到。我在那里待到晨光出现才离开。”如今，王笑冰常常和学员们分享这段经历，教导大家学业务没有捷径，只有勤奋一条路。

2011 年，王笑冰在广州铁路（集团）公司职业技能竞赛车站与区间信号机项目中获得全能冠军。

2012 年，王笑冰由湘西转战海南岛。海南环岛高铁新投用的技术装备成了横亘在他面前的一座大山。为此，他从零开始，认真钻研，虚心求教，自学了计算机联锁、列控技术、调度集中系统等高铁技术。

学习的目的在于运用。王笑冰很善于总结经验，梳理出检修作业“流程清”、故障处理“一手精”工作法。他提炼总结的 ZYJ7 高铁道岔启动故障电机感应小电压法、ZYJ7 高铁道岔混线故障五步法等在一线得到广泛使用。

广州局集团公司电务部高级工程师鲁志鹰说：“从熟悉掌握单一普通信号设备，到全面系统掌握较复杂的高铁信号系统设备，王笑冰通过实践总结出多种实用的工作法，有很强的学习能力，是电务系统顶呱呱的‘技术大拿’。”

现场给新职工授课　王远睽 / 拍摄

阳光见证他的担当

海南的正午骄阳似火。2015年，在海南西环高铁建设中，海口站需进行多次改造施工，施工难度大、情况复杂。王笑冰一头扎进施工现场，一边查阅站场资料，学习施工标准；一边加强施工现场盯控，把好施工工艺、施工质量关。他身上的衣服湿了又干、干了又湿，渗出一片片白色的汗碱。

每天记录设备运行状况，防范可能出现的风险隐患　王远睽 / 拍摄

在一次施工中，一架信号机灯泡断丝报警两秒，随后报警消失。王笑冰没有放松警惕，一再试验、分析，终于查明原因——新安装的计算机电缆插头接触不良。他马上利用天窗时间解决问题，并向厂家提出了“采集地线上组合电源端子”的解决方案。

1988年，海南经济特区建立；2009年，《国务院关于推进海南国际旅游岛建设发展的若干意见》出台；2020年，《海南自由贸易港建设总体方案》发布实施。美丽的海南岛历来备受关注，一条条银龙也持续助推海南不断腾飞。

多年来，王笑冰和同事们初心不改，深耕海南铁路，在漫长枯燥的工作中坚守职责，在急难险重任务前勇于担当，做兢兢业业、忠于职守的海岛守路人。

2014 年，他积极参与海南东环高铁 LKD2-T2 型列控系统升级施工，开展高铁延续进路改造和高铁防雷地线专项整治。2015 年，在海南西环高铁联调联试中，他参加了多站的软件模拟试验、联锁对位试验、静态验收、动态调试、道岔精调等重要任务，在试验过程中多次对施工工艺、方案提出建议，确保了高铁信号设备的运用质量，得到了施工单位和设备厂家的认可和采纳。据不完全统计，王笑冰共参加高铁列控系统改造、海口南站计算机监测施工等中修、大修、站场改造施工 100 余次，认真执行标准化作业，保证施工质量工艺，安全优质地完成了每一次任务。

28 年零违章、零违纪、零事故，是王笑冰在一次次检验中交出的优异答卷，也是他坚守职责的最好诠释。

王笑冰在进行检修作业　陈明君 / 摄

星光见证他的奉献

2013 年，海口站 9–27DG 区段轨道电压偶尔有瞬间下降的情况，王笑冰第一时间赶到现场。仔细检查后，他发现只有操作道岔时才会有此情况发生。

隐患不能过夜！王笑冰头顶星光，连夜查找隐患。他使用排除法，采用人工的方式一组组地操作道岔，最终发现第 3 组道岔有个开口销存有瞬间短路的隐患。

“找隐患就像做数学题，每当我找到答案时都特别高兴！”王笑冰说，当用自己总结的经验处理了一个个疑难杂症时、当自己研究的方法被广泛运用于生产实践并取得良好效果时，他的成就感很强。用他的话说，那种感觉就如同学生时代解决了一道复杂的数学题，又像在足球场上战胜了强大的对手。

在工作中，王笑冰思考得最多的是设备如何才能不出故障以及出了故障如何能最快修复。为此，他坚持在执行信号设备检修作业标准和提升信号设备故障应急处理能力两方面下功夫，勤动脑、善思考，形成了独具特色的“王笑冰工作法”。

一人不为众，独木难成林。王笑冰注重发挥自己的劳模示范作用，毫不保留地将经验传授给同事们。2018 年，他承担信号专业脱产轮训的培训任务，担任 25Hz 轨道电路、ZD6 型道岔、ZYJ7 型道岔故障处理和检修作业的指导老师。经他培训的电务专业学员技能鉴定实作考试合格率为 100%。2019 年，海口综合维修段率先推行工电供维修一体化改革，王笑冰担负起对工务、供电人员传授信号专业知识的培训任务，为高铁生产组织多专业融合发展作出了积极贡献。他还坚持对新入职大学毕业生进行业务培训，带他们参加各种施工、练功实训，很多人成长为单位的技术骨干和高技能人才。

近年来，他共培养全国技术能手 1 名、全路技术能手 13 名、高级技师 12 名、技师 33 名。他参与了多种教材编写，被广州局集团公司聘为兼职教师，被广州铁路职业技术学院、湖南高速铁路职业技术学院聘为客座教授、客座专家。

26 岁的文德峰获得广州局集团公司大学毕业生技术比武理论第一名。他说：“在备战比武期间，我们遇到了不少困难。王师傅每天从早上一直陪我们到深夜，还一直鼓励我们不要怕困难，不要放弃。我更加明白，人只有勇敢面对困难、不断挑战自己，才能够更快成长！”

扫码观看视频

采访手记

勤思苦学　方能行稳致远

为人实在、干活勤快，王笑冰身上有着湘西人民的典型特质。

其实，他身上的特质不只有这些。有的电路原理复杂，他总结规律，编成朗朗上口的顺口溜记忆；碰到疑难问题时，他尝试用新方法解决；处理各种故障时，他不停地琢磨如何又快又准地处理好。在他身上，爱动脑筋、善于思考的特质也很明显。

一点一点积累，一点一点改进，王笑冰不断在工作中取得进步，激励他向着更高更远的目标前进。这样的良性循环，让王笑冰的人生之路越走越宽阔。他用行动证明：辛勤的汗水加上深入的思考，可以让一个人做得更好、走得更远。

（原载于2021年11月1日《人民铁道》报1版）

用心守护环岛高铁信号安全

王笑冰

海南环岛高铁是全球首条环岛高铁，对推动海南自由贸易港建设有着重要意义，也为海南打造成国际旅游消费中心注入了强劲动力。驻守海岛 13 年以来，我一直从事高铁信号设备的检修和维护工作，实现了零违章、零事故。确保“复兴号”每天安全、正点奔驰在环岛线上，是我的光荣职责。

信号就像铁路的神经中枢，指引火车安全运行。1994 年从学校毕业后，我回到湘西老家从事普铁信号工作，2010 年，得知海南东环线开通急需信号专业人才的消息，从未接触过高铁的我第一时间报了名。当时的想法很简单，就是想学最先进的高铁信号技术。

然而，事情没有想象中那么简单。适应气候是第一关，海南气候常年高温、高湿、高盐，闷热潮湿还带点咸味的空气像个天然“桑拿房”，皮肤过敏那是常事，在很长一段时间里，我脖子上都要涂一层药膏。气候慢慢适应了，还要过适应业务的第二关。我在原单位干过工长，还是高级技师，心想转到高铁难度应该不大。当第一次走进信号楼，看到全新的信息化、数字化的信号设备，我既好奇又陌生。走到高铁才有的列控机柜旁，望着上面密密麻麻闪烁的指示灯，我一脸疑惑，身为原单位技术骨干的我认识到了差距，于是暗下决心：一定要尽快掌握高铁知识。在一次列控系统升级施工中，为搞清不同系统之间的通信原理，我追着厂家技术人员刨根问底，可能是新知识比较难懂，他们讲了好几遍我还是没理解。我急眼了，天窗刚结束，硬是拽着他们花了 1 个小时给我手绘了一张原理图，他们又无奈又好笑地说道：“你是我见过最难缠但又最好学的人。”经过长时间的学习，我的业务能力有了很大的提高。2011 年，我以海南选手的身份拿到了集团职业技能竞赛

“全能第一”的成绩，被广州铁路职业技术学院、湖南高速铁路职业技术学院聘为客座教授。

工友看我业务能力强，爱钻研技术，遇到技术上的难题总喜欢找我。2013年11月10日，台风“海燕”预警，天下起了大雨，高铁全线停车。晚上11点，休班在家的我接到电话，工友告诉我，海口站一个轨道电路电压异常波动，比较难处理，急需支援。家人劝我说火车已经停开了，等台风过了再处理也不迟。我心想台风过后还有更多的事，放下电话披着雨衣就往外跑。工友们在现场检查没有发现任何异常，我拿起电压表，冒着雨，重新开始检查，当走到一组道岔杆件连接处，看到杆件有一道浅浅的金属磨痕，旁边有个开口销，靠的很近，赶紧呼叫楼内工友盯住微机监测电压，我拿起榔头柄敲击杆件模拟道岔震动，对讲机里立刻传出了惊喜的叫声：电压动了，就是它。工友们迅速围过来，投来了不可思议的眼光。雨越下越大，处理完隐患后，我们回到信号楼，全身没有一处是干的，事后我们才得知，台风“海燕”是近30年以来最强台风，我们用铁路人的速度跑在了台风的前面。

随着经济不断发展，海南将要开通更多的高铁线，作为海南岛第一代高铁职工，做好技术传承是支撑海岛高铁发展的有力保障。我是单位的兼职教师，培养新人也是我肩上的重要责任，我要确保一个学员都不能掉队。前几年，单位新来一名大学生，性格内向，又是非信号专业，学起业务来比较吃力，萌生了辞职的想法。自己淋过雨，所以也想为别人撑一把伞。我得知他家庭并不富裕，还有个弟弟在读书，辞职并不是明智的选择。当时实训基地正在搞改造施工，我让他留下来参加施工，有空的时候和他谈到自己受到挫折时的经历，我们的距离拉近了。那段时间我带着他边干边学，随着施工的深入业务变强了，也建立起了信心，当年还拿到了段技术比武“全能第二”的名次。他第一时间跑到我办公室，非拉着我抱着证书跟他合影。我深切感受到教学不仅需要技巧，还需要温度，这些年来，我先后培养出了全国技术能手1名，全路技术能手13名，高级技师12名，技师33名。

与设备打交道，除了要会干、肯干，还要巧干。海南四面环海，常年受台风、雷害等恶劣天气影响，潮气、雨水无孔不人，容易进入到室外电缆箱盒，造成电缆绝缘不良，甚至短路。以往的做法是依靠人工逐个开盖排查，费时费力。2022年，我带领创新工作室成员开展课题攻关，与设备厂家合作，开发了一个集无线传输和自供电功能的监测模块，当箱盒湿度超过一定指标时，手机 App 自动报警。2023 年，第一代产品出炉，我们进行了试验，加装了模块的电缆盒参数异常时，作业人员能及时发现处理，测试范围可以到达直径 1 公里。两年多来，我还带领团队开发了多功能作业车平台、智慧无人机平台等多项成果，这些创新成果为企业创造效益几百万元。我和大家分享这段经历，是想告诉大家，技术创新并不都是高大上的事情，只要扎根一线、肯观察、多思考，创新就有可能实现 0 到 1 的突破。

13 年前，我只身一人来到海南，现在，我带的徒弟遍布海南环线，我作为环岛高铁发展的见证者、参与者、建设者，未来，将继续站好岗、尽好责，用心守护好环岛高铁信号安全。

（在 2024 年 3 月 14 日第六届“最美铁路人”先进事迹首场报告会上的报告稿）

扫码观看视频

米尔班 · 艾依提

中共党员，中国铁路乌鲁木齐局集团有限公司库尔勒客运段和田一队列车长，曾获全国优秀党务工作者，新疆维吾尔自治区优秀共产党员、道德模范、民族团结先进个人等荣誉。

最美“石榴花”在列车上绽放

——记中国铁路乌鲁木齐局集团有限公司库尔勒客运段和田一队“民族团结一家亲号”列车和特 1 组列车长米尔班 · 艾依提

关拥军　沈学武　胡志刚　陈蒙蒙

3 月 13 日 10 时 05 分，春风和煦，在悠扬的乐曲声中，满载旅客的“民族团结一家亲号”列车徐徐驶出乌鲁木齐站，过草原、越沙漠，跨越天山南北，行程 1936 公里，前往新疆南疆重镇和田。走进车厢，一股浓浓的文化气息扑面而来，令人感到十分温馨。

列车刚开动，中国铁路乌鲁木齐局集团有限公司库尔勒客运段和田一队“民族团结一家亲号”列车和特 1 组列车长米尔班 · 艾依提就忙碌起来。“每一次值乘我都必须全力把好安全和服务关。”米尔班 · 艾依提说，“能为旅客安全、方便、温馨出行架起服务‘连心桥’，我感到特别有意义。”

用心用情服务旅客

“他们每次给我打电话都喊我可孜姆（维吾尔语，我的女儿），让我心里感到暖暖的。”米尔班 · 艾依提回忆，4 年前的一次值乘，她细心的举动让两位老人认了一个好“女儿”。

那一天，米尔班 · 艾依提巡视车厢时发现有两位老人满脸愁容，通过聊天得知：这对老夫妇来自和田县，要去乌鲁木齐看病，第一次去大城市，人生地不熟，心里不免有些担忧。米尔班 · 艾依提悉心安抚两位老人，并留下了自己的联系方式，让老人遇到困难随时给她打电话。随后，她又通过到达站联系上了医院，还安排人将老人一路护送到汽车站。后来，这两位老人把米尔班·艾依提认作了“女儿”，每次出门一定要坐她值乘的列车。

近年来，国铁企业完整准确贯彻新时代党的治疆方略，加快推进西部铁路网规划建设。随着路网规模不断扩大，新疆铁路发展变化日新月异，“一主两辅”“南北双环”架起天山南北沟通的桥梁，复兴号动车组、公益性“慢火车”穿行在广袤的新疆大地上，奏响了新时代天山南北开放发展的奋进乐章。

温暖、互助、包容、和谐、满意是“民族团结一家亲号”列车的服务理念，米尔班·艾依提时刻牢记在心上、落实在行动中。

5 年前，一次列车上的萍水相逢，让张美艺多了一个好姐姐。2018 年 1 月的一天，米尔班·艾依提在值乘中发现一位姑娘打电话的声音带着哭腔，经过询问得知：姑娘叫张美艺，来自阿克苏，因母亲患恶性肿瘤，需要转院到乌鲁木齐治疗。除了母亲，张美艺再无一个亲人可以依靠。米尔班·艾依提主动伸出援助之手，鼓励张美艺：“让我们一起来承担吧，让我来为你分忧。”旅途中，她嘘寒问暖、端茶倒水，并帮忙寻医问药、悉心安慰，尽己所能关心照顾张美艺和其母亲。

米尔班·艾依提（左一）在给乘务员讲解重点工作注意事项　沈学武／摄

后来的日子里，米尔班·艾依提清楚记得张美艺母亲每次的检查治疗日期，帮助她联系医院。每次乘坐米尔班·艾依提值乘的列车去看病，张美艺和母亲总能收到她送来的食品和资助金。退乘后，米尔班·艾依提还赶到医院，帮助张美艺一起照顾母亲，和她一同渡过一个个难关。后来，张美艺母亲因医治无效离开了人世。张美艺说，米尔班·艾依提是她在这个世上最挚爱的亲人。

漫漫长路，米尔班·艾依提总是想方设法为旅客营造和谐温馨的旅行环境。除了提供“贴心、舒心、暖心、细心、放心”的“五心”服务外，她还在列车上创新推出了“生日直通车”“母爱一平方”“旅游风向标”以及“流动充电站”“旅行保健操”“温馨导航”等特色服务，让旅客在旅途中能够有一种回家的感觉。据悉，“民族团结一家亲号”列车开行以来，已累计收到旅客表扬信 1350 封、锦旗 74 面。

用行动维护民族团结

“五十六个星座，五十六枝花，五十六族兄弟姐妹是一家……”“民族团结一家亲号”列车上的“民族团结 5 分钟”广播节目，在《爱我中华》的歌声中拉开了序幕。

“民族团结一家亲号”列车是乌鲁木齐局集团公司为响应新疆维吾尔自治区“民族团结一家亲”结亲活动组织开行的一趟高品质旅客列车。列车开行之初，新疆维吾尔自治区相关负责人指出，“民族团结一家亲号”列车的开行，为宣传党的民族政策创造了新载体，为各民族交往交流交融提供了新便利，为支持“民族团结一家亲”活动增添了新的色彩。

2017 年 7 月，库尔勒客运段党委发出大胆实践创新、拓展特色服务内容、提升社会服务功能、提高“民族团结一家亲号”品牌列车含金量的总动员。米尔班·艾依提调动全车班的力量集思广益，探索提高“民族团结 5 分钟”广播节目的社会宣传效果，大力宣传“当代雷锋”庄仕华、“杰出母亲”阿尼帕·阿力马洪等先进典型的感人事迹，把党的民族团结政策传播给万千旅客。

在开展“一站到底”民族团结知识竞猜活动中，他们潜移默化地宣传民族团结政策；在邀请驻村结亲干部参加的列车民族团结故事会上，驻村结亲干部在车厢讲述民族团结故事和结亲感受，并与结亲单位在列车上开展民族团结联谊和结对认亲活动；开展“给我一个温暖的拥抱”民族团结交友联谊，邀请沿途村民、老师和学生乘车体验，大家讲述村子的发展变化，交流致富经验。

“阿姨，您给了我第二次生命，我将把这份爱传递下去。”家住叶城县的塔吉克族小伙子买买提·依明在痊愈后多方打听，终于找到了救助他的恩人米尔班·艾依提。生病多年，家里为了给买买提·依明看病已经花光了积蓄。当父母带着他乘坐“民族团结一家亲号”列车去乌鲁木齐看病时，他们遇到了米尔班·艾依提。了解情况后，米尔班·艾依提捐赠了200元，在她的倡议下，列车工作人员和乘坐列车的结亲干部也纷纷施以援手，为买买提·依明筹得3000多元的医疗费。6年来，米尔班·艾依提多次救助旅客，当有人问起她付出了多少时，她总是淡淡一笑。

米尔班·艾依提（中）在给从旅客中选出的车厢治安联防员介绍情况　关拥军 / 摄

助力乡村振兴的带货人

家住和田县罕艾日克镇的卡依木·马斯木做梦也没有想到，一名列车长有一天成了他家的“亲戚”。

2017年“七一”前夕，米尔班·艾依提带领12名党员开展主题党日活动，来到乌鲁木齐局集团公司对口支援的和田县驻村帮扶点参加义务劳动。看到铁路部门为当地老百姓建起了学校、办起了农产品加工厂、成立了农业产销合作社等，米尔班·艾依提内心深受触动。“众人拾柴火焰高，我也要为扶贫攻坚出一份力。”她向当时的乌鲁木齐局集团公司驻村帮扶负责人表达了自己的意愿。在驻村干部的推荐下，米尔班·艾依提和卡依木·马斯木一家结了亲，开启了她的帮扶之路。

前些年，家住莎车县的阿里木江带了不少的巴旦木和核桃，乘坐“民族团结一家亲号”列车去和田集市上销售。米尔班·艾依提主动上前与阿里木江沟通，了解到村里的干果丰收了，但苦于没有销售渠道和市场。米尔班·艾依提和驻村工作组、库尔勒客运段沟通协商后，决定在“民族团结一家亲号”列车上开办“流动巴扎”（“巴扎”是维吾尔语集市的意思）。除了销售外，米尔班·艾依提和同事还在列车的帮扶销售平台发布货源信息，在列车上直播带货，帮沿途老百姓做农副产品的营销宣传。

阿里木江在火车上卖完了自家的农产品后，把这个好消息分享给了其他村民。随后，米尔班·艾依提通过列车的信息发布平台帮助村里找到了稳定的收购商，村民们再也不用为了销售四处奔波。

“民族团结一家亲号”列车的餐车里张贴着新疆旅游美景的图片和介绍。每当在列车上遇到内地来的旅游团，米尔班·艾依提总会耐心细致地向旅游团成员们介绍新疆南疆地区的风土人情，大家认真倾听并纷纷点赞。

“皮薄肉多，绿色种植，价格实惠。”从2017年开始，米尔班·艾依提被旅客们亲切地称为“卖核桃的列车长”。利用乘务闲暇，米尔班·艾依提广泛了解旅客的销售需求，并用列车广播发布信息，宣传南疆特色农产品和旅游景点，还组织年轻职工制作新媒体产品为南疆地区进行宣传。几年下来，她所在的车班帮助200多个家庭销售各类干果1万多公斤、水果700多箱、馕饼9000多个。在她的帮助下，“亲戚”卡依木·马斯木一家人通过进厂打工和核桃销售，每月有了6000多元的收入，过上了幸福的生活。

“唯愿石榴花开，永不凋零。”“这是一趟有爱、有温度的列车，在这趟列车上，我能感受到社会的温暖、人性的善良、团结的力量、新疆的美丽。”这些写在旅客留言板上的字句，成为列车上一段段美好时光的见证。

扫码观看视频

采访手记

真情服务　爱洒旅客

和善可亲的目光、春风细雨的音调，初见米尔班·艾依提，她身上散发的气质很快将人拉近，难怪旅客们遇到困难都会向她倾诉求助。熟悉她的人都知道，工作中，她勇于承担、乐于奉献。如果说“民族团结一家亲号”列车是一道彩虹，那么她一定是彩虹上最绚丽的一抹色彩。

3月25日，“民族团结一家亲号”列车将迎来开行6周年。在米尔班·艾依提的心中，用心服务好每一名旅客，让旅客尽享“温暖、互助、包容、和谐、满意”的列车服务，是她为之奋斗的目标。用情系紧“民族团结一家亲”红色纽带，传播党的声音，讲好民族团结故事，是她这些年在工作中始终践行的承诺。在这趟被沿途旅客称作的“金火车”上，她是那朵绽放最美的“石榴花”。

（原载于2023年3月21日《人民铁道》报1版）

用心用情浇灌民族团结之花

米尔班·艾依提

习近平总书记指出："促进各民族像石榴籽一样紧紧抱在一起。"铁路是促进各民族交往交流交融的窗口，为更好服务各族旅客出行，乌鲁木齐局集团公司于2017年3月25日开行了乌鲁木齐至和田"民族团结一家亲号"特快列车。作为班组党支部书记、首发列车长，我感到无比的激动和自豪，同时也深感责任重大，因为从普通列车到品牌列车，不仅要在服务各族旅客出行上做得更好更优，还要让民族团结之花随着列车在千里铁道线上盛开。

作为党员，我深知民族团结是各民族的生命线。初次担任支部书记，我既紧张又不安，因为我知道在发挥党支部和党员作用，推动民族团结工作方面，我还没有琢磨清、研究透。于是我开始认真补习，利用业余时间到自治区图书馆查阅资料，一看就是一天。遇到问题，我就主动学习请教，慢慢地我琢磨出，只有让车班每个人都成为宣传员，才能系紧"民族团结一家亲"红色纽带。于是，我组织车班全体通过"一会一课"和政治学习开展民族团结知识学习，还邀请驻村干部开展民族团结主题党日，给我们上民族团结思政课。在一次主题党日结束后，我冒出了一个念头，要是能让列车上的每一名旅客都参与其中，民族团结宣传工作会取得更大的效果。于是我找到车班党员一起想办法，几经商量，一个轮廓慢慢浮现在眼前。我们一起学习习近平总书记关于加强和改进民族工作的重要思想，把讲话和金句设计成海报、展板，悬挂张贴车厢；自办了讲述民族团结故事、新疆发展变化的"民族团结5分钟广播"节目，深受广大旅客欢迎。如今，带头做好民族团结已然成为车班的新风尚，品牌列车也成为了享誉全疆的宣传民族团结的"流动阵地"。

心相通要语先行。语言沟通是推动各民族大团结的最有效途径。一次值乘路上，一位怀抱哇哇大哭婴儿的少数民族母亲，情绪非常激动地向我投诉列车员小刘，说她要借用乘务间哺乳，但小刘不搭理她就跑了。经过了解，原来是小刘不懂维吾尔语，情急之下去找同事帮忙翻译，却被这位母亲误会了。这件事让我认识到做好双语服务的重要性，同时也让我意识到，流动的列车更是普及国家通用语言非常好的载体。于是，我梳理总结了双语服务一百句，组织汉族小伙伴学习，每趟出乘前挨个提问，纠正发音、练习听力；还让普通话不标准的少数民族列车员练习标准发音，多用普通话进行服务交流。后来，我们将列车作为推广普通话的阵地，开设“语言小讲堂”，对想学普通话的少数民族旅客和想学少数民族语言的汉族旅客提供便利。很多内地的旅客纷纷伸出大拇指，拗口的大声对我说：“铁路，亚克西！”

“人民铁路为人民”，用心服务各族旅客是我的天职。记得那是2019年末，列车上返乡的旅客已多了起来。列车运行至巴楚至喀什区间时，一名旅客找到我说，装着400万元合同的手提包不见了，村里的干果加工厂就指着这个合同维持呢。说完就蹲在地上嚎啕大哭。当我与他确认上一个运行区间手提包还在的情况下，就断定包一定还在车上。这时列车还有40分钟到达喀什，上下车的旅客非常多，那时再想找到包可就太难了。我急忙将乘警、客检以及列车安全志愿者组织到一起，详细描述了手提包细节后，给每一个人安排重点寻找车厢。很快，手提包在相隔的第4个车厢找到了，原来是其他旅客换位置，硕大的旅行包背带把手提包卷住给带走了。一场“危机”化解了，这名旅客当场拿出了1000元表示感谢，我急忙谢绝了。这时，他说出了让我最为难忘的一句话：“你们就是我的亲人啊，因为只有亲人才会这么尽心尽力。”

2020年，全国上下都在脱贫攻坚。而“民族团结一家亲号”环绕半个塔克拉玛干沙漠，沿途的部分地区都较为贫困。作为一名党员，我时时刻刻都想为脱贫攻坚尽份绵薄之力。刚好，有一个机会找到了我。铁路扶贫达奎村的第一书记打来电话，说村里卡依木家中有两千多公斤核桃滞销，这可是他们一家5口一年的生计。第一次卖东西，虽然着急，但我只能在朋友圈里吆喝吆喝，动员亲朋好友购买，但是杯水车薪。怎么能把信息快速传出去呢？我想到了列车广播，一条信息就能让全列车1300余名旅客都知道。在第二趟出乘时，广播了此条消息，没想到半小时后，有一位旅客买走了2000多公斤核桃，还签订了长期购销合同。那时我就琢磨，这趟列车客座率常年保持在97% 以上，如果再把列车变成流动的市场、活的广告，肯定还能像帮助卡依木一样，帮助到更多的百姓。我赶紧就在列车上开设了信息留言板，列车广播每日“信息发布”，车班小伙伴还义务给沿途百姓当起了“推销员”，给集团公司的扶贫品牌“同麦源”带货直销。这几年，我们累计帮助沿途老百姓销售干果 2 万多公斤、馕饼 1 万余个。前不久，我们的故事被编排成舞台剧《幸福的金火车》在北京、新疆上演，好评如潮。幸福和自豪写在了车班每一个人的脸上。

这些年，我先后荣获了“全国优秀党务工作者”“新疆维吾尔自治区道德模范”“中国好人”等称号，但我觉得这些荣誉更属于我们车班全体同志。我将牢记“人民铁路为人民”宗旨，努力为各族旅客出行提供优质服务，用心用情浇灌民族团结的“石榴花”，让幸福的“石榴花”开得更加鲜艳！

（在 2024 年 3 月 14 日第六届“最美铁路人”先进事迹首场报告会上的报告稿）

扫码观看视频

斯朗旺扎

中共党员，中国铁路青藏集团有限公司格尔木机务段运用一车间指导司机，曾获全路技术能手、青海省青年岗位能手、青藏集团公司“雪域先锋司机”等荣誉。

胸怀梦想驰骋天路

——记中国铁路青藏集团有限公司格尔木机务段运用一车间指导司机斯朗旺扎

赵风斌

仲夏季节，雅鲁藏布江畔郁郁葱葱、景色宜人。沐浴着高原明媚的阳光，一列复兴号高原动车组像一条绿色长龙，穿梭于高山峡谷间。驾驶室内，36 岁的斯朗旺扎手握闸把，目光炯炯地凝视前方，英气十足的脸庞充满自信。

斯朗旺扎是中国铁路青藏集团有限公司格尔木机务段运用一车间指导司机，自 2007 年参加工作以来的 16 年间，他先后驾驶过内燃机车、电力机车和复兴号高原动车组，奔驰于青藏铁路、拉日铁路、拉林铁路上。凭借自己的勤奋努力，他曾获得过全路技术能手、青海省青年岗位能手、青藏集团公司“雪域先锋司机”等荣誉，成为高原铁路的青年翘楚。

少年立志，播下梦想的种子

1987 年，斯朗旺扎出生于西藏自治区昌都市洛隆县一个普通的农牧民家庭。在他 7 岁那年，有一天，斯朗旺扎从课本中看到一张火车的彩色图片，顿时欣喜若狂。放学后，他飞奔回家，给父母和哥哥姐姐看火车图片。那时，因交通闭塞，村里人对火车还没什么概念。

“长大想开火车，你就得好好学习，争取考上县中学，再考一个铁路学校。”老师的一句话，让这个懵懂孩童的内心豁然开朗。从此，他更加踏实勤奋，就连去草地放牧、到田里干活，都背着母亲缝的花布书包，里面装着课本。

梦之所向，心之所往。2000 年，斯朗旺扎顺利考入县中学，3 年后如愿以偿考取兰州铁路机械学校内燃机车专业。

先从村子骑马到镇上，然后从镇上坐汽车到县城，再从县城换乘汽车到拉萨，最后从拉萨坐汽车到格尔木……2003 年 9 月，16 岁的斯朗旺扎远赴兰州求学。从村里到格尔木，2500 多公里的路程，他颠簸了整整 6 天。在格尔木站，当第一次站在魂牵梦萦的火车前、第一次踏进心心念念的火车车厢时，斯朗旺扎激动得忘记了旅途的疲惫。更令他惊奇的是，虽然速度明显快过汽车，但火车竟没有丝毫颠簸。这无与伦比的体验，再次点燃了他想驾驶火车的梦想。

“我将来一定要当一名火车司机，让爸爸妈妈、老师和同学们坐上我开的火车！”斯朗旺扎暗下决心。

但是，求学之路的艰辛远超斯朗旺扎的想象。由于小学四年级转学到镇小学时，斯朗旺扎才开始接触汉语，来到兰州后，机械制图、电路原理等专业知识晦涩难懂，让他倍感吃力。但为了梦想，他硬是咬牙坚持，就连寒暑假也把自己关在宿舍里，昼夜啃读专业书籍。

斯朗旺扎在列车司机室内确认运行区段线路信息　周悦翔 / 摄

夏日的兰州，闷热异常。由于从小在高原长大，斯朗旺扎水土不服。他每天都汗流浃背，身上动不动长满痱子，为了让自己保持清醒，在水房里一遍遍冲凉水澡。每次开学时，他的飞速进步都让老师同学大为惊讶。4 年后，他以优异的成绩从学校毕业。而 4 年中，他只回过一次家乡。

手握闸把，和梦想一起成长

光阴荏苒。2007 年 8 月，斯朗旺扎回到雪域高原，成为一名机车乘务见习学员。当真正触摸到梦寐以求的机车闸把时，他第一次感受到那个小小铁柄的分量，也体味出“纸上得来终觉浅”的真正内涵。

斯朗旺扎在检查机车走行部　扎西郎加 / 摄

业精于勤。为了迅速弥补课本理论与实践之间的差距，斯朗旺扎为自己制定了一套“看、问、学、记”的学习方法，开始了废寝忘食的学习。行车过程中，他目不斜视，紧盯师傅的每一个操作。什么时间缓解、什么时间制动、什么时间施加牵引力、哪个区段鸣笛，他都一一看在眼里、记在心上。回到公寓，反复默记每个机车部件名称、每个机车信号显示意义、每个公里标以及每个站名和每个线路坡道。对一些艰涩的知识，诸如新型 NJ2 型机车构造原理、操纵标准和 ITCS 行车组织非正常处理办法等，他悉数记在本上，一有闲暇，便拿出来细细研读默记，就连停车间隙，也见缝插针跟师傅求教疑问。

“旅客生命安全大于天，我要努力向您学习，早日掌握各种条件下的驾驶技术，把每一名旅客都安全送到家。”斯朗旺扎对师傅说。

青藏铁路格拉段地处高寒缺氧的世界屋脊，线路穿越 960 多公里冻土层，最大坡度达 20‰，这对机车乘务员是一个严峻考验。为了快速掌握高海拔地区的驾驶技术和故障处理技巧，遇有机车故障时，即便休息，斯朗旺扎也会跑到现场学习故障处理方法；每次出乘，他都会提前 1 小时到岗，对出库机车仔细检查；无论冬夏，运行途中，只要机车停靠，他手中的检车锤就片刻不停，车里车外、车上车下不停地敲击检查；他的工装兜里永远装着一个小本，记录着每一个技术难点和疑点，一有空闲便拿出来翻看学习，随时为自己“充电”。

冬天的青藏高原滴水成冰。在平均海拔 4000 多米、极度缺氧的青藏铁路格拉段，每次下车检查都是一次严峻的挑战，他常常被冻得双手麻木、面部僵硬。而待身体回暖后，他总是把所见所悟详细地记录在笔记本上。

“斯朗旺扎好像对学习着了魔，无论何时都随身带着一个小本子，有空就来回翻看。”同事这样打趣他。

历经 5 年磨砺，斯朗旺扎顺利通过副司机、司机的严苛考核，真正成为一名驾驭铁龙驰骋天路的“大车”，练就了停车对标误差不超过 20 厘米的过硬技能。连挂 NJ2 型机车时，他让硬币在车钩上屹立不倒的短视频，获 2019 年“青春献祖国——铁路青年岗位绝活网络短视频展示”最佳主角奖。

不负青春，让梦想在新天路延伸

2019 年，拉林铁路开始公开选拔复兴号高原动车组司机。得知消息，斯朗旺扎兴奋得彻夜未眠。经过报名、筛选、考核、考试的层层考验，他顺利进入培训队伍。经过一年多的不懈努力，2020 年 11 月，斯朗旺扎以优异成绩获得了复兴号高原动车组驾驶证，成了拥有内电双证的“大车”。半年的集中培训后，2021 年 5 月 1 日，他从众多候选人中脱颖而出，成为拉林铁路复兴号高原动车组的首发司机。

2021 年 6 月 25 日，拉林铁路全线开通运营。作为首发司机，斯朗旺扎既兴奋又深感责任重大。当天 5 时，他便早早起床，穿戴齐整，对着镜子一遍遍模拟操纵驾驶。几个小时后，在万众瞩目下，他驾驶着复兴号高原动车组从拉萨驶向“西藏江南”林芝。

“能成为雪域高原复兴号的首发司机，我感到非常激动和光荣。希望在不久的将来，复兴号能开到我的家乡昌都。”斯朗旺扎动情地说。

开车人时刻想着坐车人。为了尽快掌握复兴号驾驶技术，斯朗旺扎特意找来一张拉林铁路线路图，详细默背相关站点、桥隧名称、关键区段，很快成了公认的“拉林通”。经过一年多的摸索，他编写了《拉林线旅客列车操纵办法》手册，成为青年乘务员快速掌握复兴号高原动车组驾驶技术的学习指南。

斯朗旺扎为青藏铁路机车做检查　周悦翔 / 摄

随着拉林铁路和复兴号高原动车组的持续走红，斯朗旺扎也成了“明星”。新华社、中央广播电视总台、《人民政协报》、西藏电视台等多家媒体对他的事迹进行了报道。不仅会开火车，而且会开复兴号，斯朗旺扎成为同村男孩的偶像。村里的孩子们纷纷表示，一定会好好学习，将来也当火车司机，为家乡发展作贡献。

心有梦想，必有远方。通过层层选拔，2021 年 5 月，斯朗旺扎成为格尔木机务段运用车间一名指导司机。同年 9 月，他光荣地加入了中国共产党。

星光不负赶路人。秉持着“在岗一分钟、负责六十秒”的驾驶理念，16 年间，斯朗旺扎保持着 5700 余天零违章、零责任事故的个人安全纪录，取得了安全驾驶 64 万公里、安全行车 2589 趟的骄人成绩，成为身边青年司机争相学习的榜样、努力超越的标杆。

“青藏铁路通车后，许多跟我一样从小没见过火车的藏族孩子都成了铁路人，这全靠党和国家的好政策。作为一名指导司机，我一定要做好表率，勤奋学习认真指导，以更加优异的成绩来回报社会、回报家乡。”斯朗旺扎坚定地说。

沿着奔腾的雅鲁藏布江，他满怀赤诚，手握闸把，向着梦想一路驰骋。

扫码观看视频

采访手记

心中有梦　无惧远方

每一个孩子的心中都有一个梦想，斯朗旺扎儿时的梦想就是长大后能开火车。

为了自己的“火车梦”，他背井离乡，发奋苦读，不断努力着。无论是在兰州求学时，还是在机车乘务员岗位上，他始终初心不改，勤学专业知识、苦练专业技能，逐渐从一个懵懂少年成长为全路技术能手。他的身上，生动折射出高原铁路人不畏艰辛、顽强拼搏的奋斗精神和当代青年为了梦想不懈努力、执着追求的可贵品质。

心中有梦，无惧远方。斯朗旺扎的故事告诉我们，只要勇于攀登、持之以恒，每个人就一定会抵达梦想的彼岸。

（原载于 2023 年 7 月 14 日《人民铁道》报 1 版）

在雪域天路追梦前行

斯朗旺扎

把火车开上青藏高原是西藏人民一直以来的梦想。从青藏铁路到拉林铁路，从内燃机车到复兴号内电双源动车组，一趟趟列车不仅架起了广袤大地上的交通线，也为当地人民的美好生活打造了一条幸福线。我出生于西藏昌都一个农牧民家庭，从马背少年到动车司机，我一路奔跑、努力追梦，每一步成长都伴随着高原铁路的快速发展。

小时候从课本上看到一张火车的图片，听老师讲火车的速度比骑马快好几倍，我就想如果能开上火车，那一定很神气。初中毕业后，我报考了铁路学校，远赴几千公里外的兰州求学。记得上学的那天，我先从村子骑马到镇上，然后转乘3次汽车、2趟火车，用了整整6天才到学校。2006年，被誉为“天路”的青藏铁路全线通车，兰州至拉萨只要1天多的时间就能到，我才在上学三年后第一次踏上了回家的路。那天车厢里人很多，我和对面坐着的一家三口聊天时得知，小女孩卓玛患有先天性心脏病，他们刚从北京看完病回来，专家给出了新的治疗方案，说只要坚持治疗就能痊愈。卓玛的爸爸开心地说：“有了这条铁路，今后看病就方便多了。”青藏铁路让我回家变得更快捷，让小卓玛多了康复的希望，让当地人享受到现代化交通带来的便利生活。想到毕业后，能有机会投身铁路、服务家乡，我更加坚定了自己当年的选择。

2007年，我来到青藏集团公司工作，成为一名机车乘务见习学员，那时我就立志要做一名最优秀的火车司机。然而，理想很丰满，现实却很骨感。对我来讲，学业务首先要攻克的是语言关。记得第一次参加司机考试，理论轻松通过了，但实作不仅要查出问题还要同步讲述检查内容，有些汉字我会认不会说，一紧张就词不达意，频频出现失误，导致第一次考试没有通过。

从那以后，不管走到哪里，我都会带一本《新华字典》，遇到不认识的字就查，不会的发音就练，内向腼腆的我还强迫自己与大家多交流，逐渐攻克了语言关，顺利通过了司机考试。但我深知，一名优秀的司机，光会开车还不够，必须得练就最好的技术。就拿机车连挂作业来说，为了熟练掌握制动时机和技巧，我在连挂的两个车钩上，一个放装了水的纸杯，另一个立三枚粘在一起的硬币，经过反复实践，练就了水不洒、硬币不倒的绝活。后来，我连挂作业的视频被传到了网上，网友们纷纷点赞："火车司机可真牛！"网友的点赞并没有让我飘飘然，我知道，只有坚持不懈地学技术练业务，才能真正成为一名优秀的火车司机。

在青藏铁路开火车，有"一趟走四季，十里不同天，风吹石头跑，氧气吃不饱"的说法。这里平均海拔4000米以上，穿越区段温度相差40多摄氏度，含氧量不足平原的一半，我们都是吸着氧气开火车。记得2014年7月第一次值乘，开车没多久，师傅就戴上了吸氧管，让我也戴上，我想自己从小在高原长大，早都适应了，怎么可能高反。没想到，列车快到海拔5072米的唐古拉站时，我开始头疼胸闷呼吸急促，这会儿我才明白，唐古拉为什么被称为"生命的禁区"。我和我的同事们每天都要开着火车穿越这个区段，与高寒缺氧、狂风暴雪作斗争。但正因为有这样一群人，他们始终践行和发扬"挑战极限，勇创一流"的青藏铁路精神，扎根高原、坚守奉献，才确保了这条雪域天路的安全畅通。

经过多年如一日地学技练功，我凭借过硬的综合素质终于梦圆拉林铁路。拉林铁路是西藏的第一条电气化铁路，全长435公里，16次跨越雅鲁藏布江，桥隧多、限速多、变坡点多，对平稳操纵的要求更高。拉林线开通前，我被抽调参加联调联试，为更好地熟悉线路，我把每座桥梁隧道、每条曲线和坡度等信息都牢牢记在心里。在机车行驶过程中，把白板笔立在操作台上，如果白板笔倒了，我就在本子上记下时间、区段和手柄位置，每倒一次就记一条，回宿舍后及时复盘、不断揣摩，一点点掌握操纵要领。渐渐地，白板笔倒的次数越来越少，车开得越来越稳，我们积累的经验越来越多。2021年6月25日，拉林铁路正式开通，复兴号内电双源动车组开上了世界屋脊，实现了对31个省区市的全覆盖，结束了西藏东南地区不通铁路的历史。作为拉林铁路首发司机，当我驾驶着列车安全正点到达林芝站后，看到站台上大家手捧哈达、载歌载舞，我感到特别激动和自豪，很庆幸自己能够参与并见证这一历史时刻。我想，我不仅要开好第一趟车，更要开好今后的每一趟车。

成为首发司机后，我被多家媒体采访，一时间很多人知道了拉林铁路，也知道了我的故事。只要我一回家，村里的小孩都想穿穿我的铁路制服，长辈们也夸我有出息。每当这时候，我总会想起一直支持我鼓励我的父亲，要是他能看到我现在这些小小的成绩该有多好。遗憾的是，父亲早年因病去世，如今妈妈年纪大了，腿脚也不方便，我最大的心愿就是有朝一日等火车通到家乡昌都，让妈妈坐上我开的火车游西藏，带她看看外面的世界。

习近平总书记说，我们都在努力奔跑，我们都是追梦人。作为一名高原铁路动车司机，我感觉自己还有很多地方需要学习，今后，我将继续勤学苦练、爱岗敬业，在雪域天路上一直筑梦追梦，为铁路安全畅通保驾护航，勇当服务和支撑中国式现代化建设的“火车头”。

（在 2024 年 3 月 14 日第六届“最美铁路人”先进事迹首场报告会上的报告稿）

扫码观看视频

马小利

中共党员，中国铁建二十一局集团第三工程有限公司成渝中线铁路钢构班班长，曾获全国五一劳动奖章等荣誉。以他名字命名的“马小利劳模创新工作室”2020年被中华全国铁路总工会授予“火车头劳模和工匠人才创新工作室”。

有梦想就会有奇迹

——记中国铁建二十一局集团第三工程有限公司钢构厂厂长马小利

赵妮娜　周　琼

浓重的陕西关中口音，常年户外劳动带来的黝黑肤色，质朴的马小利有44张国家专利证书。

个人荣获全国五一劳动奖章、带领的团队获得“火车头劳模和工匠人才创新工作室”称号……从普通劳务工成长为工厂负责人，中国铁建二十一局集团第三工程有限公司钢构厂厂长马小利的故事如同电视剧中的情节。拼搏、务实、创新，让他成为大家心中的楷模和榜样。

初露锋芒的劳务工

初中毕业后，出身贫寒的马小利来到一家机修厂当学徒，很快成了一名熟练的电气焊工。18岁那年，他离开家乡，进入建筑建设行业，随后辗转多地，开始了打工生涯。

从此，他凭借智慧和实干，用科研的力量一步步“拼搏”出了属于自己的成功之路。

2001年的一次施工中，他所在的隧道有一段18米长的喇叭形通风口，大头直径14米、小头直径7米。假如为此处专门定做衬砌台车，至少得花费60万元，关键是只能用这一次。

马小利在收工后多次前往通风口处，量尺寸、想方案，做计算、画草图。

他用直径 12 毫米的钢筋做模具，根据通风口直径变化，每 50 厘米弯出一道弧形，共 18 道。然后，他再比照钢筋弧度弯曲工字钢，将其连接起来，外弧用钢模板拼装，自己制作了一台衬砌台车，经试验效果不错。这一次尝试，让马小利初露锋芒。

“就是从那时候起，我迷上了设计加工各类工程机械。对我启发最大的，还是 2008 年的一次创新。”马小利回忆。

当时，马小利是中铁二十一局集团三公司都汶高速公路项目工班长。在那个地动山摇的下午，工地上的房屋和工程设施都被瞬间摧毁。马小利迅速让自己镇定下来，组织清点人数，积极开展救援，妥善安置了多名伤员。然而，更艰巨的任务还在后面。

马小利在调试焊机设备　尹登明 / 摄

都汶高速公路项目部位于都江堰龙池镇，距震中仅 3.6 公里。地震后，龙溪隧道遭受严重损毁，灾后重建被众多施工队视为难以完成的极险工程。

当时，隧道掌子面急需一台风枪开挖台车，由于是高瓦斯隧道，洞内不允许进行电焊作业。如果在洞外组装、洞内进行二衬砌施工，超高超宽的开挖台车又无法通过。

精通电气焊的马小利想出了一个解决方法：将开挖台车的部件设计加工成用螺栓连接，再到掌子面组装起来。整台台车共用 300 多个螺丝，一天就可组装完毕，既安全又省事。

一位业主方的隧道专家说：“我与隧道打了 40 多年交道，还是第一次见到不用焊接的开挖台车。”

看到自己的加工创造让项目有了实质性的推动，马小利很开心，干劲也更足了。此后，在公司的技术和资金支持下，马小利本着“项目缺什么设备就造什么设备、设备不好用就改造优化”的理念，自己画图、自己设计、自己加工制作。短短一年间，他与工友们共同克服地震破坏大、施工条件差、机械设备少等不利因素，取得 14 项创新发明成果，其中无焊接开挖台车、二合一喷锚混凝土自动配料机、H 型钢弯曲机、多功能吊装设备等实用施工技术成果被身边的同事们称为“四大发明”，受到广泛赞誉。

2009 年 5 月 12 日，马小利成为中国铁建第一位由劳务工转为正式员工的人，他与中铁二十一局集团三公司签订无固定期限劳动合同，正式成为中国铁建的一员。同年，他也获得了全国五一劳动奖章。

马小利在为拱架联接板冲孔　尹登明 / 摄

扎根现场的发明家

马小利马不停蹄，兰渝铁路、兰新高铁、浩吉铁路、延黄高速公路、贵南高铁等工程项目建设都有他创新创造的足迹。从设备故障维修到机械的改装革新，再到全新的发明创造，他坚持以现场需求为导向，就地取材，自主钻研，逐步成长为接地气的现场发明家。

兰渝铁路项目中，马小利参与修建的桃树坪隧道是兰渝铁路最复杂、施工难度最大的极高风险隧道之一，有“国内罕见，世界难题”之称。

工期在冬季，拌和站需要加热和保温才可以满足施工需要，马小利设计拌和站时，用三合板封闭搅拌机，烟囱从里面通过，用烟囱的热量再为搅拌机加热，这样可以有效利用加热水箱的热量和烟囱的热量，使搅拌机室内的温度升高到 18 摄氏度以上，搅拌机的出料口、水泵和管道也不会受冻，工作效率提高 3 倍以上。

在浩吉铁路建设中，马小利参与了全线重点控制性工程君子隧道施工。施工中隧道内车辆掉头困难，只能开着进去、倒着出来。“这样油烟大，安全性差，也很影响施工进度。”于是马小利萌生了研发在隧道内实现车辆掉头的装置。

说干就干，马小利与其他技术人员一同探讨分析，模拟演示，制订研发方案，仅用了两个多月，就研制了一台隧道内施工车辆掉头装置，混凝土罐车掉头只要 30 秒。设备投入使用后很受欢迎，被司机们赞誉为“掉头神器”。

由马小利任厂长的浩吉铁路钢构加工厂，共承担 1.1 万吨钢制品加工任务。他从提升产品质量、提高生产效率着手，构思研发创新设备。浩吉铁路上场施工仅 3 个月，马小利就以高超的技艺赢得了业主、监理认可。他的产品不仅免检，而且被定为全线的“标准”。各兄弟单位为了取得加工产品质量上的突破，争相前来参观取经。他创新研制的各种机械设备，共为项目部节省设备采购费用 300 多万元。

2015 年 11 月，中铁二十一局集团创建以马小利名字命名的“马小利劳模创新工作室”。工作室针对浩吉铁路小南塬、君子两座特长隧道的施工难点，先后研制成功隧道逃生管道自行装置、钢筋接头自动焊机、隧道防水板自动铺设装置、小导管组合钻床、隧道开挖折叠台车、隧道施工台车钢轨自行装置、隧道施工悬臂台车、8字筋弯曲机、8字筋自动整型焊机、8字筋自动压型装置10种共25台套机械设备。这些自行研制的设备，在施工中发挥了巨大作用。

2017年1月，“马小利劳模创新工作室”成为首批“中国铁建劳模（先进职工）创新工作室”。2020年11月26日，中华全国铁路总工会授予工作室“火车头劳模和工匠人才创新工作室”称号。

目前，工作室汇集了13名骨干技术研发人员。他们紧贴施工生产难点，坚持开展群众性技术攻关、技术革新和技术发明活动，推动了企业的技术进步，形成各类技术创新成果、国家专利47项，其中实用新型发明43项、发明专利4项，已有20多项成果被广泛推广应用。

奋进拼搏的领头雁

32年，马小利实现了从劳务工向技术大拿的华丽转身。32年的奋斗，马小利诠释了“只要扎根企业，有梦想就会有奇迹”的工作理念。

对于只有初中文化的马小利来说，这一切来得并不容易。可他天生一副关中男人的倔性子，常常挑灯夜战，冥思苦想，加工模型反复探索修改，图纸画了一摞又一摞，直到成品满意，才长舒一口气。反复的熬夜和焦灼，让本来个子就不高的他，更显得又黑又瘦。

日常工作中，马小利总是随身携带一个笔记本，随时随地发现问题，或者灵感乍现，就记下来。现在，他的笔记本已经积累了好几摞。他坚信，所有的研发都是为了解决生产问题，而解决问题的前提就是发现问题。

虽然已经年届半百，且获得过许多荣誉，但马小利依然坚守在施工一线，他说：“只有在施工现场，才能发现问题，才能找到创新的方向。”

正因为长期坚守一线，马小利非常理解现场劳动者的不易，也清楚地知道在施工过程中，一些设备存在重复利用率低、环保性能差的问题。他研制的二合一喷锚混凝土自动配料机、H型钢弯曲机、多功能吊装设备等多数用废旧钢材加工，成本十分低廉，但在施工中却非常实用，大大降低了工人的劳动强度。

工作室成立后，马小利的创新不再是单打独斗。随着一批又一批年轻人的加入，整个团队充满了朝气和活力。马小利常常开玩笑地向别人介绍：“我们工作室都是大学毕业生，就我一个没文化的。”

事实上，为了给自己的创新实践添加动力，马小利一直积极参加各种培训，非常珍惜学习的机会。近些年，他已经在西安交通大学电力系统自动化专业获得了专科学历，后继续攻读本科。2020 年初，难得闲下来的马小利，在读计算机专业的外甥帮助下学会了使用电脑。过去，他都是手绘图纸，现在，他已经学会了用电脑画设计图。

对于未来，马小利有着清晰的规划。他希望更多的年轻技术员加入工作室，进一步推动专利成果的转化，让新技术更好地服务于施工现场实际。

扫码观看视频

采访手记

他像一道光　激励着我们

从一名只有初中文化程度的普通劳务工成长为工友心中的发明家，再到团队技术创新的“领头雁”，马小利的身上，有许多新时代产业工人的闪光点。

学历不高，他就在工作中抓住一切机会学，笔记本积累了一摞又一摞；有难点，他就扎根施工现场，发现一个问题解决一个问题，草图设计了一版又一版。32 年间获 44 项国家专利，马小利在创新中求索、在实践中提升，彰显了新时代产业工人有理想守信念、懂技术会创新、敢担当讲奉献的精神风貌。

和马小利的几次沟通，他都很“忙”，忙于搞技术创新，忙于解决现场问题。他拼搏、务实、勇于创新，就像是一道光，激励着我们奋进新征程。

（原载于 2021 年 10 月 13 日《人民铁道》报 1 版）

以实干巧干解建设难题

马小利

工作30多年来，我由一名普通的农民工成长为全国五一劳动奖章获得者、“火车头劳模和工匠人才创新工作室”带头人，还作为铁路系统代表参加了中国工会第十八次全国代表大会。我很庆幸赶上了铁路高速发展的好时代，一步步走到今天。

我出生在陕西富平县一个小村庄，18岁出门打工，在农机修理厂、建筑工地干零工时，学会了电气焊、机械加工等技能。到中铁二十一局集团项目工地后，我开始参加铁路工程建设，从事钢构件加工、混凝土供应和施工设备研制。以工地需求为导向，我就地取材，自主钻研，先后研制出22种隧道、桥梁、无碴轨道等施工设备，在保安全、创优质、赶进度、节能减排和减轻劳动强度等方面，有效促进了铁路建设多快好省。

因为环境条件不同，每一条铁路建设都会遇到不同的难题，我的创新发明就是在解决一个个具体问题中产生。兰渝铁路是连接我国西北与西南地区最便捷的大通道，修建难度世所罕见。当时，我负责2个拌合站，给6座桥隧供应混凝土。以前冬季施工，拌合机启动很困难，为防止砂石冻结，先给拌合站搭保温棚，再往拌合机里加热水拌合混凝土，但热水供应不及时，温度始终不稳定，而且水泵、管道和出料口很容易冻住。我想家家户户都用暖气，能不能给拌合站也加装上暖气？于是，在设计修建拌和站时，我增加了一个可以持续供应热水的炉子，这样可以有效利用热水箱和烟道的热量，提高搅拌机室内温度。后来，我持续改进，把热水管道提前铺设到地下，相当于给砂石仓和拌合站加上地暖，提高了混凝土质量，保障了施工连续性。当然，和兰渝线工程主体施工中攻克的世界级难题相比，我做的这些不算什么，但整个工程建设就像一条流水线，任何一个工序环节卡壳，都将影响工期质量，需要一个又一个像我这样的小创新小发明，打通施工生产的一个个难点、痛点和堵点。

在工地待的时间长了，设备有哪些问题、该如何改进，我都一清二楚。但是，脑子里点子再多，想要实现却不是一件容易的事。在浩吉铁路小南塬隧道施工中，我发现重载车辆在洞内掉头很困难，开进去10分钟，倒出来将近1个小时，不仅油烟大、安全性差，还影响施工进度。我决定设计一个施工车辆在隧道内原地掉头的装置，熬了好几晚，脑子里才有了一个大概模型，然后画出构思图，以为对着图纸给加工人员一说就能造出来，没想到，他们都说看不明白。原来造设备不仅要有每个零部件的分解图，还要标注好尺寸、精度等制造标准。我不服输、不放弃。一连2个多月，我一边查资料，一边向技术人员请教，图纸画了一摞又一摞，终于形成30多页的标准设计图纸，研制出了隧道内施工车辆掉头装置，将混凝土罐车进出隧道时间缩短了80%。这件事对我触动很大，我深刻认识到知识的力量。除了参加技能培训，我通过成人自考拿到了西安交大电力系统自动化大专和本科学历。过去，我都是手绘图纸，现在学会了电脑画设计图，研制起来更加得心应手，跟上了铁路建设的新形势新变化，还被延安南泥湾劳模工匠学院聘为特聘教授。

随着铁路建设规模不断扩大，工地现场需要更多的技能人才。2015年，中铁二十一局集团建成了以我名字命名的“马小利劳模创新工作室”，工作室又先后被上级工会命名为“中国铁建劳模创新工作室”与“火车头劳模和工匠人才创新工作室”。工友小王刚来工作室时，干活总是提不起兴趣。有一次，隧道格栅拱架支护需加工8字筋，厂家设备生产的产品不符合现场实际，我就动手设计制造。我白天跑工地，晚上设计方案，常常通宵达旦。小王劝我说，这么多年钢构件都是这么加工，公司对这种工装研制又没要求，你没白没黑图个啥？我向他解释，一个小小的工装能极大地提高产品合格率，我自己累一点，工地就能少费些劲。从那以后，小王总是跟着我一起搞研发，研制出的8字筋弯曲机，各种尺寸8字筋都能加工，还克服了钢筋扭曲现象，被定为全线的标准，引来兄弟单位参观取经，小王由此也迷上小发明、小革新，逐渐成长为工作室的一名骨干。目前，我和我的团队共取得国家专利超过100项，一个人可以走得很快，但一群人走得更远。作为工作室带头人，我要发挥好平台的传帮带作用，让越来越多的一线人员从不敢创、不会创，到人人创、争着创，为铁路建设增添新的活力。

名声传出去以后，找我帮助解决问题的人越来越多。有一天，中老铁路玉磨段一位项目总工打电话，说隧道锚段施工数量大，衬砌台车频繁拆卸、转段，工期等不起，请我过去帮忙。我马上坐火车赶到昆明，然后转乘大巴、皮卡来到工地，经过20多天钻研，研制出一台不用拆卸的锚段衬砌台车，保证了隧道按期贯通。每次看到或听到自己参建的铁路线通车了，我都无比自豪。铁路建设没有内外之分，我搞发明创造，不是为了多少专利，而是为了解决工地存在一个个问题，早日将设计蓝图变为大道通途。

2024年初，我上场参加成渝中线铁路建设。这条高铁是中国“八纵八横”高铁网沿江通道的重要组成部分，还为未来进一步提速预留了条件。虽然我不知道，今后会遇到什么样的挑战，但是我都将一如既往、扎根工地、钻研实干，以更接地气的创新发明，为铁路高质量发展添砖加瓦。

（在2024年3月14日第六届“最美铁路人”先进事迹首场报告会上的报告稿）

扫码观看视频

陈燕平

中共党员，中车株洲电力机车研究所有限公司正高级工程师，曾获茅以升铁道工程师奖、湖南省三八红旗手、中国中车劳动奖章等荣誉。

燕衔明珠踏歌行

——记中车株洲电力机车研究所有限公司设计专家陈燕平

周　琼　姜杨敏　郭　丹

辽阔的中国版图上，刻印着世界最大的高速铁路网和先进的铁路网。每日，川流不息的列车，如循环全身上下的血液，为“流动的中国”注入澎湃活力。血液的涌动离不开心脏，列车的心脏，便是“牵引变流器”。

我国轨道交通牵引变流技术处于国际先进水平，这背后，几代科研工作者筚路蓝缕、栉风沐雨。中车株洲电力机车研究所有限公司设计专家陈燕平，就是其中一位代表。

在这个男性居多的研究领域，她巾帼不让须眉，以实现中国轨道交通牵引变流技术自主化的雄心壮志和过硬本领，为中国铁路牵引传动系统的关键技术攻关和产业安全自主可控作出贡献。难能可贵的是，在时代的淘洗中，陈燕平始终以积极向上、达观自在的心境感染着周边人，用实际行动展现了新时代女性科研工作者的理想情怀与气度内涵。

攻坚克难，勇摘“皇冠上的明珠”

循着岁月的辙印，陈燕平回忆起对火车最初的印象，“摇晃，不停地摇晃”。

1994年，陈燕平以湖南省衡阳市衡山县第一名的成绩考入上海交通大学。从株洲转车去上海，一路站了20多个小时，下车后，几天内看什么东西都像在火车上一样晃。

陈燕平在进行驱动电路研究　丁清澍 / 摄

这样的乘车体验与当今高铁“立硬币不倒”的现象形成鲜明对比。高铁的平稳运行，是列车牵引变流器中的核心元器件“绝缘栅双极晶体管”（IGBT）发挥了作用。

如果把纵横驰骋的高铁列车比作一条苍龙，安装在列车底部的牵引变流器就是龙的心脏。列车行进过程中的加减速以及恒速控制，都通过它来实现。这个吨级的方盒子中，一块巴掌大小的 IGBT 模块是最核心的器件。它相当于一个“闸门”，能让列车在启动后即刻提速至时速 300 公里以上，是高铁列车高速平稳运行的重要保障。

作为国际上公认的电力电子技术第三次革命最具代表性的产品，IGBT 号称“功率半导体皇冠上的明珠”，诞生以来一直被西方发达国家垄断。

1998 年，陈燕平学成毕业，进入当时中车株洲所 IGBT 牵引变流器设计团队。恰逢我国第一台输出功率达 1.2 兆瓦的 IGBT 牵引逆变器下线，陈燕平跟着团队里的同事一起，全程参与地面调试。其间，她本人表现出的超高悟性和勤奋好学也获得大家的一致认可。这为她今后的研发工作打下基础。

不久后，陈燕平接到 IGBT 器件应用及驱动技术探路的重任。驱动技术是IGBT器件得以成功应用的前提，当时一块进口IGBT驱动板是陈燕平月薪的好几倍，责任重大，陈燕平兴奋到睡不着。“我心里很开心的，因为我来就是想干事的。”她笑着回忆。

为尽快攻克IGBT驱动技术，陈燕平一边瞄准国外先进驱动产品开展大量研究性试验，一边大胆摸索电路和试验方法。试验条件有限，她自己用变压器、二极管等设计出试验所需的高压电源；无法验证器件的可靠性，她研发智能驱动板老化盒；脉冲分配板调试不够人性化，她将原来必须由专业技术人员操作的复杂工序，简化成几个按钮就能执行……

经过两年的探索，2001年，在全面消化吸收国外成熟技术的基础上，陈燕平成功开发出具有自主知识产权的高性能IGBT驱动板，有效打破了IGBT驱动技术长期受制于人的困局，填补了我国大功率IGBT牵引变流器技术相关空白。

披荆斩棘，为高铁加装“强劲的心脏”

蓝白色车体清新淡雅，橘红色腰饰带飘逸灵动……2001年11月，我国自主设计、拥有自主知识产权的第一台动力分散型电力动车组“中原之星”投入运营，成为中原大地一道亮丽的风景线。

“中原之星”首次采用了我国自主研发的IGBT牵引变流器。陈燕平看到凝结着自己知识和劳动成果的“列车心脏”装载上车、驱动“钢铁长龙”千里奔腾，内心的激动溢于言表。

然而，喜悦并没有持续太久，此后很长一段时间里，团队自主研发的IGBT牵引变流器没有上线机会。有段时间，团队成员都担心自主研发路线会萎缩或被进口替代。陈燕平向带自己入门的师傅表态：“一代人有一代人的使命。我不会走的，我们要把自主研发的种子保留下来。”

功成不必在我，功成必定有我。抱着这样的心态，陈燕平一直在等待。2008年，陈燕平正在外地出差，突然接到师傅的电话，中车株洲电力机车研究所将承担大功率交流传动六轴7200千瓦电力机车项目。这是我国具有自主知识产权的IGBT牵引变流器在交流传动电力机车领域获得的第一个批量订单。“对于我们这一代人来说，这是一辈子都不能忘记的事情。”陈燕平说。

按照要求，从设计、生产试制到试验交付，留给牵引变流器项目团队的时间不足5个月。作为技术总管和项目组核心成员，陈燕平除了承担研究性试验，还要负责出厂试验方案的撰写、试验系统的设计、试验大纲的编制，以及项目的整体协调工作，那年春节她的心思都扑在了项目上。

陈燕平与年轻科研工作者进行IGBT驱动技术交流　周思敏/摄

然而，试验中，产品总是不停出现电缆发热或烧损。眼看交付时间逼近，却一直无法判定故障原因，团队陷入焦虑。陈燕平尽快让自己平静下来，创造性地提出用电抗器抑制谐振电流的方案。她带着团队，晚上试验到凌晨三四点，早上七八点又赶往试验现场整理分析数据，根据结果再不断改进，连续半个月的苦战，故障终于消除。

时隔十几年，陈燕平仍记得最后一次试验的场景。那是凌晨三点多，整个团队屏息以待，等着试验结果。当正确的波形终于出现，所有人都喊出了声。

“这一刻，不仅意味着我们完成了这个订单，更意味着，此前的坚持没有白费，我们国家的牵引变流技术离世界先进水平又进了一步！”陈燕平说。

打铁趁热，陈燕平又马不停蹄投入6轴9600千瓦牵引变流器试验中。这次采用的IGBT元件属新型高压功率器件，国外应用也处于起步阶段，找不到借鉴资料。陈燕平带着团队在试验站断断续续做了1年的试验，前后7次优化电路板，正常的周期1年只能完成一次优化。

2011年，春暖花开之际，团队顺利完成变流器及模块的开发设计与试验，标志着我国高压变流器设计能力与IGBT应用技术成功迈入国际先进行列。

追梦前行，传递积极向上正能量

驱车沿株洲市境内湘江右岸一路行驶，不久便会看到“田心工业区”的标志牌。这个工业区绵延10里，被誉为中国先进轨道交通装备研发和制造的“动力之都”。

多年前，这里远非眼前的模样。当时，即将大学毕业的陈燕平正处于择业期。寒假回老家的路上，经过株洲，她走出火车站，搭上公交车，1个多小时的颠簸后，来到当时的铁道部株洲电力机车研究所。

她回忆，大门外面是一条土路，周边是村民的自建房。进门处，她遇见一位“专家”模样的工作人员，对方得知她是想来参观的大学生，二话不说用摩托车载上她去看各个试验室。

这就是陈燕平第一次走进中车株洲电力机车研究所，科研工作者们认真、专注的模样在她脑海里挥之不去。后来，她辞去原本签订的工作，成为班上唯一放弃去大城市就业的毕业生，在株洲这片被誉为“中国电力机车摇篮”的热土扎根至今。她不曾后悔：“给我一张搞科研的桌子，就是一整个世界。”

这份笃定，正是陈燕平一路走来的底气。不论遇到什么样的困难，她总是积极向前、乐在其中。

工作实习期结束，担心自己作为女生，不能被分配到科研部门，她鼓起勇气找到上级领导当面自荐，用矢志科研的决心和信心为自己争取机会。

初入团队，天天和几百斤的牵引变流器打交道，作为唯一的女生，不被看好，她以比男同事还要刻苦的精神和足够的技术实力，为自己赢得尊重。

牵引变流器研究性试验在高压状态下进行，随时会引发爆炸，她克服恐惧，巧妙推出触发延迟设计，试验启动后她有3秒时间可以躲到柜子后面，等到电能释放完再出来观察。

常年高强度的工作，身体出现耳鸣、胸痛、颈椎炎等一系列状况，她迅速调整，挤出时间走上运动场。她说希望自己能为这份热爱的事业奋斗更久……

如今，陈燕平团队参与研制的 IGBT 牵引变流器已广泛应用于国内的干线机车、动车、地铁，并远销新加坡、澳大利亚、阿根廷等国家，不仅创造了年产数 10 亿元的经济效益，也助力中国高铁这张“金名片”越擦越亮。

经过长期努力奋斗，陈燕平从一名普通技术人员，成长为设计专家。回溯往昔，陈燕平深有感触，如果可以给现在的年轻人讲一堂课，她说一定要以“心态”为主题。正如她在社交媒体上写的那样：“快乐是一种心态，我们无法改变处境，让我们拥有快乐心态。”简单的一句话，浸润着生活的哲思，延展着广阔的视野。

扫码观看视频

采访手记

志者恒进　恒者致远

多年来，陈燕平一直想找到当年那位带着她参观试验室的“专家”，可惜再也没有遇到，不过她理想中的科研人生已经成为现实。

她似乎有一种永不枯竭的生命力，勤于学习、精于钻研、善于实践、乐于奉献；她始终坚守最质朴的人生法则，事不避难、义不逃责，靠“做事情”求得发展、赢得尊重。她满怀闯的勇气、创的智慧，一路走来，即便身处逆境时，依然没有放弃对这个行业的热爱和对科研的坚持。

历史不会辜负实干者，在与祖国轨道交通事业同向前行的过程中，陈燕平见证了中国铁路发展的坚实足迹，也听到了自己梦想开花的声音。这正是对她作为科研工作者最好的回报和礼敬。

（原载于 2023 年 7 月 3 日《人民铁道》报 1 版）

为高铁列车装上强劲“中国心”

陈燕平

习近平总书记说：“我国自主创新的一个成功范例就是高铁，从无到有，从引进、消化、吸收再创新到自主创新，现在已经领跑世界。”作为高铁的动力装置，相当于“心脏”的牵引变流器也在不断地创新超越，现在已经研发出了具有完全自主知识产权，适应不同速度等级、运营环境的牵引变流器，为高铁装上了强劲的“中国心”。这也是我工作26年来扎根铁路装备科研一线一直攻坚的课题。

作为一名科研工作者，我深知，要把爱国之情、报国之志融入伟大奋斗之中，在国家需要的时候，能够挺身而出，敢于担当，敢于突破。在我刚参加工作时，牵引变流技术还是我们国家的短板，我们只能高价购买国外公司的产品。但奔跑在中国的列车，怎么能没有“中国心”呢？为了实现这一梦想，我和团队接过前辈们的接力棒，决心打破垄断。但创新没有捷径，必须爬的台阶一个都不能少。IGBT器件是牵引变流器里最关键的装置，可这项技术我们长期被西方“卡脖子”。为了攻克这个难关，我们只能“摸着石头过河”。记得有一次做实验时，我把电压升到1500伏，没一会儿，IGBT器件突然“砰”的一下炸出了声，吓得我愣在了当场。师傅赶紧跑来拉下了电闸，等我缓过劲后说道，“烧坏了不要紧，记录好数据继续干！”之后，在长达10年的时间里，我和我的团队夜以继日，开展了不计其数的试验研究，将IGBT器件拆了装、装了拆，一个个实验数据、一张张电路图，累积成厚厚的一大堆，最终，我们成功研发出系列国产牵引变流器，并在机车、城轨等列车上实现应用，成为继德国、日本、法国等国之后，少数掌握牵引变流核心技术的国家之一。得知消息后，外国公司的产品价格应声而降，降幅高达50%。

此后，我们的市场订单像雪花一样飘来。但在我们心里，一直憋着一股劲，盼望着在速度更高、技术等级要求更严的高铁列车上装上“中国心”，这也是我们铁路科研人员的共同梦想。2012年，中国标准动车组“复兴号”研制项目启动，我们受命负责牵引变流器的研发。对于这个具有划时代意义的项目，我们充满了期待、干劲十足。我记得，在方案研究阶段，项目会议室每天凌晨两三点仍然灯火通明，大家常常为了一个技术细节争得面红耳赤，方案稿设计了一遍又一遍，但一次次被推翻重来。搞科研就像走迷宫，无数次走进死胡同，却还要鼓起勇气继续找出路。那时候，我们像是精心孕育一个孩子的诞生，每个人都将极大的耐心用在了这个项目上。最终，经过充分论证，我们创新性地提出了主辅一体牵引变流器的设计方案，通过100多次酷暑、极寒、风沙等复杂工况试验，最终成功定型，关键技术指标遥遥领先。这颗强劲的“中国心”，在为期两年60万公里的考核过程中，保持着零故障记录，并在2016年创造了840公里的交会速度纪录。一路走来，我深深感觉到，科研工作不能跟随别人的脚步向前，而是必须苦练内功，坚持自主创新，牢牢将主动权掌握在自己手中。

科研工作就是爬山过坎，把一个个不可能变成可能，不断攀向新的高峰。复兴号“中国心”研发成功后，我们继续在前沿技术上探索，朝着更智能、更高效的牵引变流器发力。2015年，我打破现有设计思路，提出了一套全新的芯片应用方案，我的方案一提出，就遭到很多技术专家的质疑与反对。但我们知道，一旦突破这项难关，就能抢占技术制高点。难题面前，我们不服输、不怕输，跑遍了国内外数十家科研单位和企业，试遍了大家听到的、想到的所有技术路线，经过几十次的技术方案迭代、研制与试验，我们实现了从器件最初根本不可用、到可以使用，从器件寿命很短、到器件完全符合市场应用要求的蜕变。历时7年，成功研发出新一代牵引变流器，并装载于CR450试验列车上，跑出中国新速度。在我看来，技术盲区的开垦充满未知，饱含不为人知的艰辛，只有敢于挑战一个个不可能，才能不断向无人区探索，始终保持领先领跑。

一次次全力以赴最终转变成一个个惊喜，如今，装载“中国心”的高铁列车，奔驰在祖国广袤的大地上，并成功“走出去”，助力雅万高铁上线运营。生逢伟大时代，我倍感珍惜。习近平总书记指出，关键核心技术是要不来、买不来、讨不来的。回顾26年的科研经历，我有幸融身于中国高铁自主创新的全过程，亲历了我国高速列车核心技术从无到有、从追赶到领跑的跨越，我感到十分骄傲和自豪。有几次参加同学聚会，那些在沿海大城市工作的同学都问我，科研工作这么枯燥乏味，你扎根在一个小地方，一辈子就干一件事情，会心有不甘吗？我说不会，一代人有一代人的使命，时代给了我施展才华的舞台，能够将个人奋斗融入党和国家宏伟事业中，实现人生的价值，是件多么幸福的事情，对于这个选择，我此生无悔。

26年过去，我从一名普通科研工作者成长为设计专家，并有了以自己名字命名的科研工作室。我将继续坚持自主创新，奋力实现高水平科技自立自强，让"中国心"动力更澎湃！

（在2024年3月14日第六届"最美铁路人"先进事迹首场报告会上的报告稿）

扫码观看视频

朱少铭

中共党员，广州铁路公安局惠州公安处惠来站派出所三级警长，曾获全国公安机关爱民模范、全国学雷锋先进个人、全国铁路最美基层民警、火车头奖章等荣誉，并荣立个人二等功、三等功各 1 次。

他把群众装在心窝里

——记广州铁路公安局惠州铁路公安处普宁站派出所三级警长朱少铭

徐　媛　杨新飞　张中铃

随着汕汕高铁建设接近尾声，广州铁路公安局惠州铁路公安处普宁站派出所三级警长朱少铭更忙了。除葵潭警务区日常工作外，他还要盯控新建惠来站管辖线路的安防工作，并走访惠来县党政相关部门、沿线乡村和学校开展安全宣传，为高铁安全开通运营做好准备。

2013年，朱少铭回到家乡，见证了杭深高铁厦深段葵潭站的开通运营，并承担车站后续保卫工作。汕汕高铁惠东站同样位于广东省揭阳市惠来县，比葵潭站更大，管辖线路增至51公里。“新建的车站那么大、那么好，我要尽我所能，保障高铁安全开通运营，让老乡们以后出门更安全、更便利。”朱少铭信心满满地说。

尽职尽责，守护一方平安

1997年，朱少铭以优异成绩从警校毕业，如愿进入铁路公安系统，成为惠州铁路公安处乘警支队的一名乘警，负责值乘广梅汕铁路列车。

夜间值乘时，朱少铭总是格外警觉，每个小时都要巡视车厢一次。“那时候的安全防范措施没有现在完善，发生突发情况，我们想方设法确保旅客人身财产安全。”回想起以前，朱少铭感慨道。由于那时经常整晚不睡，到现在他夜间睡眠时间也很少。“这是我们的职责！必须遏制犯罪苗头，保证一方平安。”他说。

2013年底，杭深高铁厦深段开通，粤东地区进入高铁时代。朱少铭被调到位于揭阳市惠来县境内的普宁站派出所葵潭警务区，从事警务区沿线安全巡视工作。

朱少铭在葵潭站维持秩序　徐媛／摄

葵潭警务区管辖26.5公里线路，每天早晨，朱少铭先在葵潭站巡逻一圈，便开车出发进行沿线巡查。巡查时，他发现沿线居民群众对新开通的高铁很感兴趣，每天来看高铁列车的人络绎不绝，其中还有很多小孩子，铁路安全保卫压力很大。朱少铭想，必须要加强安全宣传，增强沿线群众安全意识，确保群众生命和铁路运行安全。于是，他积极争取地方政府对高铁治安工作的关心和支持，带着宣传资料起早贪黑走村入户，不厌其烦地宣讲铁路安全常识和相关法律法规，让沿线百姓群众的安全意识有了明显增强。

“老百姓们不喜欢条条框框的说教，我便采取多结交朋友、多做好事的方式走近他们，争取他们的理解、信任和支持。”朱少铭真诚、朴实的态度给人留下了深刻印象。在警民的共同努力下，葵潭警务区管辖线路治安平稳有序，列车运行安全和旅客生命财产安全均得到了有力保障。2016年12月，葵潭警务区被评定为广州铁路公安局优秀示范警务区。

热心助农，洒下一片大爱

“阿铭”是警务区沿线居民对朱少铭的亲切称呼。在他们心中，“阿铭”就是“好人”的代名词，他爱民为民的故事也感染了许多当地爱心人士。2017年12月，朱少铭牵头成立惠来“赋爱”公益志愿者协会，整合当地公益资源，带动更多人主动参与公益事业。截至目前，他们已帮助救济沿线300余名孤寡老人、留守儿童和残障人士。

朱少铭在铁路沿线小学宣传铁路安全知识　徐媛/摄

距线路约2公里的千秋镇千南小学有74名学生和13名教师，学生大多来自周边农村。2016年，朱少铭在走访时发现学校教育设施相对落后。此后，他定期来到学校，利用专题教育、交通安全、防火防溺等安全宣传时机，鼓励孩子们努力学习，做对社会有用的人。他还多次组织公益队伍和热心人士捐助校服、电脑和学习用品，开展“捐赠书籍进校园”活动，并在千南小学建成当地第一所农村小学图书室，帮助孩子们增长知识、陶冶情操。这间10平方米大小的图书室慢慢成了孩子们的“充电站”，学生们的成绩也逐年好转，达到全镇数一数二水平，学校还连续数年获得揭阳市葵潭慈善基金“奖教金”。

今年4月25日，朱少铭又联系组织了一场校园公益活动，组织学生们开展运动竞赛，并为学校捐赠了篮球、跳绳等运动器材。老师罗哲辑说：“我们这种农村小学很少组织活动，朱警官为学校和孩子们带来了很多惊喜。”

在工作之余，朱少铭还为农民出谋划策，帮助他们脱贫致富。2013年，朱少铭到葵潭站辖区沿线的圆墩村入户宣传。这里以种植凤梨为主业。凤梨皮薄肉厚、品质优良，可因为地处偏僻、交通不便，经常出现凤梨丰产农户却不增收的情况。

看到村民愁眉不展，朱少铭决心帮助农户破解凤梨滞销难题。他发动身边亲朋好友品尝购买，并帮忙联系媒体宣传。他和同事们自费购买凤梨送给车站以及列车上的工作人员、旅客品尝，并派发农户联系卡，主动宣传凤梨的好品质，帮助果农慢慢打开销路。随着交通的改善、物流行业的发展和网络直播行业的兴起，朱少铭又主动谋划，和地方政府一起举办“凤梨节”，精心打造和宣传“惠来五宝”，改变了当地农产品廉价滞销的局面，村民也因此得到了实惠。“凤梨价格从几毛钱一斤涨了好几倍，好卖的时候都要七八元钱，这都是政府部门和朱警官的功劳。”果农黄仲海开心地竖起大拇指。

今年6月21日，在2023年“惠来五宝”国际网络节+云展会暨惠来县“百千万工程”现代农业招商推介会上，朱少铭获得了组委会授予的“‘惠来五宝’品牌推广贡献奖”。

警民同心，换来双向奔赴

“你把人民装在心窝里，人民就会把你捧在手心里。”这是朱少铭职业生涯里坚定不移的信念。

距离葵潭站三四公里处，有个村庄叫陂美村。在一次进村入户宣传时，朱少铭发现这里有三位郑姓的孤寡老人因身体残疾、生活困难，成了村里的“五保户”。朱少铭暗下决心，把老人的事当作自己的事。此后工作之余，他常常买些菜和水果去探望，给他们做饭，陪他们聊天。老人亲切称呼他为“阿铭”，把他当作亲人。

2016年10月，强台风“海马”来袭，朱少铭记挂着老人的安危，赶到现场协助村镇干部将群众紧急转移到安全地带。三位老人见到“阿铭”，紧紧抓住他的手，叮嘱他在这种台风天也一定要照顾好自己。看到这警民一家亲的暖心情景，村镇干部打心眼里敬佩起他来，并与这名普通的铁路民警建立起友好的关系，积极地加入了爱路护路行列中。

2015年5月的一天，一直受朱少铭关爱帮扶的郑伯伯到田里劳作，看到两个小伙子欲攀爬铁路防护网，立即大声喝止。小伙子怪他多事，郑伯伯却义正辞严地说：“这段铁路是‘阿铭’负责的，你们影响铁路安全，我就要帮他管事！”小伙子只好悻悻离去。还有一次，葵潭站附近发生了一起偷盗摩托车的案件。窃贼被发现后躲进了车站附近一片齐腰深的草丛里。朱少铭带着一名辅警实施抓捕。茂盛的草丛中，窃贼很容易逃窜。附近村民得知情况，纷纷赶来帮忙。大家从四个方向一起围拢搜捕，窃贼很快被当场抓获。

10年来，朱少铭与沿线人民群众真心实意地相处，赢得了乡亲对他工作的理解和支持。

2019年3月12日，旅客林女士在葵潭站下车后乘三轮车回普宁，途中不慎遗失一套价值数万元的医疗仪器。朱少铭领着她沿路寻找，也没有发现任何线索。他灵机一动，来到车站附近出租车聚集地，向热心的出租车司机们说明情况，请求他们协助查找。一见是“阿铭”求助，司机们迅速扩散消息。1小时后，捡到失物的三轮车司机赶回车站，物归原主。

帮助群众，依靠群众。朱少铭坚持把为民爱民的行动从小小的警务区，延伸到高铁沿线的各个角落，赢得了同事们由衷的钦佩和群众的广泛信赖。25年来，他怀揣着不变的真诚与热忱，时时刻刻把群众装在心窝里，为大家排忧解难，为列车和车站保驾护航，以实际行动诠释共产党员的初心和使命。

扫码观看视频

采访手记

播洒大爱　情暖民心

选择了警察这份职业，就是选择了忠诚、担当、奉献，选择了为人民服务。在长期的基层铁路公安工作中，朱少铭确立了自己的职业价值观：全心全意为人民服务，不仅要惩奸除恶保群众平安，还要把每件和群众有关的小事做好，这同样是警察的重要职责。

面对当地百姓和南来北往的旅客，他的脸上总是挂着微笑，竭尽所能地做好事、办实事、解难事。在他的努力下，当地政府部门对铁路运输生产安全十分重视，沿线百姓群众参与高铁安全宣传的积极性也明显增强。

这份质朴而浓厚的感情，同样是“双向奔赴”。朱少铭说，周围经常会有热心人帮助自己。实际上，正是因为他时刻不忘以实际行动服务人民群众，才收获了大家的信任与支持。

（原载于2023年10月25日《人民铁道》报1版）

做一心为民的好铁警

朱少铭

参加工作26年来，我先后干过列车乘警和派出所民警，荣获过全国公安机关爱民模范、全国“学雷锋”先进个人、铁路公安机关“最美基层民警”等称号。我始终认为，作为一名铁路民警，把服务人民群众、守护站车平安的小事干好就是不平凡。

记得有一次我值乘汕头至武昌的列车，凌晨3点巡视时看见8号硬座车厢有一位50多岁的妇女，抱着一个刚出生几天的婴儿，孩子一直哭个不停。我问她需不需要帮助，发现她眼神闪躲、有点慌张。于是我继续询问，孩子在哪家医院出生，有没有带出生证明，父母的手机号是多少。她支支吾吾说不清楚，见我已经怀疑，便赶紧把我拉到一旁，从兜里掏出一沓钱，小声说：“这2万块钱给你，求求你放过我吧。”我厉声呵斥：“你把警察当成什么人了。”后来经过审讯，我们循线追踪，打掉了一个20多人组成的拐卖妇女儿童的犯罪团伙。从警以来，几十万甚至上百万的诱惑都有过，我深知放过一个犯罪分子，受伤害的是千千万万的老百姓，让我拿人民的利益做交易，我绝不答应！

干好铁警，既要在面对诱惑的时候守住底线，也要在危急关头挺身而出。在葵潭站警务区当民警时，有一天早上我起床跑步，那会天刚蒙蒙亮，快到车站，老远就看见一伙人鬼鬼祟祟，把站前广场停放的摩托车往小货车上搬。我慢慢走过去，他们警觉地看着我。我问：“你们是干啥的”，其中一人说关你什么事。我告诉他们：“我是管这片辖区的警察，你们要把摩托车搬哪去。”这4人一听，打算开车逃离。我抢先一步拔下钥匙，他们见我只有一个人，目露凶光想抢回钥匙。为首的廖某直接掏出一把20多厘米长的匕首，威胁我说：“赶紧把钥匙给我，你最好不要多管闲事。”我告诉他们钥匙不可能给你，投案自首才是唯一的出路。见威胁没用，廖某拿着刀冲了过来。我抬手一挡，刀刃划破手臂，我反手扼腕夺过匕首，一个侧踹，将他踢翻在地。4 人见打不过我慌忙逃窜，我一边追一边喊“警察！站住！”。最终，在闻声赶来的职工群众合力围捕下，成功抓获 4 名小偷。在和平年代，警察队伍流血最多、奉献最大，光我身边就有 4 名战友英勇牺牲。说实话，面对危险谁都害怕，但身为警察我们必须冲锋在前、决不后退。

干警察这么多年，我深知打击违法犯罪和帮助人走上正道同样重要。我辖区内的阿忠，曾经是出了名的小混混，每天打架斗殴不务正业，是派出所的常客，我常常找他促膝谈心，晓之以理、动之以情。有一次，在下班回宿舍的路上，当时正下着大雨，我突然看见一个熟悉的身影，是阿忠搀扶着一位受伤的老人，我以为这家伙又惹事了，赶紧走过去询问情况，原来是一个有认知障碍的老人，因为雨天路滑摔倒了，路过的阿忠打算把她送回家。后来，只要有志愿服务活动我都会叫上他，时间一长他发现帮助别人也很快乐、很有意义。善良的种子需要浇灌和培育，如今阿忠脱胎换骨，从大家眼中的小混混变成了人人夸赞的好青年。去年 12 月，还光荣当选惠来县新的社会阶层人士联合会理事。

杭深铁路是葵潭镇的第一条铁路，刚通车时经常有村民攀爬护栏、横越线路，存在严重的安全隐患。为提高沿线老百姓的铁路安全意识，我在走村串户开展爱路护路宣传教育的过程中，发现村里有一些孤寡老人生活比较困难，一有时间我就带些生活用品去看望他们。印象最深的是一位姓郑的老伯，我每次去都会给他做饭，陪他聊天，帮他做一些家务。慢慢地，无儿无女的郑伯把我当成了唯一的亲人。有一次，两名小伙子攀爬铁路护网，被正在附近干农活的郑伯看到并阻拦，在他想来，我的事就是他自己的事。警力有限，民力无穷。做好基层铁路警察工作，打开老百姓的心也就打开了工作局面，他们大事小事都喜欢找我，我也从最初的朱警官变成了大家口中的阿铭，很多人还成了我的义务治安员，在我管辖的 26.5 公里铁路线上，从未发生过一起危及行车安全的案件。

人心换人心，黄土变成金。感受过帮助别人的快乐，在传递爱心这条路上我也越走越远。我帮助过 300 多名孤寡老人、留守儿童和残疾人员。在我的带动下，越来越多的人投身公益活动，我们还组建了赋爱公益团队，把温暖带给了更多的人。我的父亲经常教育我要与人为善、助人为乐，我的家人也特别支持我参与公益事业。说实在的，我不追求物质上的享受，每月的工资除去家用基本都用在了公益上，有人说我傻，但我内心很富足。去年底，因岗位调动，我离开了工作10年的葵潭站警务区，走的那天很多人拉着我的手哭着说："阿铭，我们舍不得你。"我觉得，作为一名基层民警，能得到老百姓的认可，是对我工作最大的肯定。

把老百姓装在心里绝不是一句口号，而是要年复一年、用心用力干好每一件事关人民群众切身利益的平凡小事。无论在哪里，不管在什么岗位，我都会坚守人民铁路为人民、人民警察爱人民的初心，当一个一心为民的好铁警！

（在2024年3月14日第六届"最美铁路人"先进事迹首场报告会上的报告稿）

扫码观看视频

通化工务段通化桥隧车间通化桥隧第一维修小组

成立于1990年，现有职工17人，该小组曾获得2022年度“通化好人集体”、2023年度“吉林好人标兵团体”等荣誉。

甘做深山护路人

——记中国铁路沈阳局集团有限公司通化工务段通化桥隧车间第一维修小组

尹晨曦　韩庆潇　李　冬

风过雨歇，初秋的长白山区凉意凸显。

8月13日9时许，在通灌线126公里900米处，一行人正沿着铁路线对防洪重点处所进行实地巡查。他们就是中国铁路沈阳局集团有限公司通化工务段通化桥隧车间第一维修小组的组员们。

今年春运，这个小组13名职工的事迹被中央电视台新闻节目《新闻联播》搬上荧屏。从那时起，这些东北汉子几十年如一日战严寒、斗酷暑，执着守护高寒铁路的故事逐渐为人们所知晓、所感动。

传承：一次选择，一生坚守

通化市位于吉林省东南部，西与辽宁省相邻，南与朝鲜隔江相望，地理条件得天独厚。作为沈阳局集团公司列车运行图上的枢纽之一，沈吉、梅集、鸭大、通灌等10条普速铁路线于此贯穿。

通化桥隧车间第一维修小组成立于1990年，驻守于此已有33年之久。在工长刘传双的带领下，职工们担负起梅集等铁路209公里内19座隧道、120座桥梁、387座涵渠的巡检、养护和维修任务，并负责处理线路两侧、隧道口附近的外部侵害。而位于长白山腹地的梅集铁路就是这个小组最主要的作业区域之一。

梅集铁路全长250.58公里，是东北地区重要的普速客货运输通道。它地处高寒山区，平均海拔600米以上。春天狂风呼啸、沙土飞扬，夏天烈日炎炎、山洪频发，秋天阴雨连绵、枝枯树倒，冬天白雪皑皑、滴水成冰。今年，赶上台风接连过境，刘传双和职工们肩上防洪抗汛的担子更重了。

8月18日8时，刘传双带领职工来到梅集线114公里涵洞处。由于近几日气温较高降雨频繁，涵洞内外杂草疯长、杂物淤积。他们需要及时清理杂草、挖深排水、清除泥沙，确保涵渠排水通畅。

由于涵洞仅有1.2米高，职工们只能蜷着身体在洞中作业。越往涵洞里面，清淤的难度越大，他们只能将铲下来的淤泥和杂草装到簸箕里，再艰难地运出涵洞。每清理一个涵洞，职工们都要挥动铁锹上百次。

第一维修小组职工钻入梅集线114公里涵洞对涵渠进行清淤作业　张均禹 / 摄

"班组传承到我们这已经是第四代了，我们一定要发扬老一辈铁路人攻坚克难的优良传统，守护好线路的平安畅通！"刘传双一边奋力地挥动铁铲，一边不忘给大家加油鼓劲。

20世纪，这条铁路见证了中国历史的不同阶段：85年前，杨靖宇将军率领东北抗日联军在梅集铁路老岭隧道打响了历史上著名的铁路破袭战；70年前，中国人民志愿军沿着梅集铁路雄赳赳气昂昂地跨过鸭绿江，梅集铁路成为抗美援朝物资补给的生命线；改革开放和社会主义现代化建设新时期，梅集铁路是东北地区重要的普速客货运输通道；进入新时代，这条铁路成为助力东北全面振兴、全方位振兴，服务当地经济社会发展的铁路大动脉。

20世纪五十年代的抗美援朝英雄铁路抢修队队长高殿甲、六七十年代的“长白山区的老黄牛”纪连玉、八九十年代爱岗敬业的好工长林桦……一代代铁路人把行车安全作为毕生追求，用生命守护着素有“咽喉”之称的长白山区普速铁路的生命线。

接力棒如今传到了刘传双、宫汝文、王宏志、赵宝臣、曹德伟、肖政桐、李志光、孙浩晰、董轩铭、潘洋、葛昊明、关龙、赵若明13名职工手中。他们择一事、终一生，不讲条件、不计得失，用脚步丈量钢轨，用双手护佑安全，犹如一颗颗道钉，牢牢扎根在铁道线上。

匠心：一份执着，一种力量

“桥长334.5米、桥孔总长297.03米、桥枕908根、钩螺栓1816个……”8月12日22时，正在梅集线127公里282米铁路桥上巡视的刘传双熟练地道出了这座钢梁桥的数据。而在这个班组里，这样的“操作”只能算是技术基本功。

第一维修小组辖区内的桥梁、隧道、涵渠，每一处位置、每一套设备都深深地印刻在组员们的脑海里。刘传双笑着说：“小组学习技术很‘内卷’，大家比着学、赛着学，对关键路段技术数据等知识，基本达到了每天一练、每周一比，个个不服输！”

细节决定成败，态度决定一切。表面看来，桥隧工们都是些“糙汉子”，可实际上他们都有着一身“绣花功夫”。

因为无法预知巡检中会遇到什么情况，所以特别需要多种技术储备，他们不仅要精通检修等业务，还要善于解决作业过程中遇到的各种问题。组员们个个“身怀绝技”，木工、瓦工、油漆工、电焊工等工种的技能，人人具备。他们每个人还都是“活地图”，哪一座山危石易落、哪一片树木易折、哪一条涵渠易堵，全部了然于胸。

56岁的老班长宫汝文是小组成立之初的“元老”，组员们多半是他带出来的徒弟。正式签订师徒协议后，宫汝文的第一堂课都是先讲态度：铁路线上的每处设施、每个零件都关系着万千旅客的生命安全，巡查检修要把每项工艺、每个步骤都研究明白、琢磨清楚，要做到“千百次作业标准不走样、千百次作业一个样”。

“90后”青工王宏志是老宫的得意门生。上班时，两人一起研究木工、瓦工等技能；下班后，一起研究编制钢筋网、铺制人行道步板。休息时间，老宫还不忘嘱咐王宏志背诵安全施工的相关规定。经过几年的磨炼，王宏志多次荣获沈阳局集团公司技术状元、技术能手等称号。

不只是王宏志，“70后”李志光，身手敏捷，每次搜山扫石，总是主动担负起最危险、最辛苦的危石排除工作，第一时间系上安全绳爬上杂草覆盖的峭壁，用手锤敲打风化的山石，一敲就是几百下……

“80后”曹德伟，虽然患有严重的腰椎间盘突出症，但每年春季“桃花水”堵塞涵渠，总是第一个跳进湍急冰冷的河水清理淤积，一干就是半天……

“90后”肖政桐，身材纤瘦，面相清秀，看起来有些文弱。遇到直径只有1米的涵渠积冰、不足30厘米的空隙，大型机械进不去，每次都是他钻进涵渠，趴在冰面上除冰，一趴就是1个多小时……

第一维修小组职工利用降雨间隙对梅集线防洪重点处所进行巡查　尹晨曦/摄

多年来，组员们埋头苦干、默默奉献，用精益求精的匠心和专业严谨的态度把这条地形复杂、基础薄弱、病害多发的“担心线”打磨成了“放心线”，为铁路运输安全奠定了坚实基础。

旗帜：一抹红色，一世信仰

岁月远去，红色的印记却已深深烙印在了梅集铁路上，也镌刻进每一名组员的心里。小组13名职工中有7名党员、9名退役军人，无论是党旗红还是军旗红，“红色”始终是他们的精神底色。

小组把7月1日定为“感悟日”。每到这一天，党小组组长刘传双都要带领大家走进通化市各个红色教育基地，聆听革命故事、重温革命传统。他们有时去杨靖宇烈士陵园，有时去红石砬子临时战地医院遗址，去得最多的，还是身边的老岭隧道战斗遗址。

今年清明节，大家来到吉林杨靖宇干部学院，向烈士敬献鲜花、追思默哀，表达对革命英烈的崇高敬意和深切怀念。在那里，大家静默肃立，在心里深深感悟东北抗联精神：忠诚于党的坚定信念、勇赴国难的民族大义、血战到底的英雄气概……党员们在这里过组织生活，还没正式入党的同志写心得体会，给党组织写思想汇报。

第一维修小组职工利用降雨间隙对梅集线防洪重点处所进行检查　谢清晨 / 摄

红色血脉源远流长，红色传统薪火相传。潘洋的父亲曾是一名桥隧工。小时候，他常看着父亲起早贪黑地忙碌，衣服上总是沾着泥土。让他没想到的是，自己长大后也干上了这一行。

潘洋说："年轻人应该多干点有意义的事。桥隧工每天要面临不同的挑战，确保列车行车安全，工作特别有价值。听说桥隧车间缺少年轻人，我第一时间就申请来到这里工作。"妻子于莎莎很理解他："虽然潘洋到了桥隧车间，有时忙起来没个准点儿，总是一身油渍，但是感觉他更开心快乐。"

潘洋常说，既然来了就要好好干，传承父辈们"坚守岗位，奉献青春，一干就是一辈子"的精神，在平凡的岗位上发光发热。

如今，潘洋已成为小组出名的搜山扫石"蜘蛛侠"。随着潘洋的加入，又有 4 名"90 后"加入了小组。

"桥隧工，风险高，防坠落，监护好；防护具，仔细检，有破损，要报告；安全帽，要戴好，安全绳，须系牢……"在班前安全小课堂上，赵若明独创的安全"三字经"赢得了热烈掌声。小课堂每天一讲，有时分析典型案例，有时讲述"历史上的今天"，有时还分享职工自己创作的短视频。"心系桥隧涵，创优保安全"已成为大家的共识。

小组组员在工作中是不畏艰险、乐于奉献的"尖刀班"，在社会上是积极践行社会主义核心价值观、自觉为民服务的志愿队和奉献者。赵宝臣是通化市红十字蓝天救援队队员，也是中国人体器官捐献的志愿者。他经常利用工余时间参与志愿服务活动，多次无偿献血，还考取了应急救援员及救护师资格证书。在他的影响下，许多组员主动向社区申请做志愿者，每周利用工余时间去社区养老院做义工服务。

车轮滚滚，山路弯弯。维修小组成立 33 年以来，组员们用自己的坚守和付出，护卫着蜿蜒在深山中的铁路大动脉的运输安全，在让这条见证历史的铁路联通世界、焕发生机的同时，也书写了新时代铁路工人的奋斗荣光。

扫码观看视频

采访手记

不为繁华易素心

“长白雄东北，嵯峨俯塞州。迥临沧海曙，独峙大荒秋。”这首诗写出了长白山的雄伟壮丽，也道尽了它的险峻荒凉。工长刘传双说：“我们要做永不生锈的道钉，这辈子，我们就钉在这了！”朴实的话语映射出的是他们“不为繁华易素心”的勇气和恒心。

这份恒心来自他们对事业的热爱。绵延无尽的群山之间，铁路蜿蜒，桥隧相连，可以想象在这里工作有多么艰难不易。他们却能长期扎根长白山腹地，精心守护铁路大动脉安全。

这份勇气来自厚植于血脉中的红色基因。寒来暑往，岁月往复，这个信念从未动摇。因为他们知道，一代代铁路人，包括他们自己，倾注毕生心血打造的成果，虽无形，却重逾泰山。它只有两个字，叫作安全。

（原载于2023年9月2日《人民铁道》报1版）

甘做深山铁路守护人

——通化桥隧车间第一维修小组工长　刘传双——

我们第一维修小组现有 17 人，负责 3 条铁路线的 19 座隧道、120 座桥梁、387 座涵渠养护维修，其中梅集线是中朝两国间的重要通道。这些线路修建时间早、设备条件差、维修难度大。从 20 世纪 50 年代起，抗美援朝英雄铁路抢修队长高殿甲、“长白山区老黄牛”贾德洪、“愚公移山”的纪连玉、爱岗敬业的好工长林桦……一代代铁路人传承和发扬优良传统，扎根深山、心系铁路，硬是把这些病害多发的“老旧线”，养护成安全优质的“放心线”。

长白山的冬天滴水成冰，最低气温达零下 40 多摄氏度，冬季也是我们最忙最累的时候。除了日常桥隧检修，还要对隧道、涵洞进行打冰除冰，整治线路冻胀，确保行车安全。去年一个三九天，我们巡检到梅集线 159 公里处，发现有一个 33 米长的涵洞被冰封死。58 岁的宫汝文主动请缨：“你们继续巡检，这活我先来！”等我们完成巡检任务回来，看见宫师傅甩掉棉衣弯腰趴在直径不到 1 米的涵洞里，已经艰难清出了近半米的作业面，脸上被飞溅的碎冰碴划出了小口子，毛衣也浸湿了一大片。我让他赶紧披上棉袄歇口气，然后带着十几个人轮番上阵，整整刨了一天才把涵洞刨通，大家身上是汗、衣服外面都冻了冰，但看着列车隆隆驶过，心里特别得劲儿。我们这次除冰作业被央视新春走基层的记者看到，还上了新闻联播。播出那天，我们一家人早早守在电视机前。老母亲看着我们干活的画面先是高兴，一会儿又抹起了眼泪；妻子一直没有说话，却默默地攥紧了我的手。很多朋友打来电话，发来微信，说想不到现在还有这么苦的活！但我觉得这就是我们的本职工作，很平常，做好这些就是为了守护好铁路运输安全，苦点累点也值得！

在大山深处守护铁路安全，除了要能吃苦，还要守得住。老岭隧道离工区 70 多公里，荒无人烟，手机没有网络，而山上的值守点却一年 365 天不能离人。隧道看守 2 人一班 7 天一换，白天清理线路两旁的落石和倒树，晚上还要巡检隧道进行打冰，时不时还会碰到狼、狗熊和野猪。今年春节，本该轮值的李志光突然生病，大伙都争着替班，最后正在山上值守的赵若明说："大伙都别争了，就让我再陪着隧道过个年吧。"我知道他也连续 3 个春节没有回家过年了。年三十儿晚上，我带着热乎乎的年夜饭，到巡守点和赵师傅一起值班。除夕夜，我们走进隧道巡检，回来的路上，平时不爱说话的赵师傅拉着我的胳膊说："咱哥几个在工区像一家人，一定铆足了劲把活干得更好。"谁都知道越是逢年过节铁路工作越忙，越需要铁路人坚守岗位。我们在大山里与隧道为伴，保的是铁路大动脉的安全畅通、守的是人民幸福安康，为了这份责任我们义无反顾！

在我们小组，无论是日常维修值守还是急难险重的任务，大伙总是抢着干。大山里冬天风吹雪、冰叠冰，夏天云搅云、雨淋淋。每到夏季，防汛的压力都非常大。记得那年大暑刚过，夜里暴雨引发山洪，进山的公路被冲断，情况危急。我们紧急集合，赶赴现场抢险。到了梅集线 214 公里处，发现线路被冲空一大截，湍急的洪水裹着山石和树枝不断冲击桥台，眼看桥台基础就会被掏空。我们将安全绳拴在腰上，扛着装满砂石的麻包，跳进齐腰深的洪水抢堵缺口。副工长王宏志腰上有伤，本来我让他在岸上组织装沙袋，结果一回头他却第一个跳进洪水中。缺口堵住了，我们又用石块回填路基。就这样，一直从晚上干到天亮，我们手掌磨出了血、双脚泡得肿胀发白，都成了"泥人"。看着列车从眼前平稳驶过，我感到为了抗洪抢险保安全，为了守护人民群众对中国铁路的信任，再苦再累也值得。

养护桥隧设备设施，不仅是体力活，更是技术活。平时，无论工作再忙，条件再苦，我都会坚持带着大家学技术、练业务。在我们小组人人都有两把"刷子"。"登高能手"李志光清理危石身轻如燕，"电器专家"赵宝臣修水泵、修电钻样样精通，"电焊大拿"孟祥利技术比武经常拿名次。架梁作业拆卸螺丝最费时间，"设备通"关龙提出运用棘轮扳手拆螺丝，提高效率近 60%。我们把技术攥在手上，干起活来有底气，大家都很有成就感。小组先后有 34 名职工荣获集团公司和段技术状元、技术标兵等荣誉称号。一个集体不是简单的个体相加，只有大家心往一处想，拧成一股绳，才能为这个集体增光添彩。

大伙常说，工作上咱要当一把好手，生活中咱要当一个好人。最初是帮邻居和朋友，维修水电，粉刷墙壁。日子久了，大家发现帮助别人也很快乐。如今，在我们小组，有蓝天救援队队员赵宝臣，有常年帮老助困的社区志愿服务者肖政桐，有多次助学助困的“爱心大哥”曹德伟……这么多年，做好事在我们小组蔚然成风。我们还利用周末到养老院为孤寡老人服务、到老岭隧道纪念馆当义务讲解员。去年，吉林省委、省政府专门发文号召全省向通化工务段桥隧车间第一维修小组学习，我们小组还荣获了“吉林好人标兵团体”、沈阳局集团公司“四好小家”等荣誉称号。

今天，中国铁路路网密布、高铁飞驰，作为铁路网不可或缺的一部分，这些山区铁路也需要有人来守护，我们要发扬铁路人特别能吃苦、特别能奉献、特别能战斗的精神，扎根大山，接续奋斗，确保山区铁路安全畅通！

（在 2024 年 3 月 14 日第六届“最美铁路人”先进事迹首场报告会上的报告稿）

扫码观看视频

2018
2019
2020
2021
2022

2023年度新时代铁路榜样风采录

2023

提名奖
新时代铁路榜样

提名奖

新时代铁路榜样

纪　鹏

中共党员，中国铁路哈尔滨局集团有限公司哈尔滨机务段“铁牛号”机车组司机长，曾获火车头奖章，哈尔滨局集团公司优秀共产党员、先进生产者等荣誉。

“铁牛”奔驰当先行

——记中国铁路哈尔滨局集团有限公司哈尔滨机务段“铁牛号”机车组司机长纪鹏

胡艳波 何佳曦 康 健

“进站信号！”“绿灯，正线通过！”司机长纪鹏与司机宋鑫宇一同伸出了大拇指，亮出互控手势。3月22日4时许，经过一夜旅程，“铁牛号”机车牵引着重载列车缓缓驶进陈家站。

车轮滚滚，斗转星移。中国铁路哈尔滨局集团有限公司哈尔滨机务段“铁牛号”机车组司机长纪鹏带领一群朝气蓬勃的青年司机，接过“铁牛号”精神旗帜，成长为运输战线上的一支主力军，为勇当服务和支撑中国式现代化建设的“火车头”贡献青春力量。

此生愿作“铁牛”人

虽然已过去近5年，但纪鹏仍清晰记得初见“铁牛号”机车时的情形——2018年6月18日，与新中国同龄的“铁牛号”完成电力机车转型。作为刚刚入选“铁牛号”机车组的一名“新兵”，他那天要为这台英雄机车放“礼花”。

阳光下，和谐电3CA型8200号机车上鲜艳的大红花衬托着“铁牛号”三个大字熠熠生辉。机车从内到外一尘不染，乘务员们斗志昂扬。纪鹏当天重温了“铁牛号”机车在枪林弹雨中抢运军需物资、屡建奇功的光荣历史。

英雄机车诞生于英雄年代，英雄年代奔驰着英雄机车。“铁牛号”机车诞生于轰轰烈烈的“死机复活”运动中，是在新中国成立前命名的三大著名机车之一。命名 74 年来，“铁牛号”机车组坚持弘扬“为国分忧、艰苦奋斗”的“铁牛号”精神，积极投身解放战争、抗美援朝、社会主义建设，安全走行 700 余万公里。

2017 年，全国铁道团委着力推进青年集体品牌建设。在哈尔滨局集团公司团委指导帮助下，哈尔滨机务段团委主动请缨，申请将即将换型的“铁牛号”机车组按包乘制青年班组组建。2018 年，该段从 500 余名优秀机车乘务员中层层选拔，组建了一支平均年龄 29 周岁、青年占比 100% 的“精锐之师”。

纪鹏光荣入选，备感振奋。为熟练掌握机车运用原理，他拿出蚂蚁啃骨头的劲头，每天都把操纵线路图装进随身的背包里，一有空就拿出来对照练习。

“40 多年前，‘铁牛号’担当值乘任务的绥佳线是全国铁路八大困难区段之一。当时，为保证安全行车，司机长宋国才把线路断面画在图上。哪个村子距信号多远，哪个区间有特殊标志，该走多少分钟，平均速度是多少，都刻在他的脑子里……老一辈 40 多年前能做到的事，我也能做到！”纪鹏暗下决心。

纪鹏（右二）与同事探讨业务　康健 / 摄

一次出乘，纪鹏判断机车风泵出现故障。虽然在段 110 指挥中心及时指挥下顺利排除了故障，但事后回想，他深深感到后怕——“没联系上指挥中心怎么办”“无法判断故障源怎么办”“影响整个运输通道畅通怎么办”……

没有“铁牛号”爬不上的高坡大岭，没有“铁牛”人攻不下的难关险阻。纪鹏下定决心：尽快熟练掌握电力机车构造原理！此后，他夜以继日地钻研机车电路图。

盛夏时节，入库后的机车降弓断电，机械间里密闭干热，纪鹏一待就是几个小时，对着资料看实物、摸索管路看构造。一滴滴汗珠从两颊流下，在浅蓝色的制服上勾画出不规则的线条。制服湿了干、干了又湿，满是白白的汗渍，浸透着“铁牛号”青年的倔强。

为了摸清线路状况，纪鹏不断往返于哈尔滨南至三间房间，实地掌握每一个车站的站场图、信号辨认、股道长度、安全风险关键点以及线路曲线半径、上下坡道等信息。他利用监控文件和音视频资料，反复琢磨形成了400多页的行车笔记。闭上眼，滨洲线292公里运行里程上的37个车站停车标、288架信号机、102个弯道桥梁隧道坡度，都深深刻印在他的脑海里。经年累月，他的技术业务迅速进步，成为段里的业务尖子，机车组成员打心眼里佩服这个小伙子。

不忘初心担使命

“‘铁牛号’有没有？有一列保留车需要拉到三间房站。”一天2时，纪鹏、柏长青机班正准备回库，电台里突然接到调度指令。“没问题！马上走！”二人振奋精神，操纵机车连挂48202次列车回到三间房站，退勤时已经接近6时。

像这样的“捎脚”作业成了“铁牛号”机车组的常态，也成为新时期“铁牛”人守初心、担使命、展风采的生动实践。

2020年，31岁的纪鹏接过接力棒，成为“铁牛号”机车组司机长。摸着这台自己驾驶过无数次的机车，纪鹏感受到前所未有的压力。他在每一次急难险重任务中诠释着初心和使命，带领机班把工作干得出色。

在继承老一辈“为国分忧、艰苦奋斗”精神的同时，纪鹏要求机车组成员发挥好传帮带作用。班组管理理念、人员选拔制度、交接制度、保洁制度、“铁牛号”外公寓管理制度等，他事无巨细地优化完善。

“00后”小伙子赵羽森，去年8月入路后一直在“铁牛号”机车组锻炼。初入职场时，他一度不适应昼夜颠倒的工作节奏。纪鹏察觉到他的变化后与他谈心：“接手的活，就要干好；盯住的事，就要做精。只有干一行、爱一行、钻一行，最后才能成一行。”这几句话让赵羽森记忆犹新。

纪鹏（左一）带领大家参观哈尔滨机务段段史馆“铁牛号”展区　康健/摄

与共和国同龄，注定了“铁牛号”机车从命名之日起就与祖国和人民血脉相连。在物资匮乏的年代，“铁牛”人用泡软的野草代替棉纱保养保洁机车。换型内燃机车后，他们以车为家、精打细算，把燃油消耗精确到斤两。步入电力机车时代，纪鹏传承着老一辈“铁牛”人的奋斗精神，擦车布多次循环利用，借助坡道执行“一阻二空三惰行”操纵法。

新时代的“铁牛”人时刻把思想政治建设放在首位。2021年，全党开展党史学习教育，“铁牛号”机车组作为全国铁道团委“青马工程”关键岗点之一，第一时间牵头成立“青马”学习小组，先后开展各类学习36次，并结合机车组红色历史配合编写《“铁牛号”精神红色慕课》，纳入《铁路红色基因》教科书。

以“青马工程”为载体，纪鹏面向车间团员青年开设“青马”微讲堂，覆盖青年职工300余人。同时，他担任爱国主义教育基地“铁牛号”展室讲解员，受聘地方院校革命传统教育辅导员，赓续铁路红色基因。

奋斗的土壤受“铁牛”滋养，敬业的种子因“铁牛”萌发，“铁牛号”机车组先后取得《库内检查铁鞋控制措施》《滨洲线货物列车一次作业行为规范》等24项创新创效成果。

纪鹏检查机车状况，确保车辆运行安全　康健 / 摄

自担任司机长以来，纪鹏发扬服务奉献的“孺子牛”精神，把回家团圆的机会让给同事。纪鹏说：“接过司机长的担子，我就必须带领‘铁牛号’机车组成员埋头苦干，把这份责任与光荣传承下去。”

2021年11月，黑龙江遭受冰雪凝冻灾害，接触网结起厚厚的冰壳。纪鹏临危受命，承担了接触网除冰任务。这时，纪鹏的妻子正在医院待产，预产期日益临近。打冰人力不足，接触网结冰若不及时处理，可能影响铁路运输安全。一想到这儿，纪鹏愧疚地对妻子说：“我往返一趟，明天就回来陪你，等等我。”

与冻雨的战斗整整持续了五天四夜，纪鹏和机车组成员不间断地往返于覆冰区段，连续开行5000多公里、奋战60多个小时。累了，他们就在司机室的椅子上打个盹；饿了，就吃方便面充饥。当纪鹏结束作业赶回医院时，妻子已经顺利生产。看到自己儿子的眼眸闪烁着明亮的光，纪鹏激动得说不出话来。

新征程上勇争先

“铁牛”奔驰，勇当先行。“为国分忧、艰苦奋斗”的“铁牛号”精神贯穿蒸汽、内燃、电力机车时代，成为一代代“铁牛号”机车组成员爱党爱国、求实创新、开拓进取的精神写照。

面对突如其来的新冠疫情，“铁牛号”机车组成员第一时间递交请战书，24小时待命，随时替班上线，奋战在疫情防控和以货补客两大战场，完成200多趟值乘任务。

“出站信号！”“绿灯，好了！”3月10日12时40分，纪鹏驾驶一列满载汽车配件、电子元件等重要物资的集装箱以及粮食等大宗货物的列车驶出哈尔滨南站，大约3个小时后到达昂昂溪站，继续向满洲里口岸方向前进。纪鹏和他的同事运用“起车稳、加速快、调速匀、停车准”的12字“铁牛号”操纵法，确保中欧班列安全平稳运行。

为圆满完成“一带一路”中欧班列“首棒”牵引任务，“铁牛号”总结制定《滨洲线哈尔滨南至三间房站间安全管控措施》，确保了中欧班列趟趟正点。始于祖国需要，终于达标达速，纪鹏的“首棒”中欧班列跑出了中国铁路的底气和志气。

2021年，响应中国国家铁路集团有限公司和哈尔滨局集团公司号召，“铁牛号”机车组积极开展节能降耗活动。纪鹏连续1个多月跟车作业，白天实践验证不同操纵方式的能耗效果，晚上分组对比数据，摸透每个操纵动作在不同地点的能耗效果，最终总结归纳出“电力机车节能降耗操纵法”——在保证列车安全正点的前提下，依靠精确操纵控制列车速度，避免过度使用空气制动，让能耗最大限度转换成列车位移。纪鹏同步绘制出的《滨洲线上下行操纵示意图》，为机车安全和节能降耗提供了重要依据。

“铁牛号”机车组成员主动向身边的同志、新职人员讲清“保安全”与“稳收入”、“控支出”与“保盈亏”、“舍小利”与“顾大局”的关系，算好“安全账”“效益账”“感恩账”，发挥典型车组辐射效应。在“铁牛号”机车组的带动下，全段各车间纷纷成立突击队、预备队，为保生产、保运输提供有力保障。

74 载风雨兼程，74 年勇毅前行。“铁牛号”机车组及个人先后获得全路工人先锋号、全路先进班组、全国铁路劳动模范等荣誉 150 余项。

新时代，新征程，“铁牛号”奋勇向前！

担使命，当先行，“铁牛号”精神薪火相传！

扫码观看视频

采访手记

奋斗青春　传承创新

拂去历史风尘，追寻先锋足迹。与新中国同龄的“铁牛号”机车，解开中国铁路人胸怀祖国、自强不息、砥砺奋进的精神密码。

74 年来，“铁牛号”始终在祖国和人民需要的时候义无反顾、勇往直前，成为万里铁道线上一面永不褪色的旗帜。74 年来，“为国分忧、艰苦奋斗”的“铁牛号”精神代代相传，流淌在每一代机车组成员的血液中，听党话、跟党走的红色基因深植于每一名“铁牛”人的心田里。

奋进新时代，纪鹏接过传承的接力棒，继续带领新一代“铁牛”人以“不知疲倦奔跑”的使命担当，紧跟铁路改革发展步伐，走在技术革新前列，站在操纵改良排头，为运输安全生产提供源源不断的创新动力！

（原载于 2023 年 3 月 28 日《人民铁道》报 1 版）

刘 洋

中共党员，中国铁路沈阳局集团有限公司大连供电段大连动力设备车间检修工区工长，曾获火车头奖章、全路技术能手、全国铁路优秀共产党员，沈阳局集团公司“技术状元”、先进生产者标兵等荣誉。

在奋斗中成就梦想

——记中国铁路沈阳局集团有限公司大连供电段大连动力设备车间检修工区工长刘洋

尹晨曦　梅雪峰

成功没有捷径，唯有勤学苦练。这是中国铁路沈阳局集团有限公司大连供电段大连动力设备车间检修工区工长刘洋从业务“小白”成长为技术大拿的切身感受。

从参加工作那天起，刘洋就在这个信念的驱动下执着钻研，学习业务“精益求精”、攻坚技术“死磕到底”，将铁道线当成青春的起跑线，让驾驶室成为梦想的启航点，在接触网作业车操纵和维修领域不断追求卓越，走出了一条属于自己的“闪光之路”。

勤学苦练：厚积方能薄发

接触网作业车，是穿梭在铁道线上的“特殊火车”。这些拥有明黄色身躯、数十米身长、近百吨重的大家伙，在司机的熟练操纵下，平稳走行于钢轨之上，在大型生产作业中发挥着不可替代的关键作用。

2014年，21岁的刘洋从吉林铁道职业技术学院毕业，成为吉林供电段接触网作业车乘务员。第一眼看到接触网作业车，刘洋就对这个大家伙充满了好奇。他暗下决心，要尽快成为一名优秀的接触网作业车司机，驾驶作业车驰骋在万里铁道线上。

于是，他一头扎进了书堆里。数不清的陌生词汇、堆成山的专业书籍陪着他度过了工余时光。跟车练习时，他总是格外认真；回到工区后，他还会对照站场图勾画作业车走行路径、标记信号机位置，再一遍遍进行默画。

刘洋（左一）对照发电机实物为职工讲解工作原理　尹晨曦/摄

一次，刘洋在熟悉管内一处较大车站站场图时，对几处走行路径和信号机位置总是默画错误。那几天，他茶不思、饭不想，在脑海中反复琢磨这几条线路，不断总结站场股道特点和规律，一有时间就默画练习。全部默画成功的那一天，刘洋兴奋得一宿都没睡着。

经过勤学苦练，刘洋将《铁路技术管理规程》《铁路行车组织规则》中与行车、供电相关的规章全部烂熟于心，将站场上所有信号机的号码都倒背如流。2015 年，刘洋通过接触网作业车乘务员晋级考试，成为同期入路职工中第一批学习司机。2016 年，他通过接触网作业车实作考试，正式成为一名接触网作业车司机。

2017 年，刘洋被调到大连供电段。到新单位后，他劲头不减，每天不是在学习室学习，就是在作业车上熟悉车辆状况，很快成为业务骨干。2018 年，在全路工电系统职业技能竞赛中，他取得单项第七名的好成绩。

加倍努力，向着更高目标迈进。2019 年，刘洋被选拔参加沈阳局集团公司职业技能竞赛。在练好实作项目的同时，为了集中精力背诵“一口清”，他常常把自己关在卫生间，反复练习默背，经常熬到凌晨，硬是将“一口清”背诵时间由最初的 4 分半缩短到 2 分半左右。最终，他在比赛中脱颖而出，成为“技术状元”。

攻克难关：“敬畏”变为“亲密”

“不服输、爱钻研，既苦干又巧干，所以他总能攻下别人攻不下的‘山头’。”这是工友对刘洋的评价。

接触网作业车维修是供电专业的短板，因缺少专业技术人才，作业车发生故障时，经常需要聘请厂家技术人员进行处理。

一次维修时，刘洋询问制动机发生故障的原因，厂家技术人员却说：“制动机原理太复杂，说了你们也听不明白。”说者无意，听者有心。那天起，刘洋就下定决心，要搞清楚制动机原理，遇到故障能够自己处理。

刘洋在检查车辆液压油管　尹晨曦 / 摄

“做个会修车的好司机”成了刘洋的新目标。上班时，他对照制动机管路图，学习作业车制动系统构造；回家后，上网查资料研究制动阀体作用原理。那段时间，班组职工经常看见刘洋趴在闷热的车下，对着风缸排水阀、截断阀开关角度进行记录。通过不断摸索，刘洋不仅弄懂了 JZ-7 型制动机的工作原理，还总结归纳出《制动系统故障 100 问》，供工友学习参考。

2018 年 5 月，该段成立“刘洋工作室”，由刘洋带头开展接触网作业车技术攻关。为掌握接触网作业车故障第一手资料，无论哪个车间作业车发生设备故障，刘洋都第一时间带领团队成员赶赴现场，进行现象判断和查找故障原因。

为掌握更多故障处理办法，刘洋寻师访友，向经验丰富的老师傅学习故障判断和处理方法，加入各种作业车、轨道车微信交流群，与故障处置高手一起探讨心得、交流经验。

为发挥工作室技术攻关带头作用，刘洋带领团队成员掀起了“头脑风暴”，向作业车电气系统维修发起挑战。他们通过查看作业车电气原理图及上网购买相关技术书籍进行学习，确认各个继电器的控制功能。为掌握设备发生故障时出现的“症状”，他们逐一拆解继电器上的接线，记录故障现象，对照原理图明确继电器具体控制功能。

经过钻研和探索，工作室总结归纳了《电气系统故障 50 问》，为全段接触网作业车电气系统知识学习、检查检测和故障处理提供了遵循，并组织破解了发动机增压压力不足、转速无法提升和随车发电机无法启动或启动困难等多项难题。

自此，接触网作业车终于成为刘洋运用自如的工作“伙伴”。他对它的情感，也从好奇、敬畏变成驾驭、亲密。

传经授艺：共享带动共进

建立微信交流群分享经验、深入车间开展背包教学、为工友们制作学习课件……这是刘洋在紧张工作之余，长期坚持做的事。在个人成长进步的同时，他总是想方设法带动全段接触网作业车司机共同提素质、强技能。为方便职工学习掌握，刘洋还将作业指导书中的重要内容制作成提示卡，将 1.5

个小时的行车视频辅导课件分解成一些 3 至 5 分钟时长的小课件，受到大家欢迎。

培训中，刘洋发现很多司机只会操纵作业车，不会应急处理车辆电气方面的小故障，大大影响了工作效率。于是，他利用二极管制作电气线路通断试灯，方便司机快速判断电气故障位置，节省故障处理时间。该办法在全段推广使用后，得到大家的一致好评。

2021 年 4 月 8 日，刘洋在对接触网检修列例行检查时发现，01 号牵引车制动系统发生自缓现象。凭借经验，刘洋第一时间判断出故障点并马上进行处理。事后，他针对这一现象，及时总结出一套制动系统自缓问题处理方法，组织作业车司机学习掌握，提高了针对该类故障的应急处置能力。

在刘洋的带动下，该段作业车司机队伍素质和作业车管理维护质量有了很大提升，经刘洋指导帮助的作业车司机中有 1 人获得沈阳局集团公司技术能手称号，1 人获得段技术状元称号。

彰显担当："党员要冲在前"

时值仲春，东北地区仍是春寒料峭，尤其到了夜间，穿着棉服也能感到寒意。自 2 月中旬起，该段在瓦长线董屯至复州湾站间展开春季接触网集中修作业。

这段时间，刘洋每天 3 时要发动检修列做预热准备。中午返回驻地后，他还要继续做好对检修列各部位的检查，并参加次日施工例会。为防止检修列发电机因气温过低启动困难，刘洋每天 22 时要对发电机进行打温，确保次日正常出车。

接触网作业车司机乘务时间长、作业强度大，每次作业都是最早出发、最后返回，十分辛苦。可刘洋却始终冲在前、干在先。

今年春运，段里组织检测车间人员利用 4C 检测车加密采集接触网数据，掌握接触网设备运行状态，刘洋主动申请参加 4C 检测车运行作业。检测车作业需要 16 时整备，18 时发车，次日 1 时才能返回。漫漫寒夜里，刘洋紧握闸把，平稳驾驶，和检测分析人员一道圆满完成了多项检测任务。

刘洋所在工区负责高空作业车和水冲洗作业车的冬季维修养护工作。为保证车辆处于良好状态，刘洋每隔几天就要对车辆全部检查调试一遍。车辆上部检查和内部调试还不算难，最难的是底部检查。车辆底部离地面近，各部件间隙狭小，穿着厚重的棉服检查车辆非常困难。

为保证检查质量，刘洋总是穿着单薄的工作服钻进车底检查。一台车全面检查一遍至少要40分钟，加上动态试验就要1个小时。在零下20摄氏度的低温下，穿着单薄衣物的刘洋很快就被冻透了。用检车锤敲打车体底部的时候，车底的冰霜总会溅得他满身满脸，冻得他直打哆嗦。每次干完活，刘洋都已冻得手脚发麻、嘴唇发青，需要回到室内喝杯热水、贴着暖气待上20分钟才能缓过来。

刘洋一心扑在工作上，对家人却始终抱有亏欠。他的孩子刚5个月大，正是需要照顾的时候，但春运以来工作任务繁重，春季设备检修也全面展开，刘洋经常一走就是一个星期，只能通过手机视频与妻子和孩子见面。每当听到妻子温柔的叮嘱、看到孩子可爱的脸庞，刘洋都觉得心头温暖，干劲更足了。

刘洋在检查空气干燥器电气接线盒及电气连接线状态　尹晨曦 / 摄

青春由磨砺而出彩，人生因奋斗而升华。9年来，刘洋累计出乘300余次，安全驾驶1.6万余公里。在热爱的岗位上，他一步一个脚印，踏实前行，在闸把转换间实现了人生价值。

扫码观看视频

采访手记

少年负壮气　奋烈自有时

眼神专注明亮，语气平缓笃定，身板挺拔结实，这是刘洋给笔者的第一印象。提到热爱的工作，他滔滔不绝、眼睛发亮；不说话的时候，他总是抿起嘴唇，表现出超乎同龄人的成熟与稳重。

“多听、多学、多练、多思考”，这是刘洋经常告诉新司机的话。成功没有捷径，唯有勤学苦练。在这种信念的驱动下，他以坚韧不拔的毅力，年纪轻轻便成了接触网作业车司机中的佼佼者。

由此，笔者想到了“竹子定律”：据说竹子前4年仅生长3厘米，第5年开始以每天30厘米的速度生长，6周内就能长到15米——其实前4年，竹子的根已在土壤里延伸了数百平方米。心心在一艺，其艺必工；心心在一职，其职必举。刘洋就像一根挺拔的劲竹，坚韧扎根、砥砺成长，在奋斗中成就最好的自己。

（原载于2023年4月15日《人民铁道》报1版）

王　颖

中共党员，中国铁路北京局集团有限公司北京铁路客户服务中心客服部科员，曾获全国铁路青年科技创新成果一等奖、中国国家铁路集团有限公司春运先进个人等荣誉。

真情传递"好声音"

——记中国铁路北京局集团有限公司北京铁路客户服务中心客服部科员王颖

柴　娜

无论是在高铁穿梭的城市，还是在"慢火车"悠悠前行的乡村，只要有铁路的地方，就一定会对外公示着一个客服电话：12306。"很高兴为您服务，请问有什么可以帮到您……"只要听到这亲切温柔的声音，旅客遇到的各种问题和困难，都会得到妥善的解答和处理。这些声音来自铁路部门的专业客服人员。

王颖是中国铁路北京局集团有限公司北京铁路客户服务中心的一员。从"不敢说话"的客服员，到业务精通的"专家席"，入路10年王颖累计接听客户电话超过20万个，在线解决急难问题2.4万余件，向上级部门提报合理化建议600余条，参与研发5项提升全路客服系统服务质量的创新成果，与铁路12306客服热线同奋斗、共成长，用"好声音"践行了人民铁路为人民的服务宗旨。

"金耳麦"里的声音会微笑

王颖的祖父和父亲都是铁路乘务工作者，父亲还值乘过北京至拉萨的进藏列车，每次出乘都要离家好几日，回家后最喜欢做的事情就是给女儿讲述火车上的见闻：厨师戴着氧气罩给旅客做夜宵、列车员照顾生病的儿童、列车长帮忙找回旅客遗失的行李……那时，十多岁的王颖，一边听故事一边想象着火车上发生的一幕幕。“爸爸经常说，为旅客服务是他的工作日常。”提及父亲，她的脸上流露出满满的崇拜。

在北京建筑大学工商管理专业就读时，王颖便心心念念想成为一名英姿飒爽的列车长。是机缘巧合，更是功夫不负有心人，她通过应聘进入铁路工作，为此激动得好几天睡不着觉。

2013 年 8 月，王颖怀揣着对铁路事业的热情，走进北京铁路客服中心的话务大厅。这里是全路成立最早、席位最多、电话接入量最高、服务功能最广的客服平台之一。整齐排列的席位间，客服员们正细致地解答着各种问题。“我能行吗？”她在心里问自己。虽然铁路“故事”听得多，但对于并不经常坐火车出门的她来说，连“车票改签”这个词都一知半解。

成功没有捷径可走，唯有全力以赴。学习铁路专业知识，是王颖首先要攻克的难关。除了熟记《铁路旅客运输规程》《铁路客运运价里程表》等规章制度，她还要掌握说话与沟通的技巧，学习心理学和相关法律法规等 20 多项课程。

“像携带品、退改签、儿童票、学生票等旅客问询频率较高的业务，我刚开始的时候很容易记混，就只能一边背一边默写来加强记忆。”王颖笑着回忆道。一万多字的《铁路旅客运输规程》，她硬是默写了三遍。常规旅客问询的优秀通话录音，她也熟悉到能倒背如流。

2013 年 9 月 12 日，王颖正式单独上岗——登录账号、戴好耳麦、深呼一口气：“很高兴为您服务，请问有什么可以帮到您？”王颖规范使用客服用语，认真聆听旅客需求，仔细核对记录信息。挂了电话后，她用冒汗的双手，捂住自己发烫的脸颊，开心地笑了。

电话“秒接”，提高接通率，每个班次接听 200 多通……王颖迅速冲上北京铁路客服中心的“精英榜”。热忱地为南来北往的旅客提供各类咨询服务，帮他们排忧解难，王颖因此被大家称为“金耳麦”。

为了让自己的声音听起来既专业干练又亲切柔美，她专门在席位上放置了一面小镜子，时刻提醒自己在接听电话时要保持微笑。“我发现，人们在微笑时说话的语气、语调和语速听起来会更舒服。”王颖微笑着说。

“硕果累累，愿你夏天所有的积淀，都是这秋天惊喜的期盼！”王颖经常将激励自己的小格言写在便笺纸上，贴在席位一眼就能看到的位置。

王颖（右一）利用午休时间与同事学习交流业务　孙立君/摄

“智多星”真诚搭建“连心桥”

在家千日好，出门一时难。每天，源源不断的咨询和求助电话从四面八方汇聚到这不足一平方米的席位上。

“快帮帮我，我的包落在火车上了，包里有好多钱……”一日，王颖接通电话的瞬间，嚎啕的哭声就传了出来。她一边安抚情绪激动的旅客，一边倾听描述并快速记录信息。挂机后，她立即与相关部门沟通联系，及时找到了旅客遗落的手提包，并交回到旅客手中。几日后，旅客再次致电表扬，并邮寄锦旗表示感谢。

“只要听到电话里旅客说的‘谢谢’，我的干劲儿就会更足。”每天，旅客通过电话询问的问题五花八门，王颖在整个通话过程中都精力集中、耐心倾听、反复沟通、详细记录，再找出及时有效的解决办法。

随着互联网和智能手机的广泛应用，铁路 12306 App 成为旅客购买火车票的首选平台，但部分老年旅客还是会通过拨打 12306 客服热线寻求帮助。

每当这时，王颖总是会放慢语速帮助他们注册、进行实名认证、选择车次……她一步步、一遍遍地讲解，直到老人成功购票。

王颖（右）帮助同事解决疑难问题　孙立君 / 摄

“刚入职的时候，王颖就提示我，服务技巧并不只是快，有时还需要慢，旅客更需要我们的倾听。”同事梁珊珊说。

2020 年春节，新冠疫情发生，北京铁路客服中心 12306 的话务量激增。大家都在咨询疫情防控、列车停运等相关问题。当时作为负责客运客服数据统计工作的王颖接到通知后，立即开展远程数据分析。她在每天一万多单的通话记录中，梳理出旅客最关注的问题，并做出细致的分类和分析，为铁路部门后续做好对外宣传、运输安排、强化服务措施等工作提供了参考依据，在广大旅客和铁路部门之间搭建了坚实的“连心桥”。

12306 不只是一串铁路客服电话号码，它承载着万千旅客对铁路部门的信任和期待，更饱含着铁路真诚服务旅客的信念。

“专家席”让服务单高效流转

今年 32 岁的王颖先后在客运客服代表、货运客服代表、货运专家席和客运专家席的岗位上锻炼过，是北京铁路客服中心的全能型青年人才。

2018 年，伴随全路客服系统互联互通项目深入推进，王颖负责协助系统研发部门优化电子服务单的结构模式和自动流转环节。她从梳理客服中心各岗位工作流程入手，将“电话 + 邮箱 + 传真”的流转模式，转为线上“一键操作”的新型流转模式，再通过成功对接全路客运管理信息系统，实现全路客服中心与各站段间的重点旅客预约、遗失物品查找等服务单自动流转和全流程闭环处理，大幅提高了工作效率。她与团队共同完成的《依托互联互通，实现铁路 12306 客服系统服务单电子流转和数据自动统计》课题，荣获第六届全国铁路青年科技创新奖。

基于王颖和团队对电子服务单结构和项点的重组与优化，客服系统还可自动生成全路各类话务、业务统计等报表，使数据更具有准确性和时效性，为全路客服中心的业务走向和发展趋势，各铁路局集团公司、站段单位的主要问题分析研判，提升全路客货运服务质量提供了科学精准的参考依据。

2021 年夏天，河南遭受特大暴雨灾害，牵动着全国人民的心。途经受灾区域的多趟列车停运，12306 客服热线的话务量居高不下。其间，北京铁路客服中心每天接到客服代表、12306 网站和手机 App 的特办退票工单达 1000 多件，王颖临时被调派增援“电子支付”岗位，和同事共同审核每笔退款申请单的信息，平均 90 秒完成一笔。

“能够高效完成河南特大暴雨带来的特办退票冲击，得益于我们团队共同研发的电子支付服务单系统流转功能。它提高了初审与复核的工作效率，大幅缩短退款时间。”近年来，王颖还参与开发 KPI 数据自动提取分析功能，通过追踪每名客服员通话数量、在线时长、工时利用率等综合指标，进行有针对性的分析整改，让客服员通话平均时长缩短 20.6 秒，每人每天可多接听电话 21 个。她还积极参加客服服务质量 QC 攻关项目组，努力提升服务质量。

今年春运和“五一”假期的客流回暖，因车票预售期为 15 天，北京铁路客服中心的话务高峰期比“大客流”来得更早些。“王颖主动加班加点，提前将 2018 年、2019 年的各项业务数据进行对比分析，协同团队完成话务量预测，为中心优化人力配给，加强现场盯控提供了数据支撑，保证了话务高峰期的平稳有序。”北京铁路客服中心客服部主任王艳茹说。

王颖在翻阅工作记录本　孙立君 / 摄

“每当我看电脑屏幕看到视线模糊、接电话接到胸闷气短时，就会想起爸爸带着氧气罩在列车上为旅客服务的情景。”正是“挑战极限、勇创一流”的青藏铁路精神，影响和激励着风华正茂的王颖一路向前。

扫码观看视频

采访手记

一平方米处的光亮

王颖是一位身材娇小、眉目清秀的北京姑娘。在整个采访过程中，她的脸颊一直挂着微笑，令人如沐春风。

就是这样的一位“90后”姑娘，通过接听电话为无数素未谋面的旅客货主答疑解惑、排忧解难。当遇到焦急万分的旅客货主，她就是“灭火器”；当遇到情绪激动的旅客货主，她又成为对方倾诉的“树洞”；当铁路运输大客流来袭之时，她则变身“智多星”，投入一场又一场没有硝烟的“战场”中。看得出来，10年的客服工作历练，让王颖练就了“以柔克刚”的本领，承得住压力、担得起责任。

王颖与铁路12306客服热线的美好相遇不一定是偶然的，但能在这一平方米的席位上，真情传递铁路“好声音”，却是她十年磨一剑的必然。

（原载于2023年6月3日《人民铁道》报1版）

杨　静

中共党员，中国铁路太原局集团有限公司太原车辆段太原动车所女子乘务队队长，曾获全国铁路巾帼标兵、全国铁路先进女职工等荣誉。

柔肩勇挑“护航”重担

——记中国铁路太原局集团有限公司太原车辆段太原动车所女子乘务队队长杨静

樊康屹　范旭辉　姚文龙

在中国铁路太原局集团有限公司太原车辆段太原动车所，有一支由 14 名女性组成的随车机械师乘务队。作为这支“娘子军”的领头人，35 岁的杨静在这个以男性为主体的队伍中，以其精湛的业务和过硬的心理素质成为随车机械师中的佼佼者。

10 年来，杨静与风雨共舞、与汗水为伴，用奋斗描绘出青春最美的样子。

逐梦高铁的青春宣示

“当你的青春与伟大的事业同频共振，你的梦想就插上了腾飞的翅膀。”回想 10 年前刚刚走出校门的情景，杨静为自己有幸赶上中国高铁快速发展的黄金期而倍感振奋。

2013 年 4 月，杨静大学毕业后来到太原车辆段。那时，该段仅有 8 组动车组。能够从事与动车组相关工作，让人有一种特别的骄傲和自豪！最先让她感受到这种骄傲与自豪的是与她同宿舍的王晓睿。

年长杨静两岁的王晓睿是太原车辆段第一位女子随车机械师，因勤奋好学、技术全面，获得全国最美青工荣誉。每天看着师姐为即将开通的大西高铁紧张忙碌着，杨静耳濡目染，内心激荡着中国高铁激发的民族自豪感，愈发坚定了自己也要成为一名随车机械师的信念。

榜样的力量是无穷的！新职人员 3 个月实习期结束，一同入路的 10 名女孩均分配到车辆钳工岗位，杨静却主动要求成为动车组随车机械师。

“你行吗？”“年轻人可别一时冲动啊！”

“我和王晓睿都是自动化专业，她能做到的，我也能！”

如愿以偿的杨静正式开启了自己的追梦之路。但追逐梦想的道路从来就不平坦。面对一摞摞专业资料，近千个空开、按键功能作用，以及一千多个监控项点，杨静不免心生些许胆怯。要想在短时间内快速掌握这些知识点无疑是困难的。作为师傅，王晓睿耐心向杨静传授自己攻克技术难关的心得体会。从她身上，杨静不仅学到了专业技能，更加深了对随车机械师的职业理解。

动车组到站后，杨静对车内服务设施进行检查　范旭辉 / 摄

梦想付诸实践才有价值。为快速提高业务技能，杨静充分利用碎片时间，靠着业精于勤的执着，白天跟着师傅出乘，观察、思考、记录，一有空就拿出随身携带的书籍背规章；夜晚利用进驻石家庄动车所时机，现场观摩动车组一级修检修作业，一有时间就进行故障演练……

奋斗的艰辛远不止于此。许多男机械师轻而易举完成的动作，对于杨静来说却如拦路猛虎一般。登顶是随车机械师的一项必备技能，需要在没有梯子的条件下在列车狭窄连接处攀爬 4 米高。几次练下来，杨静全身上下多处磕碰划伤，胳膊、双腿满是瘀青。每当她想打退堂鼓，王晓睿就为她做示范。看到师傅如此尽心，再难再苦杨静也咬牙坚持。

凭着“白加黑”的不懈努力，仅用 3 个月时间，杨静便将 6 万余字的《应急处理指导手册》全部掌握，35 项实操演练考核一次性通过，成为太原车辆段第二位具备独立值乘资格的女子随车机械师。

责任在肩的使命担当

2014 年 7 月 1 日，大西高铁太原南至西安北段开通运营，杨静也是在这一天开始独立值乘的。穿行在一节节车厢中，看着旅客们在自己的护航下安全出行，杨静既兴奋、又紧张，她真切感受到了为之向往的骄傲和自豪！

杨静对动车组商务座小桌板进行质量检查　范旭辉 / 摄

“作为随车机械师，确保高铁和旅客列车安全万无一失，是我们时刻不可忘记的职业底线！”独立值乘后，杨静谨记师傅教诲。特别是直接接触到、了解到动车组故障案例后，杨静对这句话的理解也更加深刻。

“行走在车厢中，我们就是高铁列车绝对安全的保障。旅客看到我们就会感到可靠安全；面对小概率故障的出现，我们就是旅客和乘务组的定心丸。”这是杨静在乘务日记中写下的感悟。随车机械师功在日常、重在应急，只有业务越熟练，才越可能处理好突发难题。

工作中，杨静最注重的就是动车所转发的全路随车机械师岗位违规操作和设备故障典型案例。每一个案例，杨静都会设身处地思考，若是遇到类似情况自己该如何处理。几年下来，她收集的不同类型的故障案例已达 1400 多个。“这些发生在其他机械师身上的案例是我最好的老师，也是我最宝贵的财富。”杨静说，“熟练掌握正确处置故障的方法，能让我在最短时间精准判断故障原因，为排除故障赢得时间，为确保高铁安全增添信心。”纵使这些案例在实际工作中大部分都不曾出现，但她从不懈怠。

动车组出库前，杨静检查动车组转向架状态　范旭辉 / 摄

杨静反复演练受电弓捆绑、不同车型救援、空调故障处理等几十个常见故障应急项目，通过自我加压、强化记忆，熟练掌握不同车型故障处理流程以及应急救援预案、各种应急工具的使用方法。作为该段当时年纪最小的随车机械师，每次月考杨静都拔得头筹。暴风雪极端恶劣天气条件下故障易发，杨静在车内巡视时将自己的感官全部调动起来，总结出听、看、询、闻、联“五字巡视工作法”。该方法在全段推广后得到大家的一致认可。

现场的考验每时每刻都可能出现。“3 车轴温报警，立即停车。”2018 年 8 月的一天，正在车厢巡视的杨静接到司机的紧急报告。杨静深吸一口气，告诉自己：“冷静！一定要冷静！”在等待列车停稳的片刻，她迅速在大脑中过了一遍应急预案各个细节。得到调度命令后，她携带工具迅速下车。此时，烈日当头，炙热的阳光烘烤着大地，杨静全然不顾接近 50 摄氏度的地表温度，趴在路基上对轴温及相关部件温度进行精细测量。经反复测试，各部温度正常、设备安全。她果断判断，轴温升高的原因是阳光直晒导致的传感器误报。她立即上车对监控系统进行处理。一切恢复正常后列车恢复行驶，而她的上衣早已湿透。此次非正常处置，从接到异常报告到安全处置完毕用时不到 10 分钟，展现了杨静高超的技术能力和强大的心理素质。

工作 10 年来，杨静创造了 3200 多趟次、96 万公里安全值乘的优异成绩，发现处理各类故障 20 余件。

传承的是技艺更是精神

2018 年 3 月，随着中国高铁的迅猛发展，更多的女大学毕业生来到太原车辆段，全路首支女子随车机械师乘务队应运而生。

作为队长，杨静将自己总结的工作方法以及掌握的故障应急预案收集整理、汇编成册，毫无保留地进行传授，还结合自身经历耐心讲解应急处理技巧，帮助她们加速融入、快速成长。

身教胜于言传。杨静一方面严格执行标准化作业流程，为师妹们立标打样。发现作业不达标的地方，她会马上现场示范、指导纠正。面对曾经难倒自己的登顶演练，她也会一次次亲身演示，讲解动作要领，鼓励她们克服内心恐惧。另一方面，杨静也会像一个大姐姐一样和师妹们交心，帮助她们走出初入职场的不适。她一边组织大家观看故障应急处置警示片，一边讲述自己知道的各种案例，沉浸式的教学方式使大家深刻理解了随车机械师的重要性。在杨静的带领下，女子随车机械师乘务队业务素质快速提升，在该段高铁动车组单车检查竞赛中成绩始终保持领先，多次在 26 个班组中获得团体第一名的好成绩。

随着越来越多的队员开始独立值乘，杨静将更多精力放在为队员们提供远程技术支持上。杨静的手机就是她们的依靠，无论任何时候，总能在关键时刻为她们指点迷津。“一些故障自己也能处理，但是有她的确定，自己更踏实。”女子机械师梁英说道。

在外人眼中，杨静对大家的关心无微不至。杨静说，在她们身上，她看到了自己曾经的影子。她要像自己的师傅一样，将安全的“接力棒”传下去。

疫情中值乘量缩减，杨静为大家制订了“每日一题、每周一课、每旬一练、每月一考”学习计划，使队员们时刻保持良好的精神状态。今年“五一”假期，太原局集团公司配属的 79 组动车全部投入使用。杨静和她的队员们不怕辛劳、连续作战，以精湛的技艺和敬业精神守护着一趟趟高铁动车的安全运行。

一花独放不是春，百花齐放春满园。建队 5 年来，女子随车机械师乘务队实现了动车组零缺陷运行、零设备故障、零责任晚点目标，先后获得全国工人先锋号、全国五一巾帼标兵岗、全国铁路先进女职工集体、火车头奖杯等荣誉，涌现出了“敬业奉献”类“太原好人”庞轶丹等先进典型。

扫码观看视频

采访手记

奋斗的青春最美丽

在以男性为主体的随车机械师岗位，看似文弱的杨静凭借顽强的意志和辛勤的汗水，不仅站稳了脚跟，更干出了优异成绩。每一次安全值乘、每一次挺身而出的背后，都是她始终将高铁和旅客安全放在首位，以时时放心不下的责任感不断锤炼自己、超越自己的真实体现。

“坚强的毅力可以征服世界上任何一座高峰。”在女子乘务队班组展示墙上，杨静的岗位宣言掷地有声。勇当服务和支撑中国式现代化建设的“火车头”，需要广大铁路青年像杨静那样，敢于追梦、勇于圆梦，在奋斗中释放青春活力，在万里铁道线上实现青春梦想。

（原载于2023年5月30日《人民铁道》报1版）

杨仲钧

中共党员，中国铁路呼和浩特局集团有限公司二连站运转车间乙班宽轨一调调车长，曾获火车头奖章、内蒙古自治区道德模范提名奖、呼和浩特局集团公司先进生产（工作）者等荣誉。

护航“钢铁驼队”畅行无阻

——记中国铁路呼和浩特局集团有限公司二连站运转车间乙班宽轨一调调车长杨仲钧

常　乐　张海峰

口岸边关，秋色正浓。在二连浩特铁路口岸，一列列货物列车及中欧班列在宽准轨线路上铺展开来，高高耸立的龙门吊用“巨手”将色彩斑斓的集装箱码垛如林。

蒙古国使用的铁路轨距是大于标准轨距的宽轨，入境的中欧班列到达二连站后，必须将集装箱换装到准轨列车上才能保证后续平稳运输。距离宽轨到发场不远的宽轨一区，中国铁路呼和浩特局集团有限公司二连站运转车间乙班宽轨一调调车长杨仲钧拿着调车作业计划向组员布置安全重点事项：“小高，406道这钩车是中欧班列，重点检查车辆缓解制动情况、整列车制动软管的连接状态，确认折角塞门的开闭。”“小贠，作业中要加强联控，严格落实车辆推送距离、信号显示、车辆防溜等作业标准。”

扎根口岸13年来，杨仲钧深知国门之下调车作业无小事，每一钩、每一调都是国家形象的体现，作业中的任何环节都不能出差错。秉持着“细心细致零差错”的工作理念，杨仲钧接过前辈的接力棒，带领乙班宽轨一调实现47年无安全事故的优异成绩。

为了安全生产万无一失

二连浩特铁路口岸位于中国的正北方，即内蒙古自治区锡林郭勒盟西部。

这里东、西、南三面与美丽富饶的苏尼特草原相邻，北与蒙古国扎门乌德口岸隔界相望，是“一带一路”建设、中蒙俄经济走廊上的关键交通节点，也是我国向北开放的重要“桥头堡”。

2010年，杨仲钧来到二连站成为一名制动员。凭借着良好的身体素质，杨仲钧干起来活来风风火火，但总是缺乏一份细致耐心。师傅高建平是一个对工作十分认真负责的人，为改变徒弟毛手毛脚的习惯，除了在工作中时时叮嘱让他“慢下来”，还在间休时盯着他学习业务。可杨仲钧总是敷衍了事，直到一次工作失误才彻底醒悟。

一年冬天，皑皑白雪覆盖了整个站场。师徒二人前往准轨场108道解编车辆，杨仲钧走在前，师傅在身后反复叮嘱他注意安全。话音未落，杨仲钧突然脚下一滑，踩到了被雪淹埋的钢轨上，狠狠摔了一跤。高建平惊出一身冷汗，慌忙上前查看，只见杨仲钧仰面倒在地上，疼得直叫唤。在确定身体无大碍后，高建平将他狠狠训斥了一番，并向他讲述了忽视安全隐患可能带来的严重后果。杨仲钧羞愧难当，坐在地上说不出话来。打那以后，杨仲钧明白了师傅口中“注意安全”的重要性。

杨仲钧（右一）在指导连结员检查车辆制动情况　张海峰/摄

杨仲钧开始重新审视自己的工作，看似简单重复的调车作业，其实对调车人员的观察判断力、安全责任意识和应急反应能力要求特别高，不仅需要充沛的体力，更要有一套将错综复杂的车辆编发成列的真功夫。他静下心来跟着师傅和前辈们认真学习调车业务知识，一有空就拿着《铁路技术管理规程》《铁路行车组织规则》《车站行车工作细则》等规章制度，一章章、一页页、一条条地反复学、反复看、反复记。他还利用工余时间默画站场示意图，并与作业中实地勘测的线路进行对照，数枕木、看道岔，仔细观察股道两旁的参照物，对线路有效长、容车数、坡度等数据烂熟于心，成为工友们口中“行走的站场图”“活规章”。

杨仲钧在车辆上联控调车机牵出　张海峰 / 摄

一次作业中，杨仲钧在人力站台区取送车时，发现该区域作业环境较为复杂，机动车辆及作业人员较多，于是提出“连结员在检查完线路后，取送车前再确认一次”的要求。刚开始工友们都很不理解，认为这是重复检查、做无用功。直到那一天，在 708 道送车时发生了机动车辆侵限的安全隐患，险些酿成调车相撞的事故，大家才意识到多检查一次的必要性。如今，在装卸作业线取送车进行二次检查，已经成为保证调车人员安全的“铁律”。

为了“钢铁驼队”一路畅行

今年是二连浩特铁路口岸接运出入境中欧班列的第10个年头。2013年首列中欧班列通过二连浩特铁路口岸出境的场景，杨仲钧仍然历历在目。那一天，他和中欧班列第一次“亲密接触”。当风笛响起，看着装满集装箱的列车从自己眼前驶过，杨仲钧真切地感受到了肩上的责任之重。

10年间，二连站接运中欧班列实现从无到有、从有到优，通行线路由最初的2条增加到如今的69条，累计接运数量突破1.3万列，货物种类也从最初的日用百货扩大到机电、木材、汽车等，国内始发地辐射郑州、成都、厦门等多个城市，境外目的地覆盖欧洲多个国家和地区。

杨仲钧说，他亲眼见证了中欧班列从“出道”到“火爆”的快速发展历程，这位曾经十天半月一见的“新朋友”，已经变成了整天“腻”在一起的“老伙计”，与中欧班列的“交流”也从最初的对车钩和车体状态检查确认深入到了对车列的解体编组作业。杨仲钧深知，中欧班列是要开出国门的，出发前的每一处作业细节代表的都是口岸品牌、国家形象，工作中必须全力以赴，不能有一丁点儿差错。

中欧班列比普通货运列车运行速度快、运行里程长，再加上宽轨车体更高更大，扒乘起来更加困难，因此编组调车作业流程必须严之又严、细之又细。从进路确认、线路检查、防溜撤到编组成列，每一个环节他都要求自己打起十二分精神，时刻紧绷安全弦。杨仲钧介绍：“编解中欧班列必须格外细心，发现不合格车辆要及时上报，只有按照标准、不厌其烦地重复弯腰、下蹲、爬上、跳下这些动作，才能编组出一列符合标准的中欧班列。”

一次作业时，杨仲钧正在501道焦急地等待调车作业：“宽轨信号楼，一调已经等了快10分钟了，为什么还不开放调车信号？”“一调，邻线马上接车，你还得再等一下。”信号楼回复。看着后续还有15钩作业需要完成，杨仲钧像是热锅上的蚂蚁，待邻线列车进入到发线，调车信号顺利开放，杨仲钧和工友们快马加鞭，终于在预定时间内完成了调车作业。他不禁思索，受限于站场设备设施能力，接发列车与调车作业经常发生“拥挤”的情况，十分影响中欧班列的通行效率，如何提升作业效率呢？杨仲钧根据现场作业实际，分析各结合部信息，建议从助理调度员布置作业转变为主动联系申请作业，作业中与各环节作业人员紧密配合、高效衔接。在交接班、吃饭这样的细节上，杨仲钧都要做文章，重新优化了交接班流程，将交接班时间压缩了一半；还要求班组成员与其他调车组错峰吃饭，最大限度减少同工种作业上的交叉干扰。

杨仲钧经常会把自己的工作诀窍分享给身边工友。这些不成文的规定久而久之就成了班组的作业“宝典”，提升了整个班组的业务水平。班组取得了日均调车作业 48 钩、解编中欧班列 5 列的好成绩，在车间 18 个调车小组中位居前列。在杨仲钧和工友们的共同努力下，一列列“钢铁驼队”满载着“中国制造”从二连浩特铁路口岸走出国门奔赴万里行程，成为国内国际双循环的重要支撑点。

为了铁路口岸赓续辉煌

乙班宽轨一调的休息区内有一间荣誉室，两面墙都挂满了金光闪闪的荣誉牌匾。全国“安康杯”优胜班组、全国青年安全生产示范岗、全国青年文明号、内蒙古自治区青年文明号、火车头奖杯……一个个荣誉讲述着这个班组辉煌的前世今生。

2015 年，杨仲钧被提拔成为运转车间乙班宽轨一调调车长。接过重任后，他暗下决心，一定要把班组的荣誉延续下去。他详细分析当前面临的形势，调车组有经验的“老人”大多被调到其他班组担任调车长、连结员，身边的工友全都是参加工作时间不长的“新鲜血液”。经过深思熟虑，杨仲钧找到了破解难题的办法。年轻人业务能力有所欠缺，但可塑性强，只要帮助他们系好入路后的第一粒“扣子”，培养良好的安全习惯和认真负责的工作态度，就一定能把他们培养成业务骨干，为班组再续辉煌。

很快，杨仲钧明确了自己的管理理念，业务学习要精、风险意识要强、执行规章要准。说干就干。业务学习上，他在车站月度学习计划的基础上，每月结合实际设置理论和实作试题，开展每班一问、每周一练，提升班组整体素质。近几年来，班组职工多次在车站技术比武中取得优异成绩，他本人也在2018年内蒙古自治区铁路专业工种职工职业技能比赛中获得调车长第八名，被授予局集团公司技术能手荣誉称号。风险意识上，他结合自己多年工作经验，梳理宽轨一调在客车场、国际换轮库、人力站台区作业线等5个重点区域的突出安全风险，与组员们一起研究摸索出多说一句、多看一眼、多查一遍的“三多”工作法。他担任调车长职务以来消除螺栓折断、路料侵限等安全隐患20多起，多次受到车站表彰奖励。执行规章上，他从自身做起，要求小组成员点名着装、安全预想、包线检查、班中作业、班后总结五个不走样，每班保持全程作业标准化。

近年来，二连站进出口运量逐年攀升，出入境中欧班列数量井喷式上涨，调车作业量也水涨船高。杨仲钧知道，工作量越大，安全问题越不能掉以轻心。日常班组会议中，杨仲钧最常说的一句话就是“事故隐患猛于虎”。杨仲钧提出了“你作业、我监督，你违章、我制止”的互控作业准则，即使是单独作业完后也必须进行复查确认。他对组员们说：“越是到最后一钩，越是人困马乏的时候，越是要打起十二分精神，任何侥幸心理都是隐患的温床。”

杨仲钧（左一）在传达调车作业计划　张海峰/摄

他用实际行动践行着“安全生产大于天”的安全理念，也正是凭借着这份对安全的极致追求，杨仲钧带领班组职工继续书写着荣耀。

10 年来，共建“一带一路”成为深受欢迎的国际公共产品和国际合作平台。作为口岸铁路人，杨仲钧也在时代洪流中成就着自己的奋斗人生，火车头奖章、局集团公司先进生产（工作）者、车站优秀青年等荣誉称号，是对他多年来扎根口岸、辛勤耕耘的最好肯定，也鞭策着他继续实干担当，在二连浩特铁路口岸运输主战场上再创佳绩，护航“一带一路”上的“钢铁驼队”畅行无阻。

扫码观看视频

采访手记

无怨无悔　扎根边关

扎根口岸边关十三载，杨仲钧将美好的年华献给北疆。他用脚踏实地、苦干实干带领调车组的同事们竭力高擎前辈的旗帜，续写班组的荣耀，在口岸调车工作中展现作为。

每个班上千次呼唤应答，上百次爬上爬下，近三万步站场行走，战风沙、斗冰雪，寒来暑往、毫无怨言。这是杨仲钧日常工作的场景。正是千千万万个如杨仲钧一般的铁路人，立足本职、默默奉献、奋力拼搏，用自己的青春和热血为勇当服务和支撑中国式现代化建设的“火车头”添砖加瓦，为铁路高质量发展增光添彩。

（原载于 2023 年 10 月 30 日《人民铁道》报 1 版）

张宏杰

中共党员，中国铁路呼和浩特局集团有限公司临河运营维修段治沙桥隧车间主任，曾获火车头奖章、全国铁路优秀共产党员等荣誉，所在车间先后荣获全国工人先锋号、全国防沙治沙先进集体等荣誉。

大漠“愚公”缚“黄龙”

——记中国铁路呼和浩特局集团有限公司临河运营维修段治沙桥隧车间主任张宏杰

马　威　袁　斌

4月9日夜间，内蒙古自治区发布大风黄色预警及沙尘暴黄色预警信号，阿拉善左旗戈壁滩黄沙漫天，短时阵风达9级以上，最低能见度不足50米。持续了一夜的沙尘暴刚退去，与沙害连年抗争的中国铁路呼和浩特局集团有限公司临河运营维修段治沙桥隧车间主任张宏杰，带领清沙队伍在临河至策克铁路420公里清沙点迅速集结，顶着日头加紧清理线路积沙。

时光荏苒，今年51岁的张宏杰常年守护着这条“大漠铁路”，用10余载的时间讲述着当代“愚公”治沙的故事。

春季，我国西北地区沙尘天气频发。在防治沙害保障运输畅通的工作中，从不轻易服输的张宏杰带领职工一锹一锹铲沙，一格一格织网，一步一个脚印前行，使线路沙害得到了根本改善。如今，张宏杰不仅是临策铁路的治沙带头人，还是火车头奖章获得者，他所在的车间先后荣获全国工人先锋号、全国防沙治沙先进集体等荣誉。

眼下春风劲吹，张宏杰正在戈壁风沙频发的季节里忙碌着。他有自己的信条：“我们这代治沙人以戈壁为家，守护着临策铁路的安全畅通，希望年轻一代治沙人握好接力棒，保护好生态环境，巩固我国北方重要生态安全屏障。”

当代“愚公”：困难面前不低头

“驻守在茫茫戈壁，靠的就是恒心和毅力。”张宏杰比谁都清楚，要在临策铁路治理沙害，难度堪比愚公移山。

全长 768 公里的临策铁路东起内蒙古自治区巴彦淖尔市临河区，西至阿拉善盟中蒙边境策克口岸，穿越乌兰布和、亚马雷克、巴丹吉林三大沙漠，大部分地段全年降雨量不足 50 毫米，沿线有 400 公里处于无人区，沙害地段超 65%。

恶劣的自然环境给这里贴上了“气候干燥”“沙暴频繁”的标签。在漫漫黄沙中，风沙流遇到路基和轨道的阻挡，常形成积沙，最严重的沙害路段积沙超过钢轨面 1.5 米。沙害是这里最大的“敌人”。

张宏杰（左一）和治沙工加固低沙障，固定线路两侧积沙　马威 / 摄

2009 年，临策铁路开通运营之初，沙害最严重的时候十几公里的线路看不到钢轨，厚度达半米多，铁路行车一度中断。为了防治沙害保障运输畅通，2010 年，张宏杰被委以重任，带领一支专门清沙的队伍挺进了荒无人烟的沙

漠，从此开启了“愚公”治沙之路。

到任之初，艰苦的工作生活环境给张宏杰来了个下马威。在百里无人的戈壁荒漠区，物质资源匮乏是巨大的挑战。

空荡荡的屋子没有床，张宏杰用砖头垫在水泥地上，搭几张木板，铺上自带的行李做成了简易床。地处干旱无人区，蔬菜和饮用水全靠每周从临河发来的小慢车供给。伙食供应不足时，大伙儿只能啃方便面嚼馒头，节省着喝从临河带来的桶装水，到后来用水紧张了，干脆连着数日不洗脸。性格倔强的张宏杰就这样带领同事们坚持了下来，带着不服输的精神投入到清沙大会战中。

冬天，天还没亮，张宏杰就带着几十号人排成一排在漫天尘霾中开始了一天的清沙任务。他们用挖掘机挖、用铁锹铲、用手刨，往往前面的路刚清理完，后面一场大风又将沙子扬上了线路。直到深夜，张宏杰和他的清沙队伍依然在线路上忙碌着。

图为张宏杰正在固定线路两侧的高沙障　马威 / 摄

一天清沙 5 场、两天才睡 6 个小时，车间的小伙子累到腰都直不起来。

当时40岁出头的张宏杰硬是带领大家咬着牙挺了下来，连续奋战了3个月没回过家。即便除夕夜接到清沙命令，他也二话不说带上车间所有人赶赴现场，等清完沙回到车间，准备好的年夜饭早已凉了。

在张宏杰眼里，只要起风，就是命令。治沙人驻守在荒无人烟的戈壁大漠，在沙害严重的风口路段搭起活动板房，成立治沙点，顶着黄沙在线路上巡视，严重时就在宿营车上休息，与风沙为伍，以戈壁为家，默默守护着“沙漠天路”的畅通。

漫漫治沙路，任重而道远。张宏杰明白“人进沙退”的治沙路还很长。

攻坚“头雁”：克服风阻飞在前

“人工清沙就像打游击，治标不治本，来一场大风就把线路全埋了。所以，必须想办法从根本上治沙固沙。”作为治沙带头人，张宏杰凡事都走在前、作表率。他带头总结经验，重新审视治沙思路，以修建防沙网格为核心的工程治沙方法应运而生。

说起修建防沙网格的历程，其中的坎坷让张宏杰记忆犹新。

2011年夏天，烈日炎炎，张宏杰带领车间技术人员反复琢磨，尝试着把钢筋弯成圈，通过环环相扣来抵挡风沙。然而，一夜狂风过后，当他再次来到现场，昨天刚做好的治沙网格全部被沙子掩埋了，众人20多天的辛苦被一场大风刮得干干净净。

张宏杰把一肚子的苦闷藏在心里，继续着治沙试验。那些日子，他可能是临策铁路上唯一一个盼着刮风的人，因为他要在风中做试验。

风有什么“脾气”、沙有哪些“习性”，多大的风能让沙子埋道、多大的风能对治沙工程产生破坏……一连几天，张宏杰钻在沙堆里反复琢磨。几天下来，他就像洗了风沙浴，成了一座移动的“沙土塑像”。

通过一次次试验，张宏杰终于找到了缚住“黄龙”的法子。他根据地形、风向、线路附近的土质来决定网格铺设面积，采取“高、中、低”尼龙网格相配套的方式，增加网格高度、改变网格形状，让防沙效果达到最佳。

试验成功的那一刻，职工们笑了，张宏杰却想哭，压在他肩上的担子实在太重了。

心中有方向，前行有力量。接下来的日子，张宏杰带领职工们开始用“高、中、低”尼龙网格相配套的方式阻沙。“高”就是在线路两侧 30 米到 40 米处，安装 1.2 米到 1.5 米高的防沙网，形成第一道防沙障，实现阻挡远处流动沙源和稳固线路两侧浮沙的作用。“中”和“低”就是覆盖更细的尼龙网格，根据沙丘大小和沙粒大小扎设成网格，在一些有条件的地方，还用石头垒砌成石方格，以此削减风力、增加沙地表面粗糙度，使风无力携走疏松的沙粒。

“在临策铁路两侧，这样的防沙网格绵延 400 多公里。”张宏杰把这种治沙方法形象地比喻为“用巨网锁死‘沙老虎’”。经过 13 年的努力，他们共清除线路积沙约 240 万立方米，设置高沙障 965 公里、网格沙障 2700 万平方米，沿线沙害得到有效控制，工程治沙取得明显效果。

无论是线路清沙，还是工程治沙，“头雁”的作用至关重要，“飞”在前头，自然得承担起克服阻力的责任。

沙子是拦截下来了，但是经年累月、积少成多，临策铁路线路两侧出现了高高的沙山，新的考验像拦路虎一样又挡在了张宏杰面前。

清沙前，张宏杰（左一）组织治沙工开班前会　马威 / 摄

天路“画家”：敢把戈壁变绿洲

能不能用工程治沙、生物治沙双管齐下的方法破解难题？由段里牵头，张宏杰组织技术骨干研究对策，决定在原来工程治沙的基础上，采取“工程治沙 + 生物治沙”相结合的办法，通过在这片不毛之地上种植沙生植物，改善线路两侧生态环境，从而达到治沙的目的。

张宏杰深知自己现在做的事是利在千秋的大事，必须得拿出敢把沙漠变绿洲的进取精神来奋斗。

临策铁路沿线自然条件差，没有水源，张宏杰带领职工们不断探索治沙良方，在适合栽种植被的区段施行人工造林、人工播种，栽种耐旱的梭梭、柠条、红柳等植物，采取节水灌溉等措施，有效改善了当地的生态环境。

远处，满载煤炭的货物列车鸣着笛，在寂寞的荒野中驶过。跪在沙丘里的张宏杰一只手将柠条扶在挖好的沙坑正中，另一只手麻利地将周围的沙土推向坑中埋实，再拿水管来浇灌。这一幕是临策铁路治沙人固沙植绿的一个缩影。

夏季，临策铁路两侧的梭梭、柠条随风摇摆，犹如一条条绿色的哈达顺着钢轨绵延至远方。13 年来，张宏杰带领车间治沙人不断恢复沙漠植被，巩固既有绿化成果，累计完成人工造林 800 多公顷、播撒草籽 315 公顷，犹如天路画家在沙漠戈壁里勾勒出了一条绿色天路。

“这些植被将在线路两侧全面缓解风沙流及附近沙丘移扩对铁路造成的压力，是治沙防沙的希望。”张宏杰说。春夏季节，临策铁路上的每个治沙点都会存放耐旱植物的草籽，治沙人员密切关注当地天气情况，只要下雨就冒雨上线撒草籽，这些草籽借着雨水可以提高发芽率。

“经过多年实践，临策铁路治沙植绿已经走出了一条符合当地实情的科学化路径。”张宏杰说，他们在防沙网格中种下了耐旱易活的植物，有效“锁住”沙地水分，形成区域性“小生态”，植被可以“相互依偎”地生长。

现如今，临策铁路沙害地段已由 467 公里缩减至 55 公里，职工们从之前的每天清理 4 至 5 次沙害，减少到每月 4 至 5 次。在张宏杰的带领下，临策铁路沙害治理取得了巨大成效，目前线路上每天通行 12 对列车。

在沙害得到了根本改善后，让戈壁大漠上的绿色“哈达”延绵得更远，成了临策铁路治沙人更高的追求。线路两侧大面积的骆驼刺、梭梭、柠条等植被越长越密，慢慢把线路附近的流沙牢牢固定，实现了由“沙进人退”到“绿进沙退”的转变，为筑牢祖国北方生态安全屏障作出了重要贡献。

扫码观看视频

采访手记

治沙人苦　绿色梦甜

单位在苏宏图，家在乌海，两地没有直达的火车，临河便成了张宏杰每次回家的“中转点”。苏宏图到临河每周只有一趟路用小慢车，张宏杰要在凌晨2时从苏宏图上车，经过11个小时才能到临河，再转乘2个小时火车回乌海。家里的事情有媳妇照料，他省心不少；单位要处理的工作更多些，他放心不下。日子久了，张宏杰索性2个月才回趟家。漫长的通勤路，张宏杰坚持了13年。

入路29年，从乌吉线、包兰线到临策线，张宏杰的工作生活离不开戈壁大漠，“沙海人”的标签始终伴随身边。把临策铁路治沙固沙这个“堵点”变成保护生态环境的“亮点”，是他毫不动摇的理想信念。艰难困苦压不倒，誓让戈壁变了样。黄沙中显现出的片片绿地，见证了一代又一代治沙人的辛劳接力。

（原载于2023年4月28日《人民铁道》报1版）

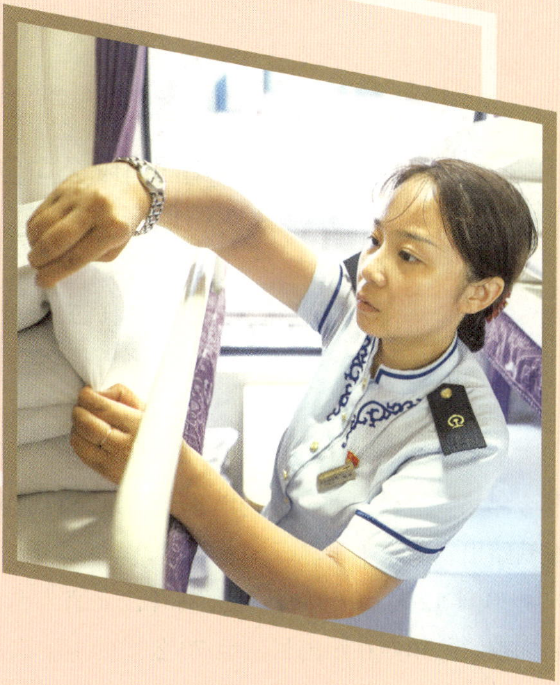

赵 阳

中共党员，中国铁路呼和浩特局集团有限公司包头客运段青岛车队乌京四组值班员，曾获呼和浩特局集团公司工人先锋号、包头客运段优秀共产党员等荣誉。

践行“人民至上、生命至上”

——记中国铁路呼和浩特局集团有限公司包头客运段青岛车队乌京四组值班员赵阳

马 威 王 鹏 王语欣

受今年第5号台风“杜苏芮”影响，京津冀地区持续强降雨，北京丰台至沙城铁路出现严重水害。

7月30日12时50分，从乌海西开往北京丰台的K396次列车，因线路雨量超标被紧急扣停在距离目的地70公里的丰沙铁路落坡岭站。

暴雨倾盆，前方多处坍塌，食物紧缺、饮用水消耗殆尽……一个个问题接踵而至，焦灼的情绪在旅客中蔓延开来。

她害怕，她也真诚，情急中，她用一番肺腑之言安抚旅客：“我就是因为穿了这身衣服，我得对得起大家！”

她普通，她也无私，当得知自己的视频“火出了圈”，她把集体荣誉放首位：“多亏有我的这些同事们团结协作，才保证了所有旅客的安全，这不是我一个人的功劳。”

她爱哭，她也勇敢，“爱哭包”被问咋没哭？她用一句非常有分量的话回答：“这次这么难，我都没有哭，我和我们党员突击队必须经受起考验。”

8月3日2时10分，落坡岭站最后一批滞留旅客顺利转运至北京丰台站。“都平安了，一个都不少。”如释重负的她这才长舒一口气。

“她的话就是旅客心里的镇静剂！”网友赞叹最美“铁路蓝”用一言一行彰显了“温度十足”的铁路担当。

她就是K396次列车值班员赵阳。

“就是因为穿了这身衣服，我得对得起大家”

勇担当、爱旅客，满满的正能量。赵阳就是这样的人。她用实际行动擦亮了“护民心安”的铁路担当。

中国铁路呼和浩特局集团有限公司包头客运段青岛车队乌京四组值班员赵阳人生中最刻骨铭心的记忆，是从 7 月 30 日 12 时 50 分开始的。

食物紧缺、饮用水消耗殆尽，越来越多的旅客在餐车排起了长队。时间一分一秒过去，赵阳和同事们焦急万分，列车长杨龙立即向落坡岭站求援。

物资找到了，但前方道路有塌方，运送不过来。

山坡上流下来的水很急，道路泥泞湿滑。“看到前方线路有两处塌方，第一次感觉到了怕，怕孩子没妈妈。”回想和同事们蹚着水取物资时的场景，赵阳依旧后怕。

但在当时，赵阳想得最多的是赶紧把食物带回车上分发给旅客。她和同事们用“蚂蚁搬家”的方式跑了四五趟，带回了方便面、火腿肠等急需的物资。

旅途中，赵阳与儿童旅客互动　来敬铮 / 摄

看到物资搬上了列车，旅客一股脑地涌入了餐车。害怕人多发生踩踏，情急之下，赵阳站到了凳子上，哽咽着安抚旅客情绪：“大家千万不要拥挤，不要发生任何危险。我就是因为穿了这身衣服，我得对得起大家。”

赵阳发自肺腑说的那些话很管用。“这段话给旅客和我自己都打了一针‘镇静剂’。”赵阳说。

“救援一定会到。”就像赵阳坚信的那样，K396 次列车的滞留旅客等来了一系列救援行动：

8 月 1 日 18 时，武警北京总队 40 名突击队队员徒步 4 个小时后到达落坡岭站；

8 月 2 日晚，最后一批滞留旅客准备转移；

8 月 3 日 2 时 10 分，赵阳与乘务组到达北京丰台站。“咱们平安回来了”，赵阳与同事们拥抱在了一起。

泡烂的鞋子、满是泥痕迹的乘务服，这些都是赵阳留给自己的“勋章”。

被困落坡岭站，赵阳和党员突击队队员冒雨搬运救援物资　王鹏 / 摄

“我要努力成为技能赛场上那颗耀眼的星”

志存高远的凌霄花坚持不懈向上攀爬，这与赵阳很像。一路走来，她不畏艰辛、奋勇向前，代表着一种极具挑战的精神品质。

2010 年，走出校门的赵阳选择进入铁路工作，成为包头客运段南昌车队的一名列车员。高强度的乘务工作让初入社会的赵阳有些不适应。

最开始，赵阳以为服务行业只要有热情和耐心就足够。可时间长了，她发现值乘中不仅需要一遍遍扫地拖地、整理车厢，还要有过硬的业务本领，解答旅客问询，关注旅客需求。

在出乘的日子里，这个姑娘日夜坚守，用微笑面对每一名旅客。“头几次当班，半夜旅客都睡熟了，我却在乘务室里偷偷掉眼泪。”回忆起当时的情景，赵阳直撇嘴，“那时候真的特别想家。”

时任列车长张梅对赵阳也是格外照顾，除了当师傅、在服务旅客的细节上手把手教这个新手以外，还格外关注她的思想动态，在工作之余教赵阳如何快速适应列车生活。

“看您衣服破了，我这里有针线”“给您创可贴，还有碘伏棉签，赶紧先消消毒”……在车厢里巡查时，赵阳总能第一时间观察到旅客需要什么。“这个丫头特别阳光，业务方面也是一把好手，特别机灵。”旅客的夸赞让赵阳有了进步的动力。从那时起，赵阳的心里种下了一颗争当业务尖兵的种子，“我要努力成为技能赛场上那颗耀眼的星”。

铁路系统组织练功比武技能大赛，赵阳想试试，她想向优秀的同事看齐。备考期间，赵阳不分昼夜地背诵规章，一次又一次地请教身边的实作高手。4 天的时间里，她画了 60 多遍全国铁路结算站示意图，桌上的练习稿纸越堆越高，实作水平也有了明显提升。

功夫不负有心人。在局集团公司 2019 年春季职工职业技能比赛中，赵阳取得第 8 名，荣获了局集团公司技术能手称号，圆了她“在学技练功舞台展现自己”的梦想。

新的环境，新的起点。2021 年，赵阳被调整到了乌海西至北京丰台 K396 次列车，担任值班员一职。查里程、计算票价、填写票面内容……补票业务是最费时费力的，客流大的时候，没时间喝水、顾不上吃饭是常有的事。

可赵阳却甘之如饴，她觉得这是检验和巩固业务知识的最好方法。

在班组日常工作中，善于发现旅客需求的赵阳，还总结提炼出“四优”工作法，即优先帮扶重点旅客、优先解答旅客问讯、优先微笑开口问候、优先查找自己不足，为旅客在出行路上提供更多方便。

成功之路充满坎坷，但只要为之奋斗，就能到达成功的彼岸。在成为“那颗耀眼的星”奋斗路上，赵阳时刻努力着。

暑运中，赵阳组织重点旅客乘降　马威 / 摄

“我是党员，战场在哪里就冲向哪里”

太阳像灿烂的笑脸，给人以温暖。赵阳就是颗“小太阳”，乐观开朗、积极向上，温暖自己也照亮别人。

旅客面前，赵阳助人为乐、传递真情。几年前一个寒冷的冬夜，凌晨一点半从集宁南站上来一位衣衫褴褛的老人要去北京看病。赵阳注意到老人的票是硬座，而且只买到了集宁南站的下一站大同站。“我这肾病好多年了，老得去北京做透析。”老人说。

看出了老人的窘迫，赵阳自己掏钱为老人补了卧铺票。“师傅教导过我，助人为乐不能断档，要把爱心延续下去。”遇到需要帮助的人，赵阳每次都会挺身而出。

同事面前，赵阳以老带新、乐于分享。“她业务很好，自己学会的知识还会分享给大家。”这是同事崔宏杰对她的夸赞；“业务上有什么不懂的地方，只要请教她，都会在第一时间得到帮助。”这是同事张嘉钰对她的评价。

作为班组业务骨干，赵阳主动当起同事们的业务辅导老师，除了手把手辅导，还将学习心得和经验方法毫无保留地传授给同事。在她的帮助下，班组同事童蕾、崔宏杰都获得了呼和浩特局集团公司技术能手称号。

女儿面前，赵阳言传身教、以身作则。“被困落坡岭，妈妈看到了灾害面前，单位叔叔阿姨们团结一致的责任担当。”听着赵阳讲起滞留水害现场的故事，女儿睁大眼睛露出了崇拜的目光，“妈妈您真棒，老师和同学们都夸您是大英雄。”

赵阳拍拍女儿肩膀语重心长地说：“妈妈不是一个人在战斗，你要记住，遇到困难永远要跟大家团结在一起，五根指头握成拳才最有力量。”

无论是旅客、同事还是家人，大家都从赵阳这颗“小太阳”身上感受到了温暖，汲取到了力量。

“当落坡岭恢复通信后，赵阳第一时间只给我报了平安，她没时间一一发给家人，她知道我会帮她告诉全家人的。”在丈夫刘杰眼里，赵阳临场应变能力出众，就像一颗螺丝钉，哪里需要就钉到哪里，“而且还钉得特别牢”。

一颗螺丝钉，哪里需要就钉到哪里。

一名党员，战场在哪里就冲向哪里。

新冠疫情肆虐，旅客列车大面积停运。铁路职工以迎难而上的昂扬姿态，投入到疫情防控阻击战中，赵阳便是其中一员。

“我已将孩子妥善安置，若有任务，我愿听从指挥，随时都能出发，为抗击疫情尽一分力……”这是赵阳印着鲜红手印的请战书。

在车队的安排下，赵阳前往广州车队支援。那些日子里，她关注旅客情绪，照顾重点旅客，扛起了疫情防控和服务旅客的坚实责任，成为了旅客眼中的一名“逆行者”。

“穿上制服就代表着铁路，踏上列车就扛起了责任，戴上党员徽章就意味着担当。”凭借着优异的表现，赵阳先后三次获得包头客运段优秀共产党员称号。

阳光总在风雨后，
请相信有彩虹。
风风雨雨都接受，
我一直会在你的左右。
……

值乘的时候，赵阳喜欢哼唱《阳光总在风雨后》，她相信经历了风雨，感受到的阳光才灿烂。

扫码观看视频

采访手记

为平凡铁路人点赞

泡坏的皮鞋、雨水浸湿的乘务服、隧道里拉长的身影、泥泞中艰难前行的步伐……赵阳平时是个“爱哭包”，但被困在落坡岭站，面对物资短缺和旅客情绪波动时，她没有哭。

86 个小时的滞留，让赵阳看到了灾害面前人与人之间的善意和温暖，也让大家看到了平凡铁路人“人民至上、生命至上”的担当。他们把人民冷暖放在心里头，把服务大局刻在行动上。

在茫茫人群中，赵阳是那么平凡，可就是这小小的身体，总能迸发出最暖心的力量。她是同事可以信赖的伙伴，是旅客值得托付的贴心人，更是党和人民需要的好党员。

致敬赵阳，致敬无数默默奉献坚守的平凡铁路人。

（原载于 2023 年 8 月 21 日《人民铁道》报 1 版）

路文艺

中共党员，中国铁路武汉局集团有限公司麻城工务段段控打磨专班班长，曾获全国五一劳动奖章、“荆楚工匠”等荣誉。

大别山下追梦人

——记中国铁路武汉局集团有限公司麻城工务段段控打磨专班班长路文艺

王 强 贺 勇 龚 靖

初夏时节的鄂东大别山，峰峦叠嶂，满目苍翠。5月13日下午，在群山环抱的京九线罗铺站上行咽喉区，中国铁路武汉局集团有限公司麻城工务段段控打磨专班班长路文艺带领8名职工，正在利用天窗开展钢轨数字化打磨作业。施工现场钢花飞溅，机械的轰鸣声打破了这个山区小站午后的宁静。

1996年9月1日京九铁路开通时，路文艺义无反顾来到大别山下扎根，奉献京九铁路。26年来，他不断突破自我，掌握了钢轨焊接、焊补、打磨等一流技术本领，并积极向全路同行推广自己的技术经验，用实际行动诠释了“坚守信念、胸怀全局、团结奋进、勇当前锋”的大别山精神。

突破自我，成为专业理论行家里手

2022年，由路文艺与同事撰写并再次修订的《麻城工务段铝热焊作业指导书》《武汉局集团公司钢轨焊接作业标准》在集团公司推广运用。这些专业成果图文并茂，让专业理论和现场作业变得简单明了。

撰写如此专业严谨的技术标准，对于只有高中文化的路文艺来说并非易事。之所以能够走到今天，路文艺靠的就是那份执着的信念。

麻城工务段位于大别山下的湖北麻城。在中国共产党及其领导的武装力量和革命群众的努力下，在以大别山为中心的鄂豫皖三省交接地区逐步形成了“坚守信念、胸怀全局、团结奋进、勇当前锋”的大别山精神，并纳入了中国共产党人精神谱系。“工作在大别山下，就是要传承好大别山精神，坚守信念，创新实干，不断突破自我。”路文艺说。

2002年，麻城工务段管内的京九线开始铺设无缝线路，随之而来是更换钢轨施工和铝热焊接钢轨技术的大量运用。那时的铝热焊接没有经验可循，职工们几乎是“摸着石头过河”。面对理论知识的欠缺和文化水平的局限，路文艺下定决心，用2个月时间“啃”完了300多页的《钢轨铝热焊接》。

为把普通电焊技术运用到合金钢道岔焊补上，路文艺大量收集电焊技术视频，每天至少投入七八个小时进行研究，对电流电压值、焊接速度进行分析，最终掌握了焊接技术原理和要领。

路文艺（右）在测量打磨后的钢轨平顺度　王强 / 摄

2020年，麻城工务段管内开展道岔全覆盖打磨。路文艺带领职工凭经验打磨，但一直达不到预期效果。能否通过三维立体建模来确定打磨标准？抱着这个想法，路文艺在网上查找到3D数字技术，如饥似渴地学了起来。他还与厂家联合研制 3D 钢轨数字仪，让钢轨轮廓可视化、磨耗量数字化，突破了打磨瓶颈，并率先运用到打磨现场。

翻开路文艺收藏的 17 本纸张发黄的工作学习记录本，点点滴滴都记录着路文艺 20 多年坚持学习、勇攀高峰的心路历程。路文艺日复一日地钻研学习，蜕变成钢轨铝热焊、合金钢道岔焊补、数字化钢轨打磨等技术理论的行家里手。

攻坚克难，打破国外专家技术垄断

测量、清挖、加热、电焊、打磨……5 月 18 日，不到 100 分钟，京九线西张店 4 号道岔心轨掉块隐患在路文艺和 4 名职工行云流水般的操作下顺利消除，道岔恢复良好状态。

而在 10 年前，由于缺乏相关技术，一旦出现像西张店 4 号道岔这样的合金钢组合道岔裂纹、掉块等病害，职工们就得更换整组道岔，更换成本在 4 万元以上。当时，外国的相关公司能够进行焊补作业，但焊补 1 组道岔价格高达 1 万元，并且外国专家坚持绝不透露任何技术资料和核心参数，这对路文艺产生了强烈的刺激。

路文艺在做钢轨铝热焊前的准备工作　贺勇 / 摄

一次，国外专家在京九线周铁岗站焊补 11 号道岔时，因加热温度掌握不好，导致心轨裂纹扩展，加重心轨病害。事后，在场的该段主管领导问路文艺：“看来，道岔焊补还是有技术风险的，你们有没有信心干好这件事？”

“国外专家能做到的，我要做到。国外专家做不到的，我也要试一试。”路文艺暗自下定决心，从此走上了打破国外专家焊补技术垄断之路。3 个月的时间里，他带着 4 名职工在更换下来的废旧道岔上进行了 60 多次试验，终于掌握了电焊作业的最佳时机。

2013 年 5 月，路文艺带领职工试验性焊补麻武线黄陂站 1 号道岔。他们在黄陂线路工区住了半个月，时刻观察焊补后的道岔运用状态，以便出现问题及时处理。“经过焊补、打磨和捣固，这组道岔恢复正常状态，5 年都没更换过。”该段红安线路车间副主任许琪说。

路文艺在打磨焊补后的道岔心轨　王强 / 摄

摸索、总结、提高，历时 3 年时间，路文艺掌握了合金钢道岔焊补技术，打破国外专家的技术垄断，也突破了心轨深 25 毫米、宽 40 毫米重伤级焊补作业极限。

20多年来，经过刻苦钻研、顽强拼搏，路文艺带领职工从京九线转战宁西线，再到合武高铁，焊接钢轨接头2100多个，钢轨伤损率由起初的10%降低到0.5%以内；焊补合金钢道岔1200多组，使得该段年均更换道岔数量从150组减少到80组；打磨道岔1300多组，打磨整修后的道岔病害值由0.12降低到0.08，为企业节约成本支出近1000万元。

倾囊相授，向全路推广技术经验

“数字化打磨技术实现钢轨测量由‘点’到‘面’的突破，能够自动精确生成检测断面GQI、廓形、磨耗等数据，全面提升了打磨的精准性和可靠度。”5月12日，柳州工务段、百色工务段的22名职工来麻城工务段跟班学习，路文艺现场指导示范3D钢轨打磨技术。

近年来，南宁、呼和浩特、成都等10多个铁路局集团公司近400多名技术人员先后来到该段跟班学习。路文艺精湛的业务技术给来学习取经的工务同行留下了深刻印象。他毫无保留地把自己的业务技能和经验传授给工务系统的职工们。

作为武汉局集团公司兼职教师和技能教练，他先后受邀到襄阳工务段、信阳工务段、宜昌综合维修段等单位给职工讲解道岔焊补、钢轨铝热焊、道岔打磨等技术。2020年，路文艺担任武汉局集团公司线路工集训队教练，参赛队获得第六届全国铁道行业职业技能大赛线路工项目决赛团体第二名。

在路文艺的带领下，“路文艺钢轨修理技能大师工作室”通过举办拜师仪式、定期开办大师讲堂、常态化开展技术攻关等活动，培养出多名技术尖兵。2022年，该段蕲春线路车间线路工陈琼获得了武汉局集团公司一类技能竞赛第一名、潢川线路车间线路工李永铮获得武汉局集团公司一类技能竞赛第三名。

走进麻城工务段“路文艺钢轨修理技能大师工作室”，排列有序的创新成果奖状、摆放醒目的荣誉证书、感人肺腑的工匠故事展板都见证着路文艺及工作室成员辛勤付出的心血和智慧。

这些年，“路文艺钢轨修理技能大师工作室”先后完成“轨道车铁鞋防丢失装置”“提高合金钢辙叉焊补成功率”“提高胶结绝缘更换效率”等20

多个 QC 课题攻关，获得全国铁道行业质量管理 QC 成果优秀奖 1 个、武汉局集团公司工务系统 QC 成果发布三等奖 2 个，创造经济效益 150 多万元。目前，这个工作室有段控打磨专班 1 个、道岔焊补班 1 个、钢轨铝热焊班 3 个，骨干成员 50 人。

钢轨绵延，岁月悠长。京九铁路托起一列列巨龙穿越祖国大江南北，沿线百姓乘坐列车走进新时代、奋进新征程。“作为新时代铁路人，我要干一行爱一行、爱一行精一行，用过硬的本领守护钢铁大动脉的安全与畅通。”路文艺说。

路文艺对焊补后的道岔心轨进行精细打磨　龚靖 / 摄

扫码观看视频

采访手记

创新实干　破茧成蝶

执着、刚毅、坚韧，路文艺给人一种永不服输的感觉。“可以没文凭，不可以没技术。”路文艺说。正是凭借这股精气神，这位只有高中文化程度的工务职工，通过刻苦钻研，孜孜以求，逐步成长蜕变为专业理论的行家里手。

他攻坚克难，开拓创新，带领团队打破合金钢道岔焊补技术封锁，突破合金钢道岔重伤级焊补极限，开展多项QC课题攻关，为企业节约大量成本支出。

伟大源于平凡，劳动创造幸福。作为新时代铁路人，需要具备怎样的素质，如何才能体现自身价值？路文艺用坚守信念和勇当先锋的实际行动给出了答案。

（原载于2023年5月26日《人民铁道》报1版）

贠小清

中国铁路西安局集团有限公司延安车务段生产调度指挥中心值班主任，曾获火车头奖章、尼红奖章、陕西省劳动竞赛优秀个人等荣誉。

货运一线放飞青春梦想

——记中国铁路西安局集团有限公司延安车务段生产调度指挥中心值班主任贠小清

万国强　赵　理　许　静

6月10日14时许，在榆林象道物流有限公司铁路专用线上，中国铁路西安局集团有限公司延安车务段生产调度指挥中心值班主任贠小清神情专注，娴熟地指导曹家伙场站货运员黄若梅进行重车交接检查。

“无论集散与轻重，对称装载最重要；散装货物防撒漏，集装货物防移塌……”贠小清边比划边讲解。作业顺利完成后，黄若梅兴奋地说：“小清姐，你总结的这套口诀太实用了，保证了现场装载加固安全。”

今年31岁的贠小清曾担任延安车务段曹家伙场站货运员、货运值班员，带领班组职工揽货180万吨，6次打破车站单日装车纪录，在助力陕北能源外运、推动“公转铁”运输中展示青春作为。2022年9月，贠小清被调往该段生产调度指挥中心任值班主任，担负起延安、榆林地区的运输调度任务。

个性化营销揽货源

曹家伙场站是煤运大通道包西铁路上的一等站，日均装车超千辆，年货运量超2000万吨。2015年来到这个作业量大、货物品类复杂的车站后，贠小清先后担任过货运员、货运值班员等职务，负责货装安全、货运营销等工作。

贠小清是土生土长的榆林人，而榆林最富足的特产之一就是煤炭。它如同血液一样，通过铁路大动脉实现“北煤南运”，保障民生所需。在曹家伙场站从事一段时间的货运工作后，贠小清心中有了一个愿望，那就是让家乡的“黑金”通过铁路源源不断运往大江南北。

梦想，是青春奋斗的最大动力。贠小清经常深入榆林周边厂矿企业、物流园区，摸排潜在货源，制订个性化营销方案，以精准服务赢得货主认可，多次揽来大单。她详细调查公路汽运价格及货物流向，就运输费用、装卸流程、运输路线与客户磋商，介绍铁路运输在物流成本上的优势，成功推动部分煤炭“公转铁”运输，增加了车站货运量。

贠小清在统计曹家伙场站货运数据　万国强 / 摄

陕西煤业集团神木煤化工产业有限公司供销分公司是一家距离曹家伙场站约 40 公里的企业，过去主要通过汽车运输焦炭等货物。贠小清曾上门营销 10 余次，但一直没有促成该公司选择铁路运输。为此，她和班组职工研讨营销方法，采取发放企业问卷调查卡、与货主充分沟通交流等方式，摸清问题所在。针对该公司提出的铁路全流程运输成本高的问题，贠小清协调运销多方企业联合营销，通过压缩站台服务费节省企业成本，最终揽回了运输大单。

自 2020 年 3 月签约以来，该公司每年固定通过铁路运输焦炭 8 万余吨。

曹家伙场站货运班组新职工较多。2022 年 10 月 29 日，已调到段生产调度指挥中心工作的贠小清接到货运班组职工的求助电话，得知一家企业要到车站调研，需要紧急制订一份个性化营销方案。当天恰逢周末，她放下电话后立即前往曹家伙场站，在次日凌晨赶到了原来的办公室，和工友们一起制订了营销方案。他们的详细推介最终打动了客户，为车站一次揽下了 10 万吨货源。

贴心式服务促双赢

“在铁路专用线上，没有路企之间的你我之分。”贠小清说，“只有把客户当朋友，用心做好客户关心的事，才能实现双赢。”

曹家伙场站位于榆林市榆阳区金鸡滩镇，近年来相继开通了象道物流、有色、榆树湾、聚钛 4 条铁路专用线。由于企业作业人员对铁路相关规定和标准不太熟悉，贠小清根据各条专用线的不同特点，制订货物装卸“一线一方案”，并对作业人员进行跟班指导。

贠小清（左）会同企业运输员对列车装载加固情况进行检查　万国强 / 摄

“每次遇到棘手的问题，小清都能及时拿出有效的解决方案，‘有困难找小清’成了我们的口头禅。”象道物流公司铁路运输部专业经理许明月深有感触，“由于长期的融洽合作，我们的关系已经变得像姐妹一样。”

为提升铁路专用线作业效率，贠小清连续跟班工作 15 天，写实调研专用线作业过程。针对不良车外排数量增加影响装车的实际，她帮客户列出不良车常见故障，整理出常用材料清单，协调备齐整修材料工具，同客户一起对作业人员进行业务培训。她还为专用线管理单位编制了装载加固人员作业指导书和岗位职责作业流程，建议对装载加固人员实施空车包保制度，有效调动了作业人员的积极性、提升了作业质量，让每列车整修加固时间由 115 分钟压缩至 75 分钟，提高了路企双方的运输效率。

近年来，曹家伙场站货运量和客户不断增加。为高效统计运输生产数据，贠小清成立创新团队，设计货运统计小助手、货车调送单、客户预付款抵用、运统八综合系统等 4 个系统，既提高了职工作业效率，又方便了货主办理业务。

陕西有色榆林铁路运销有限公司业务员田宇经常使用货运统计小助手查询公司货物发送情况，他深有体会地说：“以前我自己统计发运情况，因为客户多，统计数据有时会出错。2020 年使用货运统计小助手后，我可以在任意时间查任意客户货物发运情况，而且统计更准确，大大减轻了我的工作量。”

如今，这四个系统得到了陕北地区货运大站和企业的认可，在中鸡、大保当、延安北等多个站区应用。

破“空车”难题保增量

“提升配空车的利用率，是我们这个岗位助力货运增量的有效途径之一。若发现车辆有问题，我们应该和车辆段合作，一起想办法解决，而不是简单把车甩出去……”2022 年 3 月，在班组学习会上，贠小清的讲解让货运员小仲心服口服。

原来，在一次车辆安全检查作业中，小仲发现一辆敞车中门下的挡铁有点小毛病，导致车门合不上，于是通知调车组摘掉这辆车，将车送回厂里维修。贠小清仔细查看后，发现只需车辆段维修人员更换一个小配件，就能修好空车装运货物。当时距离装车还有一段时间，她赶紧联系车辆段维修人员，

30分钟后，配件顺利更换，经检查确认车门状态良好后，立即组织完成装车。

空车不足一直是制约陕北煤炭外运的一个“拦路虎”，也是曹家伙场站货运上量的突破口。贠小清和工友们除了组织多入空车外，还与车辆段协作，想方设法“变”不良车为好车，弥补空车不足缺口。

“空车不足是影响我们装车量的重要因素之一。”贠小清对工友们说，“部分空车出现的小毛病并不‘伤筋动骨’，如果直接把车送回修理厂，虽然相关作业人员省了事，但是对编组计划干扰较大，影响作业效率。少甩出一辆空车，就能为装车节省40分钟；不良空车修复后，还能多装一辆车。”

贠小清（右）和企业运输员检查象道物流有限公司铁路专用线集装箱堆放情况　万国强 / 摄

贠小清提出“用好用足每一辆不良空车”的合理化建议，从提升班组职工业务能力入手，组织业务骨干录制“掌上课堂”，完成标准化作业4部教学片，使职工在作业中精准鉴别能修复的不良空车。会议室、装车点、交接场都是她授课的地方，她甚至还将课堂延伸到了专用线相关企业。榆林市榆神煤炭榆树湾煤矿有限公司负责人唐磊说：“贠小清的小课堂，深受现场人员欢迎。”

“七字安全诀”护平安

“小清姐总结了很多实用的‘七字安全诀’，对确保我们作业质量和安全有很大帮助。”货运员黄若梅介绍，贠小清总结的“远看车体防外涨，近看定检防过期，低看货物防撒漏，高看货物防移塌，细看磅单防超载”货装安全“五看”七字口诀，既能确保装载安全，又能最大限度实现满载。

装一列货物，保一路平安。贠小清总结了车辆检查口诀：车辆构造不清楚，货装安全把不好；车有载重长宽高，货有集散与轻重；车体变形要远观，部件缺损要近察；无论集散与轻重，对称装载最重要；散装货物防撒漏，集装货物防移塌。

榆林象道物流公司的许明月说：“我们的货物在曹家伙场站运输，不仅能及时足量完成装车，而且从未发生过一起超载偏重现象。”

2022 年 11 月 23 日，贠小清在段生产调度指挥中心刚工作不久，检查运输数据时，发现杨桥畔站接入的 8995 次列车中，P65 车型自重数据比确报数据多了 0.1。经核查，原来是该车现车库字典错误。贠小清说：“在车站工作，现场安全一点儿都马虎不得，我现在负责全段的运输数据统计，差一点儿也不行。”

延安车务段生产调度指挥中心对盘活陕北地区空车资源、线路运用起着承上启下的重要作用。随着西安局集团公司“挺近陕北”战略的深入推进，他们调度的车辆持续增加，涵盖延安、榆林两大地区。贠小清说：“车多了，责任和压力更大了，但我们初心不变，就是让家乡的煤源源不断运出去，惠及社会民生，点亮万家灯火。”

扫码观看视频

采访手记

青春之花在岗位绽放

如果说青春的意义在于奋斗、青春的价值在于播种和奉献，那么贠小清就是在奋斗中不断播种和奉献的一名“90后”铁路青年。她立足岗位跑市场、揽货源、提效益，积极推动“公转铁”运输，让家乡的“黑金”通过铁路源源不断地运往四面八方。

在曹家伙场站货运班组工作时，贠小清作为班组长，坚持以现场为课堂，开展“手把手”“一对一”教学，让班组青工从货运“小白”一步步成长为“多面手”。她的装载加固理念、宣介营销“秘籍”深深影响着班组职工。

如今，贠小清来到了新的岗位、有了新的职责，依然不忘初心、努力奋斗，以自己的实际行动和取得的优异成绩，诠释着青春的意义。

（原载于2023年6月13日《人民铁道》报1版）

叶琛琳

中共党员，中国铁路济南局集团有限公司青岛电务段青岛西信号车间副主任，曾获全国铁路优秀共产党员、山东省五一劳动奖章、济南局集团公司十大杰出青年等荣誉。

胸怀匠心　逐梦高铁

——记中国铁路济南局集团有限公司青岛电务段青岛西信号车间副主任叶琛琳

李锡秉　李茁华　李　波

9月的青岛，风光旖旎，景色宜人。从市区出发，沿着美丽的海岸线，车程不到1个小时便可抵达中国铁路济南局集团有限公司青岛电务段青岛西信号车间。

9月13日11时，车间副主任叶琛琳正头顶烈日，在管内区间检查信号设备。他俯身测试区间电容，确认设备安装稳定性，汗水已经浸湿了头发。“台风即将过去，但我们不能有丝毫懈怠，必须以雨为令，持续加强对设备的精检细修，坚决确保汛期信号设备质量稳定。”他说。

入路12年来，叶琛琳立足岗位、苦练硬功，从信号工、工长、技术员到车间副主任，一步一个脚印，用实干和拼搏诠释了一名共产党员的初心使命，用匠心和热忱展现出新时代铁路人的责任担当。他说：“对铁路信号人来说，最大的快乐就是确保信号设备性能优良，让每趟高铁列车安全运行。”

不负韶华　勤学善思练内功

叶琛琳来自山东胶州的一个普通铁路家庭。7岁那年，他从课本中看到一张彩色的火车图片，十分感兴趣，迫不及待地让父亲带他去看火车。来到车站，看到一列火车呼啸而过后，叶琛琳内心对铁路的热爱也随之升腾而起。

叶琛琳（右一）现场讲授道岔密贴调整要领　张汝峰 / 摄

高中毕业后，叶琛琳入伍参军，成为一名光荣的武警战士。部队磨砺了他的意志品格，让他把能吃苦、不服输的劲头刻在了骨子里。

从部队退役后，叶琛琳来到青岛电务段城阳信号车间，成为一名信号工。时至今日，他仍清晰地记得第一次到工区时的场景——站场上热浪滚滚，作业人员或蹲或半跪在线路间，不时擦掉额上的汗珠，眼神专注地盯着转辙机。“这个热火朝天的作业场面触动了我，让我觉得儿时的梦想变成了现实。”叶琛琳说。

然而，当他怀着一腔热血准备大展身手时，现实却无情地给他泼了一盆冷水。作为铁路基础知识几乎为零的“小白”，叶琛琳既没见过信号设备，又不了解基本规章，更别提理解电路原理了。

“别人能做到的，我一样能做到。”凭着一股子不服输的劲头，叶琛琳暗自下定了决心：可以是“小白”，但不能一辈子是“小白”，要做就做最好的信号工。

一点一点学，一项一项练。叶琛琳为自己制订了详细的学习计划，从基本的名称概念学起，反复背诵每一项技术指标。遇到陌生的名词术语，他就主动向身边的老职工请教；遇到业务的重点难点，他就认真地摘抄到笔记本上；遇到不懂的机械知识、电路原理，他就缠着段里的业务骨干，问到自己理解为止。

白天工作十分忙碌，他就拿出晚上的时间学习业务，每天不完成计划就不休息。练功场成了每周必去的“打卡地”，一到周末他就对着练功设备操练各项作业流程，几乎把所有时间都用在了提升业务水平上，知识储备和操作技能也在不断努力中突飞猛进。

“那时，我恨不得24小时都泡在图纸和技术规章里，一门心思想的就是把不懂的知识抓紧补足。”叶琛琳说。

苦心人天不负。入路仅半年时间，叶琛琳就把电务作业需要掌握的规章背得滚瓜烂熟，并基本掌握了道岔、信号机、轨道电路等信号设备的原理和维修保养方法。

参加工作以来，叶琛琳已总结出5万字、近千张配图的学习文库。每一项电气参数、每一个技术标准都深深地烙印在他的头脑中，只需一笔一纸，便能一点不差地默画出信号设备电路配线图。凭着日积月累的硬功夫，他成了大家公认的“活图纸库”。

叶琛琳（中）结合图纸为同事讲解室内设备功能　张汝峰/摄

“小叶身上的冲劲和闯劲让我十分佩服，他对知识的渴望值得所有年轻人学习。”提起爱徒，青岛电务段道岔技术专家曹志京说。

业精于勤　勇于创新敢登攀

“我们要像铆在信号设备上的一颗螺丝钉一样，确保高铁和旅客列车安全万无一失。”叶琛琳与同事们分享自己对工作的感想体会时说道。

2016年10月，因表现优异，叶琛琳来到即墨北信号工区担任工长。刚上任，他便迎来了青荣城际铁路联调联试的“大考”。

针对工区职工缺乏维修经验的实际，叶琛琳带领工友们吃透维修理论知识、熟记关键项点，全身心投入到设备检查之中，将查找到的隐患问题逐一解决，确保设备质量优良，为后续线路开通运营打下了坚实基础。

2017年以来，叶琛琳参加了济青高铁、潍莱高铁、日兰高铁等线路的联调联试工作。无论严寒还是酷暑，每一条即将开通的线路都留下了他辛劳的足迹，也留下了设备维护优良率100%的亮眼成绩。

多年参与新线联调联试的工作经历，让叶琛琳养成了每天到现场和设备“打交道”的习惯。他很快摸清了管内道岔的性能状况。他的头脑中像是装着一本本设备健康簿，哪台临近大修周期需要更换，哪台需要重点维修，他都了如指掌。

国内高铁在用的大号码提速道岔使用时间较短、更新换代较快，在设备维修上存在一些亟待填补的空白领域。在缺乏经验的情况下，叶琛琳主动挑起攻坚大梁。

他反复拆装设备，并收集大量测量数据，终于总结出高铁道岔“望闻问切”维修法，即“望”，检查设备的宏观状态是否符合标准；“闻”，仔细倾听设备运行的声音是否正常；“问”，通过反复试验来确定设备是否处在最佳状态；“切”，运用尺具准确测量，杜绝经验主义。2019年夏天，叶琛琳带领职工运用此维修法，消除了即墨北站提速道岔安全隐患。在全段推广后，该段运用“望闻问切”维修法解决了67项设备检修重点难点问题。

创新实践的过程是艰辛的，但叶琛琳从中收获了满满的成就感。此后，他对专业的探索热情一发不可收拾。他改造的电动开箱钥匙将检修时间压缩一半，深受一线职工好评。改善列车进路不常扳动道岔的机械应力不均衡项目、信号标志牌改造项目、CN 道岔托板改造项目等多个技术改进成果在青岛电务段推广应用。

他还多次被抽调到济南局集团公司电务部，参与编写了《密贴检查器日常养护作业指导书》《密贴检查器集中检修作业指导书》。

薪火赓续　传道授业担使命

“一个人再能干，力量也是有限的。只有大家都成为专家，我们的工作才能越干越好。”2020 年，叶琛琳担任城阳信号车间技术员后，开始将自己掌握的技术倾囊相授，毫无保留地传给更多的年轻职工。

叶琛琳（中）为青工讲解电路原理　张汝峰 / 摄

青工魏铭在轨道电路业务上表现优异，但在道岔机械方面却有短板。叶琛琳知道后，经常利用休息时间为魏铭补课。经过他的点拨，魏铭在业务上逐渐开了窍，不仅代表济南局集团公司参加了第六届全国铁道行业职业技能大赛，还在局集团公司第九届职工职业技能竞赛取得 S700K 转辙机单项第二名的好成绩。

“他就是我的光，为我照亮了前行的路。”魏铭感激地说。

今年 2 月，叶琛琳身上的担子更重了。他被提拔到青岛西信号车间担任副主任。车间共有 87 名职工，其中“90 后”职工就占了 75% 以上。如何让这些年轻人快速成长为独当一面的行家里手？叶琛琳上任后，首先把工作重点放在了提高职工业务能力和综合素质上。

为最大限度调动职工小练兵、小比武的积极性，他组织开展工区每月一考、每季一赛，根据成绩名次进行分档奖励，成绩越好奖励越高。为在业务上给大家答疑解惑，他在车间开设技术微课堂，每周结合典型案例进行分析，补强职工的知识短板弱项。为提高职工的应急处置能力，他常常模拟故障，以“无脚本”的方式通知职工应急处置，并提前在工区等待观察职工响应速度和处置方式，后续对职工表现进行点评复盘，以此提高全员应急处置能力。

职工业务能力提高不是一蹴而就的，重在日常磨炼和长期坚持。叶琛琳组织大家进行技能演练，让青工小何处理一起曲线异常的故障，小何直挠头。事后，叶琛琳不厌其烦地给他讲解如何分析曲线，今后再遇到类似问题时应如何处置。

几天后，小何发现董家口站 25 号道岔心轨功率曲线变化较大，几乎和之前模拟演练时的情景一模一样。于是，他立即按照叶琛琳指导过的步骤处理，曲线立即恢复了正常。小何兴奋不已，尝到了学习业务的甜头。

“勤学苦练收获的本事是自己的，只有在业务学习上加把劲，才能遇事不慌，成为应急处置的‘扛把子’。”小何信心满满地说。

正是在叶琛琳这个“良师益友”的带领下，青岛西信号车间的职工思想逐渐完成了从“要我学”到“我要学”的转变，“比学赶帮超”的氛围日益浓厚，青年职工全身心投入到学技练功中来。仅今年以来，该车间已有 6 名职工参加局集团公司技术比武竞赛，并取得了优秀成绩。

十二载风华正茂，十二载春华秋实。今年 35 岁的叶琛琳挥洒青春汗水，辛勤耕耘，大力弘扬厚德敬业、实干先行的新时代济铁精神，默默守护铁路大动脉的安全畅通。近年来，他获得全路优秀共产党员、山东省五一劳动奖章等多项殊荣。“我们赶上了高铁快速发展的好时代，就是要练就确保安全的硬本领，作出无愧于时代的新贡献！”叶琛琳坚定地说。

扫码观看视频

采访手记

当好高铁安全“守门员”

入路10多年来，叶琛琳始终不忘初心、牢记使命，以满腔热忱在铁道线上挥洒着青春和汗水，确保铁路信号设备性能优良，守护高铁和旅客列车安全万无一失。

铁路青年能有多出色？在实地采访时，今年35岁的叶琛琳给出了他的答案：把当好高铁安全“守门员”作为自己的使命与追求，不断提升专业技能，在一次又一次的“大考”和磨砺中，完成从业务“小白”到技术骨干的华丽蜕变。

成如容易却艰辛。在铁路勇当服务和支撑中国式现代化建设“火车头”的火热实践中，需要更多像叶琛琳这样的优秀青年发挥自己的光和热，为铁路高质量发展作出更大贡献。

（原载于2023年9月18日《人民铁道》报1版）

顾　蓉

中共党员，中国铁路上海局集团有限公司上海客运段高铁一车队列车长，曾获全国铁路劳动模范、上海市五一劳动奖章、上海市见义勇为先进个人等荣誉。

芙蓉花盛开　芳香飘万里

——记中国铁路上海局集团有限公司上海客运段高铁一车队列车长顾蓉

吴少妮

“您有空和爸爸讨论题目，有空教人开代用票，却没有时间多陪陪我……”在中国铁路上海局集团有限公司先进女职工表彰会现场，一位小女孩通过视频诉说着对妈妈的“不满”。听着女孩的倾诉，会场上百位干部职工代表的眼睛湿润了。

女孩口中这位忙碌的妈妈，就是中国铁路局上海局集团有限公司上海客运段高铁一车队列车长顾蓉。从列车员到列车长、从党员到党的二十大代表、从业务骨干到全路劳动模范，扎根列车22年来，顾蓉就像一朵倾情绽放的芙蓉花，将芳香传遍万里铁道，奋力书写精彩的人生篇章。

“取经”三位劳模，总结出一套独特的服务法

时间回到21世纪之初，全路红旗列车、上海至北京T13/14次列车换型升级，并被命名为“东方号”。

作为学校里的尖子生，顾蓉从参加“东方号”列车乘务员面试的1500多人中脱颖而出，成为预录取100人中的一员。接下来的两个月里，她每天5时30分起床，7时开始礼仪培训、默画全国铁路示意图，在啃完厚厚的7本规章、经过考试答辩后，如愿成为“东方号”列车乘务员。那一年，她19岁。

“一入路就在高起点，这是我的幸运。”顾蓉感慨地说。上岗后，她被

分在硬卧车厢，白天服务旅客、清洁车厢卫生，夜间为卧铺旅客排鞋，在列车终到北京后，还要为车厢66个铺位换卧具。起初两个月，顾蓉常常感到“崩溃”，但她如今时常感叹，正是那段磨砺，为自己日后的成长夯实了基础。

“共和国铁路楷模”、全国劳动模范何颖是顾蓉的第一位师傅。“踏实、肯吃苦，好学、悟性强”，是他对顾蓉的评价。“时刻从旅客的角度考虑问题，一切要为旅客着想”，是顾蓉跟随师傅学习的最大收获。

顾蓉（左一）帮助重点旅客乘车　吴少妮 / 摄

一次，Z14次列车从上海站发出不久，顾蓉发现11号车厢5号下铺有一位老年旅客晕车。她立即按师傅传授的“三穴位”按摩法，先拿清凉油让老人嗅味，再为老人手上的合谷穴抹上清凉油，接着按摩10分钟，然后请老人躺下休息。列车驶过南京长江大桥时，顾蓉再次巡视车厢，看到老人已经坐了起来，欣赏窗外的长江美景。顾蓉半蹲下来，为老人介绍了大桥历史，并告诉老人列车还将经过淮河、黄河、海河上的大桥。列车抵达北京站后，老人在下车前拉住顾蓉的手，激动地说：“谢谢你一路的重点照顾，不是亲人，胜似亲人！”

随着长三角铁路进入“高铁时代”，顾蓉又以笔试第一名的成绩，成为第一代动车组列车长。2015年，在上海客运段，以上海市劳动模范陆伟丽命名的劳模创新工作室成立。顾蓉再次拜师，成为工作室的核心成员，潜心研究服务技巧，淬炼业务技能。

夏季，车厢内外温差较大，有的旅客刚上车时感到不适应。顾蓉努力做到“旅客冷暖我先知”，提出“空调提前调1度”服务：列车始发时基础温度为26摄氏度，如果旅客没有坐满，就把空调温度调高1摄氏度，体感上比较舒适；中午吃饭时大家会有些热，温度就调低到25摄氏度；饭后一些旅客会小睡一会，温度就调高到27摄氏度；快到终点站时，再调回基础温度26摄氏度。

2018年初，何颖带顾蓉拜访了自己的师傅——全国劳动模范杨怀远。聆听杨老和同事们扛着小扁担在客轮上服务群众的故事，顾蓉深感震撼，茅塞顿开：“小扁担虽是过去的记忆，但背后蕴含的奉献精神弥足珍贵，不管在什么年代都不会过时。”

在劳模精神引领下，顾蓉根据多年服务经验，总结出适合高铁列车的“八点、三感、差异化”服务法，并毫无保留地传授给新列车长和列车员们。

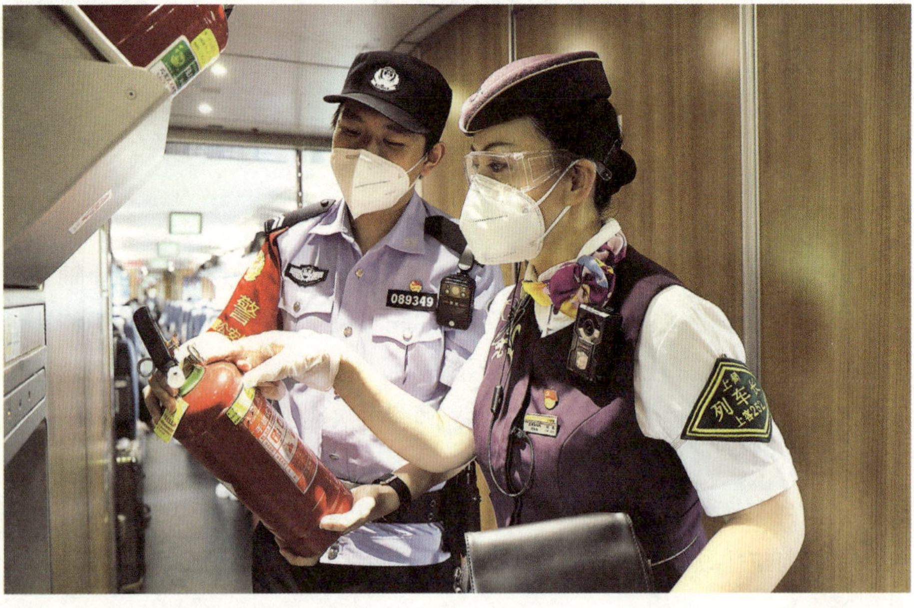

图为顾蓉在检查列车消防设备　吴少妮 / 摄

遇到突发情况，总是冲在最前面

“在岗位之上传递温情，在力所能及之处给予善意。”这是顾蓉长期以来的服务初心，也是她一以贯之的工作恒心。

2016年6月的一天，贵州部分地区遭遇大暴雨，沪昆高铁发生水害。按照调度命令，顾蓉值乘的上海虹桥至贵阳北的G1329次列车在到达南昌西站后原路折返。

得知不能继续前行，旅客们纷纷堵在乘务室门口讨说法。值乘的姑娘们被吓得直往后退。顾蓉没有慌乱，她先用广播诚恳地向旅客道歉，再站到旅客中间，深深地鞠了一个躬，车厢很快安静了。

顾蓉立即联系前方站，得知同方向普速线路并未中断，凭着“活地图”的基本功，多个迂回方案在她脑海中一一浮现，部分旅客听了她的建议，纷纷在南昌西站下车。正在这时，车厢里一位50多岁、东北口音的旅客脸涨得通红，边哭边说：“儿子在长沙等着接，现在行程变了，自己又没带手机，不知咋弄是好。”

“义乌站高普同站，换乘便捷，可以在列车折返停靠时组织换乘，继续长沙行程。”顾蓉立即联系旅客儿子提出建议，对方一拍即合。等到义乌站换乘时，顾蓉又特地叮嘱站台值班员，尽可能就近安排列车。到了预计到达长沙的时间，顾蓉还是放心不下，主动拨打旅客儿子的电话，确认一切顺利后才松了口气。当天，在顾蓉值乘的列车上，1050名旅客没有一人投诉。

流动的车厢里，装的不仅是旅客，也是一个临时大家庭，列车长就是“家长”。

“顾车，3号车厢有旅客突发疾病……”2019年7月4日晚，G1329次列车距离终到站贵阳北站还有6分钟，顾蓉的对讲机里传来紧急呼叫。

“立刻广播寻医！”顾蓉边回复边向3号车厢奔去。只见一名女士面色苍白、瘫坐在地上大口大口喘着粗气。当时车上旅客中没有医务工作者，顾蓉迫使自己迅速冷静下来，在给旅客服用急救药物之后，一边时刻关注旅客情况，一边立即请司机致电贵阳北站，请求联系120救护车。

列车到站后，就在顾蓉与车站进行交接时，旅客突然晕倒，失去意识。此时120救护车还未赶到，顾蓉来不及多想，立即双膝跪地，为旅客进行心肺复苏。1 分钟、2 分钟、3 分钟……26 分钟后，旅客面色逐渐缓和，恢复意识。直到救护人员到达现场将旅客送上救护车，顾蓉这才发现自己的腿已经跪得站不起来了，衣服后背已经汗湿了大半。

“医生说幸亏你们急救及时，帮我妈妈捡回了一条命，你们的恩情我一辈子都不会忘！”次日凌晨，顾蓉的手机里收到了这位旅客的女儿发来的信息。

顾蓉在出乘前检查设备　姚佳 / 摄

践行职责使命，岗位建功绽放光芒

作为一名入党 15 年的党员，使命担当既在列车之上，也在列车之外。

春运期间，顾蓉值乘上海至云贵川线路列车时发现，旅客中多了不少务工人员子女，独自或跟着老人进城与父母团聚。看到他们稚嫩却稍显疲倦的面容，顾蓉有些动容。她号召党员们自愿购买儿童书籍，并在值乘列车上开展春运返乡农民工子女赠书志愿活动。“阿姨，谢谢你，我好喜欢你送我的书！”“阿姨，我下次来坐车还会再见到你吗？”听到孩子们七嘴八舌、奶声奶气的感谢与问询，顾蓉欣慰地笑了。

这份温暖，顾蓉留存至今，激励着她不断将爱洒向社会。去年春天，上海新冠疫情牵动人心。顾蓉主动报名成为一名社区志愿者。

家住顾蓉楼下的吴阿婆是一名90岁独居退休教师，平时一日三餐由同住小区的弟弟照料。后来，因弟弟所在楼栋有阳性患者，被封控管理，吴阿婆的三餐断了来源。顾蓉得知情况后，她从家里有限的物资里选出一些老人嚼得动、易消化的食材，20多天时间里，炒时蔬、狮子头、咖喱土豆……一道道菜肴陆续送达吴阿婆家中。那段时光，顾蓉成了吴阿婆的依靠，她每天都在等着顾蓉。

2022年，顾蓉光荣当选党的二十大代表，得知这一消息，她十分激动："这是我的荣幸，更是大家对铁路事业发展的重视与认可。"

"在北京参会时，虽然别人不能叫出我们的名字，但他们却能一眼就看出我们的职业，党和国家领导人和我握手时高兴地说，这就是我们的高铁列车长。"顾蓉激动地说。那几天，她白天认真履行代表职责参会，夜里逐字逐句研读报告中所有和铁路有关的内容，笔记做了厚厚一本。

党的二十大闭幕后的第4天，回到岗位的顾蓉就被请到了上海局集团公司党委中心组集体学习会上，现场汇报参加盛会的感受、体会和认识。不久，党的二十大精神上海劳模先进党代表宣讲团成立，顾蓉名列其中。顾蓉用自己的亲身经历和真情实感，向铁路干部职工和社会大众分享她对党的二十大精神的深切感悟。截至目前，她共参加了宣讲42场，收听收看总人数达1万多人次。

二十二载春秋，顾蓉，这朵绽放在黄浦江畔的芙蓉花，扎根在奔驰的高铁列车上，迎着盎然春意，挥洒万里芬芳。

扫码观看视频

采访手记

真心热爱　做到最好

采访顾蓉时，笔者被她的工作热情感染，听到情深之处不禁动容。

在感动和敬佩之余，我们不禁要问，这位入路时年仅19岁的上海姑娘，在列车乘务员岗位上一干就是22年，为什么始终充满热情，紧急关头总能心无旁骛地往前冲？究其原因，正是她始终牢记人民铁路为人民的根本宗旨，以及对铁路事业的真心热爱。

何以向前，唯有热爱；何以成功，唯有坚持。投身于勇当服务和支撑中国式现代化建设“火车头”的火热实践，我们也应以顾蓉为榜样，心怀热爱、立足岗位，激情满怀、永不懈怠，售好每张票、跑好每趟车、发好每吨货、修好每条路，在一个个平凡的铁路岗位上书写不平凡的故事。

（原载于2023年4月21日《人民铁道》报1版）

郭学民

中共党员，中国铁路南昌局集团有限公司福州工务段宁德路桥车间副主任，曾获全国铁路劳动模范、火车头奖章、福建省金牌工人、江西省青年岗位能手等荣誉。

扎根八闽的高铁安全卫士

——记中国铁路南昌局集团有限公司福州工务段宁德路桥车间副主任郭学民

张贵锋　曾灵珺

“学民这后生有出息，干起了高铁！”2010 年，26 岁的郭学民被分配到中国铁路南昌局集团有限公司福州工务段工作，成为陕西老家乡亲们交口称赞的对象。

经过 13 年锤炼，从桥梁工到班组长，从安全工长到车间管理干部，郭学民将当好“高铁安全卫士”作为自己的使命与追求。福建省金牌工人、江西省青年岗位能手、火车头奖章、全国铁路劳动模范……一项项荣誉见证了他的付出与成长。

如今，现任福州工务段宁德路桥车间副主任的郭学民带领团队扎根八闽大地，以共同努力和不懈奋斗守护着千里铁道线，确保桥隧安然无恙、动车畅通无阻。

带出守护高铁安全的精兵强将

刚入路不久，郭学民在一次砂浆抹面作业时，按照书本中的比例和好水泥砂浆，信心满满地往挡墙上抹，没想到砂浆一上墙就噼里啪啦往下掉。工友们调侃他：“秀才，是书上写错了还是你干错了？”郭学民瞬间涨红了脸。

怎么通过敲击声精准研判隧道病害，危石的处理方法有哪些……郭学民很快认识到，桥隧养护工作看上去是粗活儿，实际上处处皆学问，是一份值得全情投入、大有可为的事业！

凭借勤学苦练，他的业务技能突飞猛进。在2015年江西省“振兴杯”第十一届南昌铁路职业竞赛中，郭学民获得桥隧工项目第二名。

同年，福州工务段从峰福线选拔10名好苗子集中到莆田东路桥检查工区，由郭学民担任总教练，为后续开通的高铁新线储备工班长力量。

这是一副沉甸甸的担子。郭学民带领大家熟悉设备、了解检查重点、现场观摩常见病害和处理方法，经过仔细观察，找到了10名徒弟各自的短板，带领他们开始了严格的训练。

“我们每个人都曾经被师傅练到肌肉‘跳舞’，一辈子不会忘，一辈子都受益！”已经成长为车间中层干部的王亚东说道。

郭学民（右）带领职工清理隧道口风化危石　王福斌 / 摄

王亚东说，步行板的钢筋弯制看上去简单，但很有讲究，稍不留神就会超出规定误差。刚开始，他弯制钢筋的误差在六七毫米。郭学民手把手指导他怎样画线、下料怎样更精准，弯制时怎么用巧劲儿、不发蛮力……一天下来，他的胳膊又酸又痛，拳头攥不紧，端碗手发抖。“右手臂肌肉明显变粗一圈后，我弯制钢筋的误差压缩到了两毫米以内，成了公认的弯钢筋‘小能手’。”

王亚东笑着说。

徒弟胡亚宾的短板则是挡墙砂浆抹面。郭学民为他逐项分解砂浆抹面的技术要点，指导他一一攻克，最终将砂浆抹面的平整度误差由六七毫米压缩到两毫米以内。“把事情当事业、把作业当作品，这是我跟郭老师学到的最宝贵一课！”胡亚宾说。

数九寒冬，郭学民腰系安全绳，在半山腰上挥动铁锤，传授危石分解、加固的技巧；滂沱大雨中，他带领大家来到防洪关键点，敲坡面、看水流，根据山体变化精准判断隐患，将发生险情后的应对方法倾囊相授；骄阳下，他们乘小舟前往田螺桥，实地查看桥梁支座边混凝土露筋处置，掌握 AB 胶的配比、注胶嘴的设置技巧……深山密林中、闷热隧道里、陡峭山坡上，郭学民带领 10 个徒弟边干边学、日拱一卒。

经过整整一年的锤炼，10 个年轻人茁壮成长，全部成了“精兵强将”——王亚东和胡亚宾在南昌局集团公司技术比赛中夺得冠亚军，创下福州工务段职工中斩获该项赛事冠亚军最年轻、入路时间最短两项纪录；林文杰在今年 4 月该段招聘考试中位居榜首……

打赢公铁大桥管养修的硬仗

一顶顶头灯，照亮漆黑的寒夜；一股股海风，呼啸着掠过耳边。

2021 年 2 月的一天，福平铁路平潭海峡公铁大桥上，郭学民和工友们顶着大风奋力前行，头皮和脸颊发麻，双手抖个不停，被吹了个透心凉，连鼻涕流出来都浑然不觉。

对第一次登上大桥跟班作业时的窘态，郭学民记忆犹新。对他来说，职业生涯中最硬的仗，就要属平潭海峡公铁大桥的管养修了。

2021 年 1 月至 2022 年 9 月，郭学民在福州工务段路桥技术科任助理工程师，负责平潭海峡公铁大桥的管养修、隧道病害整治等工作。大桥位于世界三大风暴海域之一的平潭海峡，海水波浪力是长江等内河的 10 倍以上，对桥梁的冲击力也呈几何倍数增长。恶劣的气候条件，使大桥的管养修成了棘手的难题，没有经验可以借鉴，只能在实践中边干边摸索。

平潭海峡公铁大桥实行委托管养，在南昌局集团公司工务系统开创了先例，在全路也不多见。福州工务段组建大桥管养修攻坚团队，郭学民是其中的重要成员。

委管项目共分 13 大项、60 小项。要实行委管，首先必须解决的是预算费用的编制，但黏滞阻尼器、斜拉索等众多设备的日常检查、保养定额，缺少相应的参考数据。

定额不齐全让预算编制难上加难，而大桥管养迫在眉睫，一刻都不能耽搁！

郭学民积极联系、持续咨询局集团公司相关处部室、兄弟站段，以及省公路管理中心、省海峡科技创新研究院等，工作取得较大进展。但风水管、泄水管的检查保养等项目，只能通过实测取得依据。

在实测中，郭学民把职工分成 3 至 4 组，分别在白天和晚上的天窗内进行测算，直到获得一组最优值。一个项目往往要忙碌 1 到 2 天。

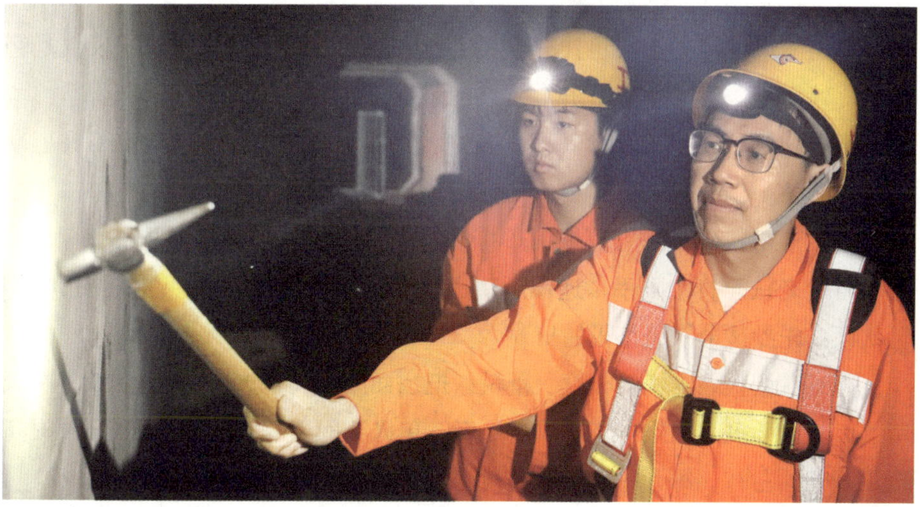

郭学民在检查平潭海峡公铁大桥箱梁　易威 / 摄

凭借这种“笨”办法，他们在较短时间内实现了大桥所有项目编制依据的准确性。

有一天，已临近午夜，郭学民和徒弟王亚东从段机关回到单身宿舍楼下。郭学民敲开附近小卖部的门，买了两包方便面，撕开袋子就直接啃起来：“今天午饭和晚饭都没顾得上吃！”

一个个不眠之夜，一次次跟班实测，换来的是一道道难题迎刃而解——

“专业化、集中化、规范化”的全项目维护管理体系日趋完善，提高了大桥的稳定运作水平，确保了海峡两岸交流合作前沿运输大动脉的安全畅通。

投身平潭海峡公铁大桥管养修短短10多个月，让本来就很瘦的郭学民又清瘦了不少。“只要大桥安安稳稳，再苦再累也值了！”郭学民如是说。

破解桥隧设备整治的棘手难题

2018年5月至10月，为精准掌握、有效整治杭深线66座隧道设备病害，郭学民负责组织隧道全面敲击检查。

作业难度超乎想象，敲击强度挑战极限。由于敲击工具很重以及作业条件的限制，即使臂力超强的职工，在连续敲击30分钟后，胳膊也会累得抬不起来，所以大家只好轮流作业。

敲击下来的混凝土块也让郭学民心疼，虽然对隧道衬砌造成的仅仅是轻微“皮外伤”，但毕竟有损伤。

不能这样硬干！工欲善其事，必先利其器。郭学民在敲击检查工具上动起了脑筋。

他在莆田找到了一家打铁铺。打铁铺的伙计们很忙，郭学民耐心等待，时不时给老铁匠打个下手，递锤子、送茶水。两个多钟头后，老铁匠招呼年轻伙计：先弄这个铁路小哥的！

一点点调整敲击锤的长度、重量，把顶面改成圆弧形……经过10多次试用、优化，升级版的敲击工具重量更轻，单人不间断操作时间由30分钟提高至120分钟左右，每天每组能够多检查隧道约0.6公里。

更重要的是，敲击工具升级后，不仅不会对隧道衬砌造成任何破坏，而且可以实现360度无死角敲击，再隐蔽的病害都能“敲”出来，从而破解了隧道上部结构无法检查或检查不到位的难题。

有了适合的敲击工具，作业人员仅用78个天窗就保质保量提前完成了66座隧道的检查任务。

作为一名高铁安全卫士，郭学民深知：必须坚持小事不小视，只要事关安全就“寸步不让”。

2022年，在对杭深线温福段隧道开展病害整治过程中，郭学民发现在隧道波纹板套衬施工时，安装波纹板基础角钢的角度发生了偏差：第二环安装完成后，波纹板的后间距比第一环超了近1.5厘米，以此类推，当安装到第六环时，就会导致波纹板与接触网线间的安全距离不足，从而引起接触网跳闸，影响行车安全。

为安全起见，郭学民要求立即停止安装，并重新定位、调整基础角钢。施工单位认为只要后期安装至第三至第六环时，微调波纹板、扩大波纹板联结螺栓孔就能将距离调整过来。

郭学民果断下发《停工整改通知书》，并拉着施工负责人做了模拟计算。模拟计算得出的结论是：微调波纹板、扩大波纹板联结螺栓孔的方法行不通！

最终，施工单位负责人口服心服："多亏你坚持重新调整，不然等全部安装完成后才发现不达标，损失就大了！"

2023年3月，郭学民担任宁德路桥车间副主任。为尽快熟悉设备，他迈开"铁脚板"，每月至少有15至17天盯在现场跟班，检查设备状态，观察影响铁路安全的山坡围岩落石、危石的活动迹象，研判岩质坡面的安全风险等。

为节省时间，他每次都带上干粮和水，遇到村镇就顺道吃碗面条。他平均每天要爬三四座山、徒步10多公里。有时他还要手持柴刀，边砍伐一人多高的杂草、荆棘，边奋力前行。有一次，他不小心砍翻了一个遮阳帽大小的野蜂窝，赶快撒腿就跑，绕远路继续前行。

晚上回到车间后，他结合航拍视频及白天的检查情况研判风险，按照轻重缓急制订设备维修整治计划，经常忙到凌晨才休息。3月以来，车间管内的路基维修、抢修点累计进点施工共计19个，截至目前已顺利完成9个施工点的维修抢修任务。

13年锤炼淬火，13年风雨无阻。郭学民和众多优秀的桥隧安全卫士携手并肩，默默守护着钢铁大动脉的安全畅通。"我们赶上了高铁快速发展的好时代，就要练成确保安全的硬本领，作出无愧于时代的新贡献！"郭学民掷地有声地说。

扫码观看视频

采访手记

久久为功　善作善成

从农家子弟成长为全国铁路劳动模范，郭学民的成功并非偶然。

入路伊始，不熟悉养护作业的郭学民有些茫然。但随着时间推移，他喜欢上了自己的工作。在铁路大熔炉里锤炼淬火，他不仅自己成长成才、建功立业，而且还带出了一批“精兵强将”，为高铁安全畅通保驾护航。

持之以恒、稳扎稳打，下笨功夫、用笨办法，往往才是成功的捷径。面对困难重重的平潭海峡公铁大桥管养修，郭学民用笨办法破解了一个个棘手难题；面对时间紧、任务重的隧道敲击检查，他下笨功夫优化检查工具，提升检查效率和进度……

久久为功、善作善成，是一项重要的技能，更是一种可贵的品质！

（原载于2023年7月29日《人民铁道》报1版）

蔡　衡

中共党员，中国铁路广州局集团有限公司广州房建公寓段珠海高铁房建车间长隆房建工区工长，曾获全国铁路技术能手、火车头奖章、全国铁路青年岗位能手等荣誉。

“隐身管家”的旅客情愫

——记中国铁路广州局集团有限公司广州房建公寓段珠海高铁房建车间长隆房建工区工长蔡衡

徐 媛 谭 烨 陈婧妍

台风天，滚滚乌云卷携暴雨侵袭广东沿海地区。9 月 8 日疾风骤雨过后，蔡衡与同事赶到珠海长隆站水泵房，手工启动水泵排水。

蔡衡是中国铁路广州局集团有限公司广州房建公寓段珠海高铁房建车间长隆房建工区工长，也是不被旅客所看见的“隐身管家”。工区管内 6 个城际车站的站台层都位于地下，水泵运转状态关系着轨道设备安全和运输秩序。

这 6 个站位于珠机城际铁路上，有广受游客喜爱的珠海长隆站，也有出站不远即可从横琴口岸通关到澳门的横琴站，客流量很大。“这些站房不仅代表铁路，更是世界各地游客认识中国的窗口。因此，房建工作必须要做好。”蔡衡今年 32 岁，10 年的岗位磨砺让他愈发沉稳，对工作的认识也更加深刻。

青春如朝日，岁月似流沙。2013 年入路以来，蔡衡在岗位上拼搏奋斗、建功立业。10年间，他获得了全路技术能手、火车头奖章和广州局集团公司“十杰青年”“最美广铁人”等多项荣誉。

磨炼技能快成长

爷爷是铁路线路工，父亲是桥隧工，“伴着风笛入眠，听着洋镐声长大”的童年对蔡衡有着很深的影响。大学毕业后，他来到广茂线原肇庆线路巡护队新兴工区工作。

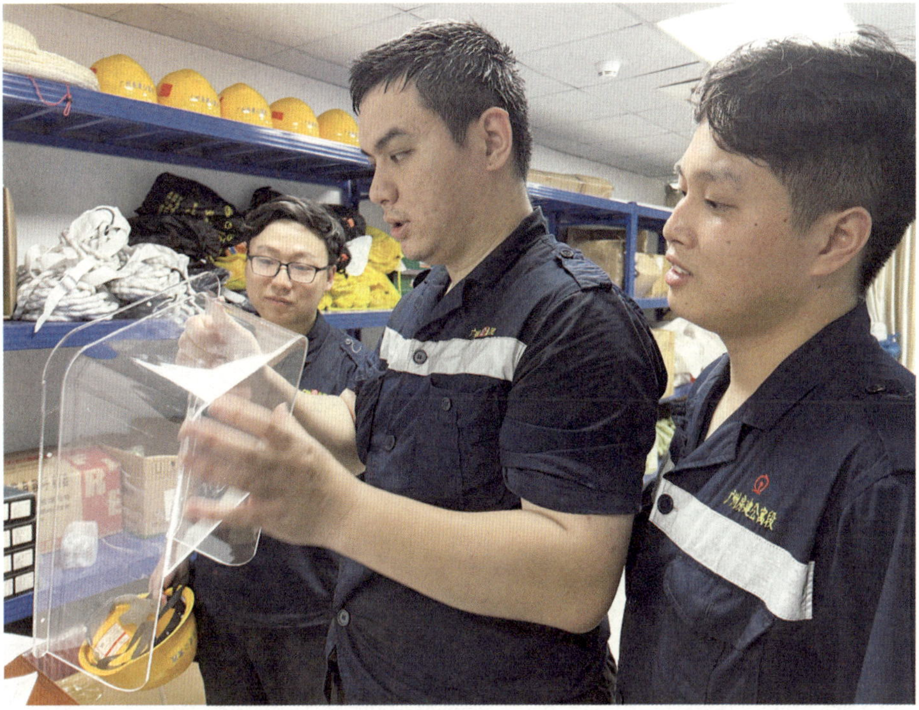

蔡衡（中）为同事讲解如何安装防水盒　徐媛 / 摄

到岗后，蔡衡拿着“管道工”的人事命令，从兴奋陷入了迷茫。工长向他介绍，房建工作是个“杂活”，需要练就“十八般武艺”，既要能通管道，又要会修电路，还得会和水泥、砌边墙。“那时三茂线正在进行旱厕改造，我们一晚上要画 30 多张图，回到工区还要学习刷油漆、贴瓷砖。”蔡衡回忆起那段日子表示，这些并未吓倒他，他充满干劲，刻苦学习各种技能知识。

2015 年，铁路房建系统电工职业技能竞赛重新“开锣”。人生能有几回搏？蔡衡很快坚定了奋斗目标，广泛了解并掌握水、电、瓦、木、油等多项房建专业基本知识和技能，立志在比赛中取得佳绩。

2016 年，铁路房建系统电工职业技能竞赛设置的项目是电工。“我大学专业是土木工程，现在岗位职名是管道工，电工知识技能只能算懂点皮毛。短短一年时间，能否超越各路‘高手’跻身全路前列？”蔡衡那时正在段安全科助勤，自知距离竞赛水准还有差距，于是他鼓起勇气主动请缨到一线工区锻炼。

志之所趋，无远弗届，穷山距海，不能限也。蔡衡来到肇庆东高铁房建工区，白天跟随师傅在现场摸爬滚打，晚上挑灯夜战恶补理论短板弱项。

“这个湖南小伙吃得苦，是个干电工的好料子。”他勤奋好学的态度，给工长李雅彬留下了深刻印象，这位电工“大师”便将自己的拿手绝活倾囊相授。

一次紧急处理故障，李雅彬带着蔡衡用了不到20分钟时间，解决了值班员忙活1个小时也找不到原因的故障点。看蔡衡十分好奇，李雅彬便向他讲解了“全面排查法”这手绝活背后的原理。回到宿舍，蔡衡睡意全无，取出纸笔把当夜跟班巡查的线路、关键点、故障点等绘成图表，反复揣摩，模拟处置过程。当“全面排查法”的要领和关键环节清晰地呈现在图纸上、印在他脑海里时，窗外已露出清晨的霞光。

凭着一股钻劲，蔡衡从电工“小白”逐渐成长为行家里手，奋斗之树次第开花结果。2016年5月，他考取了电工证。之后，他通过段和广州局集团公司电工技能比武，获得全路房建系统电工比武的“入场券”。

暴雨过后，蔡衡在站房屋顶疏通排水孔　徐媛 / 摄

日常训练，蔡衡用高一格的标准严格要求自己：“用比赛的心态，用更少的时间，完成更难的题目、更大的量。”在高手云集的赛场，他毫无惧色：“我是个新人，没有压力。”正式比赛时，他以惊人的速度、庖丁解牛式的干练夺得了大赛冠军，迎来了青春的高光时刻。

直面困难勇担当

有为才能有位，有位必然有责。2018 年，蔡衡被聘为江门房建工区工长，上任第一件事，就是介入新线验收工作。除了业务技能，还要提升管理能力，沉甸甸的担子压在了这个壮实小伙儿的肩上。父亲对他说：“大家都看着你，你怎么做，工区职工就会怎么做。”

蔡衡利用业余时间勤学苦练，接连拿下土建施工员证、高级电焊工证、高级维修电工证 3 个响当当的上岗证，把自己锻造成多功能复合型人才。

他带领工区职工把“严”和“细”的工作标准落实到各个环节，探索总结出站台限界“摆、对、调、测”四字测量法，并用这样的方法发现了新线站房的多处侵限点，当即处理，消除了安全隐患。

当年 9 月，14 级超强台风“山竹”袭来，蔡衡当即从江门站赶到处在台风中心区域的开平南站应急值守。为防止车站门窗受损，他带领大家用木方和胶带对站内 130 多个门窗进行封锁加固，并且 24 小时不间断巡守。他们克服一切困难，暂住在新线还未启用的综合楼毛坯房里，吃着泡面坚持值守。

9 月 16 日 17 时，连续的狂风暴雨正面袭击开平南站，车站雨棚的电缆桥架盖板被吹到了轨道、站台、护坡上……第二天凌晨 3 时台风过后，蔡衡带着 3 名工友抢修设备，把 67 块电缆盖板一一捡回来，连续奋战 4 小时，确保线路及时恢复通车。

刀要在石上磨，人要在事上练。新人新线新设备，战完台风，又迎春运。“大考”在即，蔡衡带领工友针对站房灯具和感应水龙头容易损坏等问题制订详细维修计划，对设备故障逐一排查，赶在春运前消除了多个隐患，为旅客的美好出行保驾护航。

一起奋战的同事周桢说：“从 2018 年入路，我就跟着蔡工长学习，两年多的时间里，他每次抢险抢修都冲在最前面。跟着他，我们也不敢懈怠。”

2019年9月，单位选派蔡衡担任珠机城际铁路长隆房建工区工长，参与珠机城际铁路开通前的“大会战”，提前介入和联调联试。

珠机城际铁路沿海而建，穿越城区，地质复杂。工区管内6个站除了珠海长隆站有一部分在地面，其他都是标准的地下车站，维护难度很高。工区的主要任务就是在规定的时间内完成设备巡检、限界测量、工程问题销号等工作。

轨顶风道是地下车站通风系统中重要的内部结构构件。排查轨顶风道隐患，是蔡衡和同事们啃下的一块“硬骨头”。除了现场环境阴暗潮湿、蚊虫成群外，他们还要面对狭小空间的压迫感。来回400米，最低高度60厘米，身高1.8米的蔡衡和工友们得匍匐前进，即使最宽敞的部位，也仅有1.2米高，只容他们半蹲着、仰着头清理施工遗留的垃圾。出来后封闭好通道入口，工友们脖子都已经酸痛难忍。

“最让我们佩服的是蔡工长，这么多天就没见他抱怨过，一直在认真检查风道。我们还以为蚊子不叮他，谁知道一出来，他脸上的包比我们还多。”工区职工周浩说。

珠海高铁房建车间党支部书记蔡国良说：“能够感受到，这个小伙子非常热爱这份工作，是有理想有追求的人，无论多么艰苦的条件都能坚持下来。”

因材施教助成长

蔡衡在岗位上绽放青春光彩，光芒也映照到周围人身上。“不仅自己要能干，当任务来了，其他人也要能顶上。”在抓好工区管理的同时，蔡衡注重对青工的培养，因材施教，帮助他们尽快成长成才。

“铁路发展日新月异，技术革新产品升级很快，不学习就会落后，就会被淘汰。”他以身作则，不断学习。他带领职工深入实践，先后参与南广、贵广、江湛高铁，广佛肇、珠机城际等5条新线房建设备验收和联调联试，完成站台限界测量200多处，消灭设备隐患、病害300多起，在新线开通的征程中留下坚实而闪亮的足迹。

蔡衡的带头作用不仅体现在抢险整修、新线联调联试的大事上，还体现在日常工作中。一次，他带着几名青工对一个综合维修工区办公楼的厕所水龙头进行更换。在此过程中，他发现大家有点懈怠，便提议搞一次现场比试，每个人换同样数量的水龙头，看谁换得快。比试结束，蔡衡更换得又好又快，大家心服口服。“这种比武既能调动青工的工作积极性，提升业务能力，也能提高日常维修效率。”蔡衡说。

2020 年，广州房建公寓管理段在广州南高铁房建车间创建科技创新工作室。作为科技创新工作室带头人的蔡衡，在青工传帮带工作上有了更多的责任和动力。

受他影响，青工们都十分注重技能比武。“越努力，越幸运。要注重细节，攻克短板。”对待求知若渴的选手，蔡衡将集训经验一一传授，悉心指导。两年来，蔡衡先后带教杨立东等 10 多名青年职工在广州房建公寓段、广州局集团公司技术比武中获奖。

蔡衡（左）在珠海长隆站内检查站房天花板　徐媛 / 摄

担任长隆房建工区工长后，蔡衡更是带着职工们踏踏实实地维护车站设备设施。“这边智能设备多，我们要学的技术也更多。熟练掌握各种技能，故障才能马上处理好。”蔡衡说，“我们不与旅客面对面，更像是车站的‘隐身管家’，但工作质量关系到旅客出行体验，责任重大。”

近年来，工区所在的珠海市与邻近的澳门合作事项不断推进，相关车站也正紧锣密鼓地进行改造。这对维护车站的“管家”来说，是机遇也是挑战。蔡衡把勤奋学习、踏实肯干化作青春远航的动力，乘风破浪，未来可期。

扫码观看视频

采访手记

生逢盛世　建功青春

青春逢盛世，拼搏正当时。10 年来，蔡衡凭着一股“豁出去”的拼劲，在比武场上获得佳绩，在重大任务中攻坚克难，取得了累累硕果。

他热爱工作，对知识和技术充满渴求，不厌其烦、不惧苦累。为了吃透师傅传授的作业秘诀，他彻夜不眠，反复练习加强理解记忆；面对高手云集的全路赛场，他每天 4 时起床备战，只为实作时间减少一秒、理论知识多背一句；为啃下“硬骨头”，他带领工友连续奋战。惟其艰难，才更显勇毅；惟其笃行，才弥足珍贵。正如他自己所说：“只有蹲下去，才能跳得更高！”

新时代铁路事业高质量发展，需要许许多多像蔡衡这样充满激情、敢闯敢拼、善打硬仗的年轻人共同为之拼搏奋斗，将宏伟蓝图一步一步变成美好现实。

（原载于 2023 年 9 月 10 日《人民铁道》报 1 版）

孙定远

中共党员，中国铁路南宁局集团有限公司南宁机务段动车组司机，曾获全国五一劳动奖章、全国铁路青年岗位能手、火车头奖章等荣誉。

大山里“跑出”振兴路

——记中国铁路南宁局集团有限公司南宁机务段南宁动车车间动车组司机孙定远

李　芹　廖景芝　陆　莹

5月的广西，阳光明媚，一列复兴号动车组在十万大山深处穿行。驾驶室内，37岁的司机孙定远神情专注，手比口呼，操纵着钢铁长龙穿山越谷，快速驰骋。

孙定远是中国铁路南宁局集团有限公司南宁机务段南宁动车车间的一名动车组司机。从被称为“中华扶贫第一路”的南昆铁路到连接中越边境口岸的南凭高铁，孙定远已安全行车14年，为广西山区的各民族群众带去了致富的希望，跑出乡村振兴的阳光大道。

载着新希望依光前行

2009年，孙定远入路参加工作，在南昆铁路上学习货运机车乘务技能。南昆铁路途经滇、黔、桂三省区，沿线多为贫困山区、革命老区和民族聚居区，还蕴藏着丰富的铝矿、煤矿资源。当地山高石多的喀斯特地貌给矿产资源外运带来了难题，百姓的致富希望寄托在这条铁道线上。每当孙定远驾驶机车牵引着满载矿石的列车启程时，总觉得自己肩上的担子沉甸甸的。

然而，在桥隧占比70%的山区铁路上安全行车并非易事。对于新手司机来说，首先要克服在长隧道行车的心理和生理障碍。“胸闷耳鸣，精神极度紧绷。”这是孙定远刚进入长隧道的第一印象。在海拔高差达 2010 米的南昆铁路上，进入隧道后的高原反应更为强烈。在隧道里驾驶时间 3 分钟以上，司机就会出现视觉疲劳。特别是经过全线最长的米花岭隧道，近 15 分钟的穿越时间对司机而言更是不小的考验。

“就依着火车头明亮的灯光前行，坚持、坚持、再坚持！”孙定远暗暗告诉自己，马上就能看到前方的光亮。一旦感觉自己精力不集中，他就猛眨眼睛，打起十二分精神。经过一个月的训练，他逐渐克服了长隧道驾驶的心理和生理障碍。

长期在荒无人烟的大山中行车，得有颗耐得住寂寞的心。和孙定远同一批入路的年轻人，不少人陆续离开岗位，孙定远却坚持了下来。

为熟练掌握机车驾驶技术，孙定远从最基本的机车原理开始学，坚持每天反复背、反复学，认真跟着师傅学操纵、排故障。下了班，他经常待在机车里，对着电气设备学原理、悟心得。经过学员、副司机的历练，孙定远成为同届学员中最快拿到电力机车驾驶证并且能单独驾驶的司机之一。

“在山区铁路开重车是个技术活，心中要有一套计算公式，精确计算各种数值之间的关系，才不会造成空转、停车。”在这条繁忙的铁道线上，孙定远通过优化操纵方法，在群山峻岭间精准控闸，不断提高列车准点率、一次对标停车通过率，有效增加了区间列车开行趟数、节省了列车能耗。

在孙定远和千千万万铁路人的努力下，南昆铁路自建成通车以来，货物发送量每年以 30% 以上幅度递增。飞速增长的铁路运量为当地经济社会发展注入了强劲动能，铁路沿线的百色革命老区也于 2020 年脱贫摘帽，走上了乡村振兴的新征程。

驾驶复兴号驰骋八桂

广西喀斯特地貌的美异常独特，却因为山高石多导致交通不便。经过铁路建设者的不懈努力，2013 年 12 月 28 日，广西成为全国首个开通运营高铁的少数民族自治区。飞驰的动车为沿线贫困地区脱贫致富增添了动能。

孙定远确认司机室操纵台设备状态　李苏原 / 摄

“作为新壮乡人，应该有新担当。”2017 年 9 月，孙定远通过考试，圆了驾驶动车驰骋八桂的梦。2020 年底，南宁局集团公司配属 CR300AF 型复兴号动车组的消息传来，孙定远跃跃欲试。经过单位选拔，他如愿前往南京，系统学习被称为“蓝暖男”的复兴号车型知识。

在集中学习期间，为了能快速、准确掌握新型复兴号动车组列车的操纵方法，孙定远主动请缨加入车队组建的技术攻关小组，与“蓝暖男”的生产厂家技术人员一起探讨专业知识。“当时，我和同事们既兴奋又光荣。”一想到复兴号动车组列车就要奔驰在壮乡秀美的山野上，孙定远精力十足、斗志昂扬，即便是细枝末节的问题也要学懂弄通。仅半个月的学习时间，他就记了厚厚一本笔记。

2021 年 1 月 20 日，D3609 次新型复兴号动车组列车正式在壮乡上线开跑，从南宁东站始发，一路穿山越岭“飞”向广州南站。“复兴号真棒！身为铁路人真骄傲。”孙定远圆满完成壮乡首趟 CR300AF 型复兴号动车组值乘任务后深有感触地说。

图为孙定远在办理出勤手续 李苏原 / 摄

“复兴号动车组列车采用密接式车钩，但依然会有些许间隙，操纵不当会影响旅客乘车舒适度。”经过实践摸索，孙定远发现，受山区线路条件及技术设备等因素影响，值乘过程中稍有疏忽就会影响运行平稳。例如，定速过分相时，由于突然断电，动车组从加载状态瞬间失去功率，会引发向前的冲动；合电后，动车组从没有牵引电流直接到最大牵引电流，会带来强烈的推背感，特别是重联动车组尤为明显。

如何破解这一难题？面对新车型、新挑战，孙定远一头扎进成堆的资料里，反复对列车运行速度、制动距离、制动时间进行琢磨、实践，很快就总结出一套最大限度避免列车冲动的办法，不仅能确保动车组高速进站的安全平稳、对标停车，而且能大幅度缩短停车对标所用时间。如今，由孙定远钻研出的《CR300AF 动车组平稳操纵办法》在全局集团公司范围内推广，受到了广大干部职工的一致好评。

因为热爱，所以倾注。火车头每次升级，孙定远都会紧紧“跟随”，总是一次性通过职业技能考试，并顺利拿到“驾驶证”。如今，他手持电力机车及动车组列车两本驾照，可以熟练在山区铁路驾驶 8 种车型，成为操纵动车组的技术大拿。

孙定远和同事们驾驶的一趟趟动车组拉着壮乡经济快步“奔跑”。2022年广西地区生产总值达到2.63万亿元，较高铁开通前增长了83.9%。

传授新技能硕果累累

“孙老师的指导非常精准，对我帮助很大。”新司机覃杰虽然没有与孙定远签订师徒协议，但在孙定远的帮助和指导下顺利从副司机晋升为司机。

一花独放不是春，百花齐放春满园。孙定远深切感到，壮乡高铁事业蓬勃发展需要更多的青年才俊。因此，他在做好本职工作的同时，还主动做好传帮带工作，毫无保留地将经验和技巧传授给年轻司机。

2022年初，百色地区发生新冠疫情。为了维护正常的运输生产秩序，南宁机务段成立抗击新冠疫情党员突击队。孙定远主动请缨，成为突击队的一员，随时担当紧急出乘任务。在封闭管理期间，他和队员们一起利用线上学习会进行模拟演练，并将总结的心得体会分享给大家。

在实际运用过程中，面对繁多的机型和设备，动车组司机普遍感觉值乘压力比较大。于是，孙定远利用业余时间将操作要点和工作心得整理成册，并结合规章制度，进一步细化了不同动车组车型的作业流程。为了提升值乘团队的标准化作业水平，他常常利用休息时间主动担任起“兼职教师”的角色。他走上讲台，“面对面”给年轻司机讲解技术难点；走进驾驶室，跟车示范，“一对一”指导新司机值乘……在他的不懈努力下，动车组作业标准日益规范完善，有效防控了误听、误通、错操等安全风险，为壮乡高铁运行安全筑起了坚实防线。

近年来，孙定远先后带出15名动车组司机，其中超半数的动车组司机在各级评先评奖、技能竞赛中屡获殊荣。在第八届广西铁路职工职业技能竞赛动车组司机工种项目中，获得前十名的参赛选手里就有四人师从孙定远；徒弟卢远鹏、滕子锈在2021年南宁局集团公司第三届青年职业技能竞赛动力分散型动车组副司机工种决赛中包揽前两名；徒弟郑云俭以师傅孙定远为榜样，凭着坚定的政治信仰和过硬的业务本领捧回了广西五一劳动奖章……

孙定远出乘前整理仪表　李苏原 / 摄

如今，孙定远依然全神贯注地带着年轻司机飞驰在高铁线上，用安全、平稳为壮美广西“跑出”一条条乡村振兴路。

扫码观看视频

采访手记

精益求精　无悔坚守

孙定远给我们印象最深刻的就是稳重。从货车司机到动车司机，14年的日积月累、14年的精益求精，成就了今天的孙定远。驾驶每一趟车时，他都坚持高标准，做到口到、眼到、手到、心到，实现了“零违章、零违纪、零事故”；每次遇到工作难题时，他都能用心琢磨，专心致志研究破解之道，不断提高工作水平，为铁路发展贡献智慧和力量。

卓越并不遥远，从孙定远身上，我们不仅能看到坚守岗位的无怨无悔，还有舍小家为大家的无私奉献。从这样一位平凡而坚定铁路人的成长故事里，我们深深感受到了一股温暖而强劲的奋进力量。

（原载于2023年5月7日《人民铁道》报1版）

严　皓

中共党员，中国铁路成都局集团有限公司成都动车段动车技术创新中心主任，曾获火车头奖章、全国五一劳动奖章等荣誉，所在集体于 2021 年、2022 年获评全国铁道行业优秀质量管理小组。

飞驰动车背后的革新者

——记中国铁路成都局集团有限公司成都动车段动车技术创新中心主任严皓

刘　晓

每天数次掀起“头脑风暴”、跳出固有思维想对策是中国铁路成都局集团有限公司成都动车段动车技术创新中心主任严皓近期的工作日常。“要么不做，要做他一定做到最好。”同事们都这样评价他。

今年 35 岁的严皓，入路 12 年来，从一名机械师成长为中国铁路成都局集团有限公司首席工程师。他始终以高标准、严要求对待自己，勇于革新、敢于奋斗，以高铁事业为坐标书写人生答卷。

不移其志，满腔赤诚奔高铁

2010 年，严皓从西南交通大学电气工程及其自动化专业毕业。专业成绩保持在前三名的他放弃了保研机会，在校招中和铁路成功“牵手”。当时，预感到高铁发展前景广阔的严皓目标很明确：“我就是奔着高铁去的。”

初入成都东动车运用所，当时年仅 22 岁的见习生严皓跟着经验丰富的师傅修理桌椅、整修厕所。忙碌的日子里，严皓一度以为他从学校带来的计算机知识、专业理论失去了“用武之地”。

当了一辈子教师的父亲点醒了他：“步入职场相当于到了人生的另一座学校，要想拿到毕业证，就必须沉下心一步一个脚印地走、一门课程一门课程的拿下。”

严皓在排查动车组卫生间上下水故障　黄强 / 摄

此后，严皓跟着师傅勤学苦练，把动车组的牵引、制动、列控系统摸得清清楚楚，成为地勤机械师，并当上了一级修三班的组长。在他的带领下，一群“科班出身”的青年怀着一腔热血，顶着困难上、奔着疑难去。

有一次，碰上了“硬骨头”问题，青年们顾不上 35 摄氏度的高温，冲向室外的检修场地试验着各种办法。他们把两辆同型号的车摆在两侧，带上万用表、螺丝刀等工具，兵分两路、左右开弓，把可能出现问题的部件拆下来，放到中间进行对比。经过 10 多处排查，他们最终找到了问题所在，为此兴奋了好几天。

在共同理想的指引下，本就对自己有着极高要求的严皓迅速找到了归属感和责任感，养成了敢闯敢拼、不等不靠的职业习惯。

2012 年，严皓进入了被大家称为“会被磨掉一层皮”的技术组，成为现场技术员。技术组实行 24 小时倒班制，白天梳理台账、研究原理，晚上到现场指导故障处理，还要随时对上线动车开展应急处置，是名副其实的“拉练场”。

处理故障需要查看技术标准资料并进行软件测试，若现场和办公室两地跑，来回需要十几分钟。为了节约时间，严皓就找来一个书包，把纸质资料和以“千兆字节”计算的电子资料装进电脑统统背在身上。最开始，检修库里不明情况的机械师们好奇地相互打听：“这个小伙子是学校来的吗？背个书包跑来跑去。”久而久之，严皓就成了这里的“背包客”。大家也都知道，“背包客”来了，问题就能解决了。

当技术员的日子，严皓如同一根紧绷的弦。未婚妻则充当着他的调节剂——他加夜班，她就会在家里为他煲上一锅汤、做好可口的饭菜，送到单位门口，让他有更好的精神状态；相隔异地，她就坐摩托车、渡船再换乘大巴从南充来到成都，给他温暖守护。

久久为功，潜心修炼真功夫

2011年，严皓被派到青岛的车辆生产厂家学习。在与厂里的技术专家交流学习和“过招”中，严皓发现，动车的各类控制系统背后有着一套严密的控制逻辑。对他来说，犹如开启了一扇新世界的大门，第一次从处理故障的“前台”钻到了故障产生的“幕后”。

严皓（中）在分析动车组变流器检测数据　文杰/摄

在学习过程中，他很快意识到，动车检修是一项系统工程，绝不是换一个部件、消除一个故障那么简单，每一处故障都有可能涉及硬件、软件等上千条技术项点，每一处系统运用都牵扯着背后成百上千条控制逻辑。严皓下决心好好研究这里的“门道”，让自己成为“知其然更知其所以然”的行家里手。

2013 年，CRH1A 型动车组时常出现网侧过电流报警，且大多数时候是无故障的“假报警”。报警一旦出现，正在运行的列车必须紧急停车，工作人员需立刻对全列开展近一个小时的排查。“假报警”对铁路运输有着不小的影响。

严皓看在眼里急在心里，铁了心要揪出问题所在。他大胆假设、严密求证，从历年来一万多条故障数据中梳理出 143 条网侧过电流故障数据，通过原理及现象对比、分析，带上工具到实车上做试验，一次又一次爬上车顶、钻进地沟，最终找到了急停按钮设计缺陷导致假网侧过电流故障出现的原因，总结出一套准确判断真假故障及其位置的方法，极大地缩短了故障的应急处置时间。这一方法随后在全路推广使用。

尽管工作充实，严皓也总是记挂着那些未处理的故障，只要没有现场作业和应急处置，哪怕是凌晨三四时，他都会一个人背着包走向黑夜中还未通电的列车，打着手电筒，从车顶到车底分段查、仔细看，把故障成功解决。

担任技术员期间，严皓临时被抽调进动车所软件小组，从头学起软件开发管理、编制宏语言分析脚本，建立了成都东动车所考试系统、人力资源管理系统。同事们常常看到他忙得顾不上吃饭，他却笑着说：“多学一点没坏处，技多不压身嘛。”

2015 年 7 月，成都动车段成立之初，各项技术管理工作需要全面整章建制。严皓牵头制定现场关键作业及动车组故障处理管理流程和办法。他追求精简有效，仅仅是防溜管理办法就几易其稿，设置了几类场景对应不同举措。他说：“要让看到流程办法的人一下就能看懂，要把管理工作做在前头，才能管得住、管得好、管得顺。”

与此同时，严皓有了自己的小家庭。为了夫妻俩能在一起生活，严皓的妻子从老家努力考上了成都市教师编制。爱人备考时，严皓也像当初她陪伴他那样，耐心帮她收集各种招考资料、筛选合适的学校岗位。

摸石过河，打好创新“组合拳”

随着成渝高铁、西成高铁等多条线路的开通运营，动车配属数量增加，检修类型更加多样化，动车检修有了更高要求。

在紧迫的形势下，2016 年被选入成都动车段创新技术中心的严皓果断作出判断：“动车检修必须要步入深水区，开展技术攻关和创新工作。”

在现场，严皓带领团队收集整理批量性、惯性故障进行深入研究，着重对如何最高效开展故障处理进行总结归纳……通过长期坚持，严皓带出了一支专业过硬、分工精细的攻关队伍，相关工作经验也在该单位持续沿用。

想要创新，必须要靠自己摸索。严皓把眼光放在了动车组制动闸片上。闸片直接影响列车制动效果和制动安全，使用量大，是深入贯彻国铁集团利用数字化精准预防修开展节支降耗的重大课题。

严皓从闸片状态修入手，开展专项攻关，对闸片厚度检测、限度制定等进行全面优化。经过 9 个多月的努力，严皓和团队胜利在望，却遇到了闸片上部厚度无法测量的难题。

想要不拆卸闸片实现测量数据，只能靠人工。于是，“列车医生”们就亲手摸闸片、测厚度，收集了大量精确数据。在对近 90 万条闸片厚度数据进行分析后，他们总结了 5 个评估参数，发明了在已知下部厚度的情况下实现对上部厚度准确测算的计算公式。

经过反复测算试验，投入运用后，闸片更换限度从原来的 8 毫米至 9 毫米提高到 5 毫米至 6 毫米。2019 年，经测算，仅 CRH3A 型、CRH380A 型、CRH380D 型动车组就较上一年节约闸片成本费用约 600 万元，同时也为动车制动安全加上了一道保险。

2016 年 6 月中旬，成都动车段首届三支队伍人才选拔工作正式开启，严皓很快便以理论考试第一名的成绩顺利进入第二轮实作考评环节，这时妻子也进入了临近分娩的待产期。越是临近最终的考试，妻子各种临产分娩反应越明显。严皓轻轻说话抚摸着妻子肚子，小宝贝竟像是听懂了一般，慢慢地安静下来，等严皓考完才呱呱坠地。

回忆起这段过往，严皓言语里尽是甜蜜。他说，家庭给予自己莫大的支持。如今，看着女儿快乐地成长，有时会翻箱倒柜找出他的铁路工作帽，欢喜地戴上朝他摆各种造型，严皓觉得自己的工作更有意义。

有了坚实的后盾，严皓前行的步伐更加稳健。他牵头研发动车组轮对智能运维决策系统，在全路率先提出“0.1 毫米间隔薄轮缘标准”，有效地延长了车轮使用寿命，预计每年可节约轮对运维成本 100 万元。他牵头研究开发的动车组电气故障智能诊断系统，指导检修人员快速开展动车组应急处置，同时助力职工日常培训……犹如“三头六臂”般，他一边开展技术攻关、一边创新钻研，将动车检修推向精细化、信息化。

如今，严皓与团队牵头全路 CRH3A 型、CR300AF 型动车组的重难点技术攻关，并借鉴、运用前沿科技，持续开展动车组运维技术创新，全力推进修程修制改革，建立数字化安全保障体系，在擦亮高铁名片的道路上砥砺前行。对于高铁事业，严皓义无反顾朝着更高点迈进，如同他所说的那样：“要把技术革命进行到底！”

严皓通过检测软件监测列车数据　黄强 / 摄

扫码观看视频

采访手记

当好一颗“螺丝钉”

在创新攻关过程中，严皓需要经手的数据常常以“万”“十万”“千兆”计。在浩如烟海的信息中精准找出关键、总结规律、发现问题，常常需要下笨功夫。无数个夜里，他如同“孤勇者”，只身一人研究解决问题的办法，也曾好几个月一无所获从头再来。回头看，各种各样的故障处理迈向智慧化的过程，是他用千百个日夜、千万次钻研换来的。

随着高铁事业的飞速发展，严皓的工作也发生着巨大变化。他不断调整自身状态，顺应时代变迁，用干劲、闯劲、钻劲谱写事业新篇章。他说：“我很庆幸选择了高铁事业作为我一生的追求，我会当好一颗永不生锈的‘螺丝钉’。”

（原载于2023年6月19日《人民铁道》报1版）

胡 军

中共党员，中国铁路昆明局集团有限公司昆明机务段职工教育科培训指导，曾获全国五一劳动奖章、全国铁路优秀共产党员、全国铁路劳动模范等荣誉。

乌蒙磅礴　风笛嘹亮

——记中国铁路昆明局集团有限公司昆明机务段职工教育科培训指导胡军

郭薇娜　段发红

“这次开行高铁快运动车组列车时速达250公里，增重近70吨，同时沪昆高铁有6条线路慢行，加之存在制动距离延长、下坡超速风险增加等，我们得重新制定操纵方法……”连日来，围绕如何开好高铁快运动车组列车，胡军和工友们刻苦钻研。

7月12日，整列高铁快运动车组列车试点开行。在没有任何经验参考借鉴的情况下，胡军开始了高铁快运动车组列车操纵方法攻关。这不禁让他想起了2016年披星戴月为沪昆高铁开通奋战的日子。正是这些难忘的历练，一点点打磨出了胡军“璞玉”的光华。

从时速50公里到300公里，开了29年火车的中国铁路昆明局集团有限公司昆明机务段职工教育科培训指导、高级技师胡军，与时代同行、与发展共进，成为磅礴乌蒙振兴发展的鲜明注脚。

对标对表做先行

“我是个普通人，唯一和大家不一样的，可能就是我从思想到行动都追求遵循标准。”成长没有捷径，从普通司机到优秀司机，胡军找到了一条质朴却有效的成才路，那就是严格按标准作业。

每一趟值乘，胡军都坚持做到白班夜班一个样、有无检查一个样，严格按标准作业，从接班检查机车到挂车安全项项到位。胡军说，没有标准，别谈成绩，就连安全正点都保证不了。

当时的车间党总支书记梁伟对此最有发言权。2016 年的一天，机车在曲靖折返所出库时，副司机与车站联控完毕后，车轮刚开始动起来，突然前方的信号机由白灯变为蓝灯，胡军发现后立即采取停车措施并上报信息。

“当时是深夜，不特别注意根本发现不了。”梁伟介绍，“在运行中要操纵好机车的同时，还要盯住信号显示，如果稍有松懈就不容易发现信号已经变化，这种很难的问题胡军一眼就能发现，说明他执行标准真正做到了有人无人一个样。”

执行标准的前提，是要学会标准。

胡军的行车包里，除了机车司机手账外还有一样东西，就是机车专业技术书籍。

从学习司机到金牌司机，胡军一直把业务书籍带在身上。有时列车在中间站停车时，他都要趁这个空隙拿出来瞄上几眼。机车电路图他描了又描，《铁路技术管理规程》翻烂了一本又一本；对驾驶过的 8 种机型，他能将每种机型的电路图倒背如流，还能背诵昆明到曲靖所有车站所有站线股道长度；无论哪个车站停车，他都能将司机室侧窗对准机车停车位置标……同事们都说，胡军就是一个行走的机车技术图书馆。

胡军（左）在和徒弟值乘动车组列车，为徒弟进行列车操纵演示　杨咏佳 / 摄

在领导和同事眼中，胡军的标准作业就是一本教科书、一个样板，他是大家公认的“样板哥”。

敢为人先当先锋

穿越乌蒙大山的沪昆铁路是云南铁路改革先锋。

1966 年，磅礴乌蒙迎来云南省第一条出省准轨铁路开通。1990 年，这条铁路在云南省内率先进入电力时代。2016 年，南昆客专和沪昆高铁同时开通，云南迈入动车时代……

作为亲历创新、敢为人先的先锋，胡军用自己从普通学员到金牌司机的追梦之路，生动诠释了职工与企业共筑命运共同体的深刻内涵。

胡军在值乘动车组列车　杨咏佳 / 摄

1994 年，18 岁的胡军从贵阳铁路司机学校毕业后来到昆明机务段，成为沪昆铁路上的一名火车司机。面对一整夜一整夜的艰苦值乘，胡军也曾气馁过，甚至萌生了转岗改职的念想。

他的师傅熊同亮是一个对工作十分认真负责的人。胡军的工作劲头冷一阵热一阵，他看在眼里、急在心里。为了坚定胡军的工作信心，每次下班住进乘务员公寓，熊同亮就“逼”着胡军学业务。可3个月过去了，胡军还是没有入门。

直到一次失败让胡军深受触动。那天，师徒二人值乘沪昆铁路货物列车从宣威返回昆明。列车接近当时的鸡头村站时，机车突然显示“调压开关卡位保护”。受命去处理故障的胡军“铩羽而归”，熊同亮却轻而易举“手到病除”。这次处理故障的经历让胡军真正认识到了学业务的重要性。他开始静下心来跟着师傅学、照着标准练、按照规范干，不偷工减料、不简化流程。自此，他坚定了对标对表的信心。

种下什么种子，就会收获什么果实。1996年，在全国统考的提升司机考试中，胡军以平均分96分的理论成绩顺利过关，成为50多名参考人员中的第一名，拿到了机车驾驶证。3年后，他又以优异的成绩，被选拔到了客运机车乘务员岗位。

得知儿子成为一名客运列车司机，胡军的父亲胡林才特意邀上老友一起乘坐儿子值乘的列车外出，可是不佳的乘车体验让胡林才忧心忡忡。晚饭时，看着父亲举杯难咽、欲言又止的样子，胡军旁敲侧击地打听后才知道缘由。他这才意识到，自己还没有“驯服”速度快、要求高的客运列车。

此后，胡军不再满足于确保列车安全正点的基本要求，他要成为平稳驾驶列车的佼佼者。多年没有碰过电脑的胡军缠着媳妇买来了电脑，利用休班在家的时间模拟摸索列车冲动曲线的变化情况，记录下列车冲动前的操纵过程，反复研究，逐步优化列车操纵方案。

功夫不负有心人。开得一手好车的胡军见证了沪昆铁路的发展变化。2007年，昆曲城际列车开行，胡军通过层层选拔，成为城际列车上的首批单班单司机。2016年，高铁入滇，胡军顺利拿到了动车组驾驶证，成为昆明局集团公司第一批动车组司机。

帮带创新齐争先

向下扎根才能向上生长。入路29年，胡军秉承“以实为本、以进为荣”的昆机精神，从铁路沃土中汲取养分，收获了创先争优的累累硕果。

2004年成为客运列车司机后，胡军树立“开车人想着坐车人”的意识，不断总结值乘线路的坡道变化情况，操纵列车时重点关注这些变坡点的车钩压缩和拉伸状态。

那时的机车车辆技术还不先进，客运列车平稳操纵是一个很大的难题，尤其是对于新司机而言，需要长时间的操纵经验积累。

作为货转客司机，胡军主动到车间借来客运列车冲动棒（平稳操纵检测棒），利用休班时间到列车尾部观察列车经过变坡点时是否会冲动、冲动有多大，下班后再调出LKJ列车运行监控装置，检索司机在相关地段的操纵情况，为自己更好地研究列车平稳操纵方法提供充足的数据支撑，并制定了一套操纵方法。这套成熟的操纵方法让货转客司机快速胜任岗位。

2013年，昆明局集团公司开展“学操规、练硬功、大比武”活动，胡军胸有成竹，轻装上阵，不但做到了平稳操纵零冲动、作业标准零违章、对标停车零误差，而且当考官有意遮挡运行列车速度表时，他估计的列车运行速度准确无误，获得了局集团公司第一名的好成绩。

胡军（左二）在教授徒弟业务知识　杨咏佳/摄

2017年，由于成绩突出，云南省以胡军为技术领军人，成立了“胡军技能大师工作室”。他带领工作室成员积极参与并主动承担起高铁新技术运用、技能推广工作，努力搭建培养知识型、技能型、创新型动车组司机的平台。

工作室成立以来，胡军和团队成员先后根据动车组司机现场要求，制定了动车组司机关键作业卡控销号表、操纵提示表、应急指挥提示表等技术资料，针对运行中非正常信息、典型事故案例、跨局值乘规章制度运用风险等培训内容，制作了 CRH380D 型、CR400AF 型、CR400BF 型等新型动车组安全卡控措施和上下电作业流程等 17 个作业规范的多媒体学习课件，为动车组司机作业提供了能对照、用得上的技术指导。为了实现动车组“对标停车零差距”的目标，胡军还总结提炼出“动车组司机精准对标操纵法”，通过全员培训、现场实践，有效提升了动车组司机的业务水平。

2018 年起，“胡军技能大师工作室”开始逐步吸纳新鲜血液进入团队，共同参与各项技术攻关，使新人的业务技能在实践中得到快速提升。不仅如此，胡军和工作室成员还主动带头，通过师带徒、新职人员定职培训、技师培养等方式，开展传帮带活动，多渠道培养动车组司机专业技能人才。胡军以岗位练兵、技术比武为契机，发挥工作室成员专业特长，举办技术讲座，开展练赛指导，传授技艺，并且不定期进行创新成果、绝技绝活、特色技能推广，工作室新技术、新技能的运用转换和创新创效成效突出。2020 年，昆明局集团公司在昆明机务段成立“胡军劳模和工匠人才创新工作室”，先后破解生产技术难题 30 余件，其中 9 项获得段技术攻关、小改小革优秀奖。工作室成员颜陈在 2020 年获得中华全国铁路总工会授予的火车头奖章、杜建康获得“云岭首席技师”称号。工作室司机戴必钰、刘勇、纳建斌等多人在国铁集团、昆明局集团公司技术比武中获奖，庞盛华在 2022 年国铁集团机辆系统职业技能竞赛动车组司机比赛中荣获第四名的好成绩，刘德泰、纳建斌等 4 名成员被评定为昆明局集团公司优秀导师。工作室真正起到了“树立一个，培养一批，带动一片”的“飞轮效应”，实现了人才与企业的共同成长、共同发展。

扫码观看视频

采访手记

追赶标准　成为标准

“不要抗拒标准，更不要简化标准，每一条标准背后都有它的道理。”当被问到自己成功的法宝时，胡军认真地说。他坦言自己没有法宝，唯一做得比别人好的，就是一直坚持执行标准。

这质朴的话语却揭示了成功的秘诀：成功没有捷径，从思想上认同标准，从行动上执行标准，从追赶标准到成为标准就是通往成功的正确路径。

有了量的积累，才能实现质的飞跃，个人成长也是如此。入路以来，胡军顺着执行标准这条通往成功的阶梯一步一步踏实前行，在安全行车路上深耕笃行，最终成为自己想成为的人，也成为别人追赶的榜样。

（原载于2023年8月6日《人民铁道》报1版）

田伟明

中共党员，中国铁路兰州局集团有限公司兰州车辆段电气检修车间车辆电工，曾获全国铁路劳动模范、火车头奖章等荣誉，工作室被评为甘肃省示范性劳模创新工作室。

一线走出的“电气专家”

——记中国铁路兰州局集团有限公司兰州车辆段电气检修车间车辆电工田伟明

贾国庆　田向军　强　科　赵　毅

将电路板卡置于电子显微镜下，显示屏上出现了放大的芯片焊点画面。中国铁路兰州局集团有限公司兰州车辆段电气检修车间车辆电工田伟明右手拿起小巧的焊枪，蘸上焊油，左手轻捏焊锡丝，熟练地“点”向焊点。随着一股淡淡的青烟飘起，新一天的工作开始了。

入路31年来，田伟明躬耕铁路客车电气领域，实现了从普通工人到行业佼佼者的蜕变。他的成长经历和奋斗故事，彰显出新时代铁路产业工人的精神底色，体现了铁路职工在勇当服务和支撑中国式现代化建设“火车头”实践中的崭新风貌。

心怀热爱，情系铁路电气

田伟明从小就爱琢磨、好奇心强，把家里的收音机、闹钟拆了，还能照原样装回去，动手能力远超同龄人。1992年从部队退役后，田伟明来到兰州车辆段，成为一名车辆电工，守护旅客列车电气设备安全。

刚工作不久，田伟明跟随班组师傅处理一起列车联网故障。这趟车几小时后就要上线运行，眼看时间一分一秒过去，故障仍然未能排除，大家都十分着急。此时，在一旁负责递工具的田伟明站了出来：“师傅，我来试试！”他在部队服役时，从事的是航空工业无线电检测维修工作，而这次故障恰好是信号传输故障。通过仔细查看电路图，田伟明顺利找到了故障原因，并成功排除了故障，受到了老师傅的称赞。

“铁路工作的需要，是我前行的最大动力，也是我肩上沉甸甸的责任。”从那时起，田伟明就将个人命运与铁路客车电气事业紧紧绑在了一起。旁人看来枯燥乏味的客车电气检修工作，他却十分专注痴迷，决心要排除自己遇到的所有铁路客车电气故障。

成如容易却艰辛。一有时间，田伟明就捧起厚厚的电气设备工作原理说明书，查看密密麻麻的客车电气设备电路图，上车、钻地沟苦练技术本领。车辆电工在外检修，最难熬的就是冬天，可田伟明是哪儿有故障就“长”在哪儿，常常在寒风中一根根校对节点配线，被冻伤也全然不知。

经过一次次摔打历练，田伟明“吃透”了他接触到的所有车型电气设备，摸透了这些老伙计的“脾气”，成为段里电气检修的行家里手。

2012 年，在兰州铁路局车辆系统职业技能比武中，田伟明一战成名，勇夺个人全能第一。同年，他在全路客车车辆系统职业技能竞赛中取得个人全能第八的好成绩，并获火车头奖章。

图为田伟明正在检修逆变器电源板卡　强科 / 摄

2015年6月，“田伟明劳模创新工作室”组建。由此，田伟明也迎来了奋斗的高光时刻。

工作室组建之初，连台像样的故障检测模拟设备都没有。田伟明除了从网上、电子市场淘来二手电器配件、电子产品外，还处处留心，将别人丢弃的控制板乃至按钮都捡到“百宝箱”里。他还软磨硬泡要来报废的塞拉门检测台，经过车钳铆焊一通鼓捣，竟然魔术般地制成了电源板卡检测台、列车联网试验台等3台检测工装设备。

万事俱备，工作室“开张”，田伟明从这里出发，尽情遨游在铁路客车电气检修的星辰大海。

攻坚克难，圆梦自主检修

2002年，兰州铁路局首次配属直流600伏内燃动车组，新增逆变器、充电机、单相逆变器等车下电源以及列车现场总线检测网络等新设备。这种车型在当时很少见，电气设备维修的核心技术掌握在厂家手里。为实现自主维修，当时已是电气检修骨干的田伟明立下“军令状”，一定要在厂家技术人员撤离前系统全面掌握设备检修技术。

田伟明和工友们铆足了劲，白天轮流跟着厂家技术人员学业务，晚上一起拆装报废件，相互交流研讨学习心得。有时候琢磨得太入迷，不知不觉就到了深夜。就这样，经过100多天的认真学习、刻苦钻研，他们熟练掌握了塞拉门、逆变电源等100多个设备和配件的故障判断、检修技术，直流600伏供电内燃动车组列车电气故障攻关首战大捷。

后来，随着越来越多新型列车的投用，从未碰到过的电气检修领域新问题、新情况层出不穷。一边是现场急得“嗷嗷叫”，一边是非常单薄的检修力量，怎么办？

“实战技能牢牢掌握，心里才踏实。”为了彻底改变这种被动状态，具有丰富现场检修经验的田伟明给出了“妙方”——组建电源班组，用“一支队伍”专门整治电气设备的各种故障。

这次依然是田伟明“挂帅”。他带着一起攻克直流600伏供电内燃动车组列车电气设备检修难关的“好哥们”再次冲到了“风口浪尖”。在短短半年时间里，田伟明和同事们全身心投入电气设备检修工作中，向挡在面前的一只只“拦路虎”发起了一次次冲锋。一遍遍勾画电路图、一件件拆装电气元件、一点点准备地面实验设备……他们吃透了所有配属车型的电气设备特性，掌握了排除故障的“十八般武艺”。“有了田伟明和他的团队，我们再也没有因为电气设备故障而发愁。”电气检修车间主任王胜自豪地说。

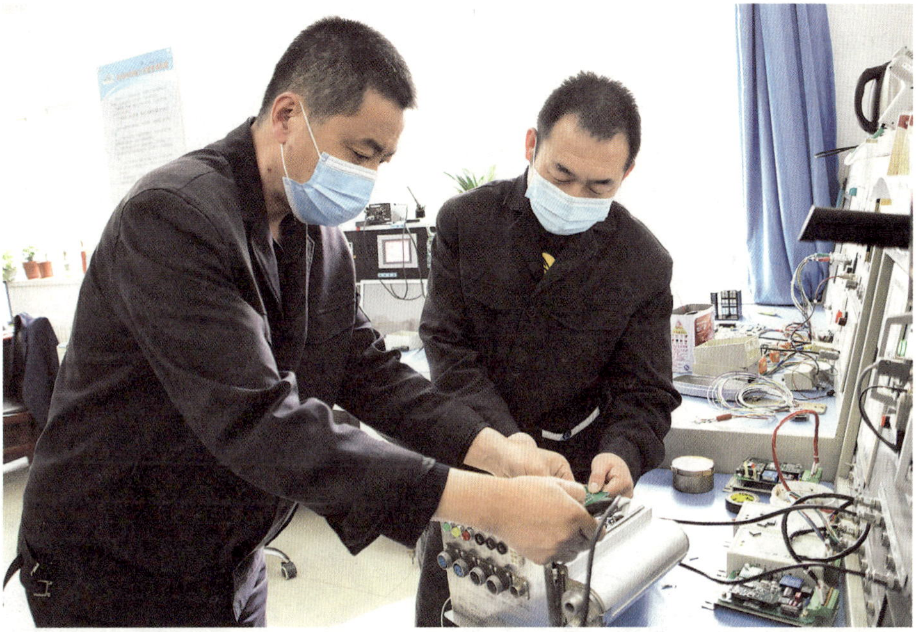

田伟明（左）在测试电气设备　强科/摄

工作室成立后，田伟明把这间只有50平方米的房间打造成了“急诊室”，专门快速诊治客车电气配件的各种疑难杂症，大幅缩短了提料、备料的等待周期，避免了不必要的扣车和列车“带病”上线运行，为现场及时排除电气故障提供了强有力的保障。同时，由于“急诊室”具备检测和现场维修的能力，一举打破了处理电气设备故障必须依靠现车测试、故障电器必须返回厂家检修的两大制约瓶颈，网络设备、自动化控制、电茶炉、车下电源等4大项22小项的电气检修项目实现了自主维修，一大部分高价配件结束了“委外修”的历史。截至目前，他们累计节支1726万元，为单位节约了大笔成本支出。

从无到有，从“换件修”到芯片级自主修，田伟明和他的团队屡创佳绩，靠实力走在了铁路客车电气检修的前列。

传承匠心，奋斗书写人生

每次下班后，同事散去，田伟明都会站在工作室中央，认真打量一遍“攒”出的各类检测工装设备，确认一遍热成像仪、示波器、万用表等专业工具状态。对于那些等待赋予新生命的待修电路板，他更是心中有“术”。

参加工作30多年来，一路上收获了很多快乐时光和成就感，自己也从一名普通的车辆电工成长为全路劳动模范、火车头奖章获得者、兰州局集团公司首席高级技师。“相比单位和组织对我的培养，自己的付出和奋斗微不足道，我庆幸自己赶上了好时代。”他说。

心怀热爱和感恩，站得更高、看得更远的田伟明给自己立下了一个“小目标”——实现技术传承，为单位培养出一支学习能力好、创新能力强、业务素质高的专业检修队伍。

田伟明在检修移动式逆变电源　强科 / 摄

如今，田伟明一如往常忙碌着。为了保证“传帮带”高质量、过得硬，他利用业余时间一遍遍“逛”网上的各种技术论坛，如饥似渴地拼命学习各种电子电气科技前沿的先进知识，并沉到一线，对现场设备的常发、突发故障和排障方法进行归纳、总结。他带着检修技术骨干一起诊治“病车”，研发了铁路客车便携式蓄电池组加液清洗装置，并获得了国家知识产权专利；完成了移动式逆变电源、电茶炉控制箱、列尾应急电源、提高客车电气控制屏故障维修及稳定性等7项课题攻关，不仅提高了电气检修质量，而且培养了很多电气检修精兵强将。

为提升培训效能，依托工作室，他深入检修一线“选种育苗”，把“教室”搬到现场，将核心技术指导作为“课件”，用“实战”方法向青年职工传授电气故障处置技巧。

日勤班组工长汪杰与田伟明共事20余年，两个人在一起搭伴处理了很多电气设备故障。他清楚地记得，一种新车型上线前碰到了一个非常棘手的联网故障，班组久攻不破，费了不少力气，但收效并不理想。正当班组职工束手无策的时候，田伟明来了，带着大家一起摸索故障特性，研究总结处理方法，最终成功破解这一难题。现在，日勤班组仍然使用田伟明传授的办法进行处理，再“刁钻”的故障都能在第一时间内得到处理。

这种学中干、干中学的教学方法深受现场干部职工的欢迎，工作室也变成了以点带面的“流动培训站”。截至目前，经田伟明辅导培训成为专业技能人才的职工达300余人，他不仅带出了12名技师、高级技师，而且培养出了18名全路、兰州局集团公司技术能手。其中，5人走上了动车检修岗位和管理岗位，成为传承匠心、传授技艺的一粒粒“种子”。

田伟明，用奋斗之笔书写追梦故事，实现了人生价值，成为同事们争相学习的榜样和标杆。

扫码观看视频

采访手记

择一事 终一生

“选择吃苦也就选择了收获”，这是田伟明的人生信条。择一事、终一生，他执着坚韧，31 年躬耕不辍，只为确保客车电气设备安全。

为做好这件事，他不计得失，甘当“破烂王”，自己掏钱购买编程器、加热管、电子元件，却舍不得买一双新的皮鞋。

为做好这件事，他坚持根基在现场、服务在现场、保障在现场。只要现场有求助，他无惧风霜雨雪，拔腿就走；只要现场有故障，他不分八小时内外，随叫随到。

田伟明心怀热爱和感恩，将一份普通的工作干成了一项不平凡的事业。新征程上，他将继续以奋斗之笔书写自己的追梦故事，为铁路高质量发展贡献自己的智慧和力量。

（原载于 2023 年 4 月 5 日《人民铁道》报 1 版）

那艳玲

中共党员，中国铁路设计集团有限公司城交事业部副总工程师兼国家工程研究中心环境控制实验室主任，入选中国国家铁路集团有限公司“百千万人才”工程专业带头人，曾获中国青年五四奖章、詹天佑铁道科学技术奖青年奖等荣誉。

追光逐梦点亮美好出行之路

——记中国铁路设计集团有限公司城交事业部副总工程师那艳玲

宋佳伶

初秋时节，一趟趟列车在万里铁道线上畅快奔驰，旅客出行体验越来越美好，神州大地呈现出一幅人享其行、生机盎然的生动图景。

在海河之畔，那艳玲正带领团队有条不紊地整理分析实验数据，研究如何在复杂条件下打造最优轨道交通环境，切实增强旅客的获得感、幸福感、安全感。作为中国铁路设计集团有限公司城交事业部副总工程师兼国家工程研究中心环境控制实验室主任，那艳玲一直深耕轨道交通环境设计领域，创新性地解决了各种复杂的工程技术问题，在打造美好出行环境之路上展现巾帼担当，创造出不平凡的业绩。

路虽远，行则将至

轨道交通环境设计是那艳玲一直为之奋斗的事业。读博期间，她研究的方向就与此相关。“在铁路建设和运营过程中，超长隧道、水底隧道、地下综合交通枢纽、高原缺氧地区等特殊场所对环境控制的要求极高。”她向记者解释道，“我们所做的，就是在这些特殊场所保证车辆、人员安全以及健康舒适，在此基础上，还要平衡节能、环保和成本等要素。”

2004 年，那艳玲博士毕业时，正好赶上中国铁设成立博士后工作站。有平台、有项目，能创新、能落地，这些良好条件让那艳玲兴奋不已：“他们要做的正是我想做的！”怀着对新岗位的无限憧憬，那艳玲成为中国铁设首批博士后中的一员，更加深入地开展轨道交通环境研究、设计工作。

随着我国高速铁路发展，长大隧道越来越多，隧道内的防灾救援和通风问题越来越受重视。

2007 年，那艳玲接到一个重要任务——开展石太客专太行山隧道环境设计及防灾救援标准研究。该隧道全长 27.8 公里、最大埋深 445 米，是我国当时在建的最长高铁山岭隧道。

复杂的地形条件、此前未有的隧道长度，再加上当时我国铁路隧道防灾救援研究还处在探索阶段、没有相关设计规范，都给研究设计带来了不小的挑战。那艳玲说，大家做好了面对重重困难的准备，唯一的想法就是“拼了，不管什么问题，来一个解决一个”。时间紧、任务重，她带领团队立刻行动起来，查阅大量相关专业资料，对比总结瑞士圣哥达隧道、英吉利海峡隧道等铁路隧道项目防灾救援设计经验，多次前往周边隧道实地调研，反复模拟计算、调整参数。

那艳玲（右一）与团队成员分析环境节能控制系统采集的数据　蒋荫国 / 摄

一起奋斗的时光忙碌且快乐，那艳玲印象最深的当属现场测试时期。“那时没有同类型的隧道可以用来测试，我们就利用条件相近的地铁场地进行类比测试。”她回忆，由于测试在天窗时段进行，她们每天都要在凌晨布置设备，早晨地铁通车后还要留在现场，采集设备传回的数据，及时对异常数据进行分析处理。“有时一晚上只能休息两个小时，不过为了项目有所突破，再累也值了！”那艳玲感慨地说。

通过夜以继日的努力，那艳玲带领团队研究提出长大隧道运营通风以及防灾通风技术标准，并成功应用于石太客专太行山隧道，填补了我国长大隧道防灾救援设计的空白。在此基础上，她主持编写了《铁路隧道防灾疏散救援工程设计规范》通风部分内容，推动该领域研究取得新进展。

此后，那艳玲还主持了京沈高铁、北京地下直径线、雅万高铁等数十项国内外大型铁路项目的隧道防灾救援通风勘察设计工作，牵头开展了天津滨海站、青岛胶州东机场站、天津机场站等多个综合交通枢纽的环境设计与研究，率先提出了轨行区设在全封闭地下的铁路站台环境标准，研究出复合式环境控制系统方案，为节约地下综合交通枢纽建设及运营成本提供了技术支撑。

勇创新，攻坚克难

从无到有，从0到1，科研新成果的诞生应用需要不断寻求突破，攻克一个又一个难关。那艳玲坚信谋创新就是谋未来，尽管每一步都十分艰难，但她坚持带领团队迎难而上，取得了一项项亮眼的原创成果。

党的十八大以来，“绿水青山就是金山银山”理念成为全党全社会的共识和行动。为打造集安全舒适节能于一体的轨道交通环境，2020年，那艳玲带领团队开始研发设计环境节能控制系统。

没有先例参考给研究带来了许多不确定性，可能出现“竹篮打水一场空”的风险，每个人都承受着巨大的压力。查资料、制图、建模……那艳玲通宵加班的次数更多了，回家后满脑子想的也是科研细节。“我们遇到过不少困难，有时也会气馁，但想着一定要做出点成果，最后还是坚持了下来。”那艳玲坦言。

环境节能控制系统的工作原理是通过对车站、隧道等场所各类环境数据进行实时监测和预测，智能动态调节温度、湿度、照明、二氧化碳浓度等参数，达到旅客舒适度与能耗管理的最佳平衡状态。“客流、室外气象情况随时都在变动，要想让系统更加完善，我们前期需要积累足够多的数据分析样本。”那艳玲道出了其中的难点。经过反复讨论，她决定采用模糊控制法，先制定出总的公式，再逐步收集数据，对系统进行动态优化。她带领团队日夜守在设备旁边，将不同时间的数据变动情况记录下来，一遍遍耐心验证，掌握其中的变化规律和数据之间的关系。

经过不断的试验、反复的推演调试、若干个不眠不休的日日夜夜，他们终于啃下这块“硬骨头”。今年，环境节能控制系统研发成功，投入使用后可节约 20% 左右的能耗。

工作十九载，那艳玲创新的脚步从没有停歇。建立轨道交通多场景全参数耦合环境检测系统、轨道交通“能碳”双评平台，提出高海拔、超埋深、超长铁路隧道及超长水底隧道施工、运营及防灾救援环境保障方案……她的多项研究成果对于形成我国轨道交通领跑新优势、助力交通强国建设具有重大而深远的意义。

那艳玲（中）指导设计人员破解设计难题　孙超 / 摄

重传承，未来可期

一花独放不是春。对于那艳玲而言，最让她有成就感的两件事，一个是项目取得新突破，另一个就是看到团队一起共同进步，“特别是看到年轻人一步步成长起来，我觉得我们的未来充满希望。”她开心地说。

为尽快提升大家的设计水平和科研能力，那艳玲对每个课题从立项申请至结题验收，都全程把关，对重点内容悉心指导、逐字逐句反复斟酌修改。开展实地测试时，无论是雪域高原还是崇山峻岭，她总是不怕苦、不怕累，扛起沉重的设备深入现场。她的工作态度也深深影响着周围的人。“跟着那总一起工作，感觉什么困难都能克服、什么事儿都能干成，特别踏实。”团队成员江崇旭说。

那艳玲（左二）组织研发团队开展技术研讨　李振远 / 摄

科研之路，道阻且长，但有那艳玲在，团队的工作氛围总是积极活泼的。当入职的新员工第一次拿着方案或者施工图让那艳玲审查时，心里不免有些忐忑，担心自己的方案不好，万一被批评怎么办。旁边的老员工就会安慰他们：“放心去，那总随和得很。”温和而又不失原则是大家对那艳玲的一致评价。

“我会根据每个人不同的性格特点去和他们相处，也会多站在他们的角度去考虑问题，收到的效果还不错！”说完，那艳玲爽朗地笑了。

尽管自己工作经验丰富，但那艳玲仍旧非常尊重团队里每个人的想法。遇到新课题，她总会组织团队开展“头脑风暴”，大家互相启发，有时一讨论就到了凌晨。“在这个团队里，我们永远不会感觉做科研是一项枯燥的工作。”团队成员孙超兴奋地说，“通过彼此分享观点，不断碰撞思想火花，我们的科研能力都有了很大的提升。”

传承，不仅仅是在工作中“扶”一把，更是在人生路上“助”一程。

工作之余，那艳玲喜欢看书、打球，也愿意和大家分享自己的阅读心得、日常趣事。年轻员工有什么心事、困惑，总会第一时间和她倾诉。一名团队成员说：“她就像大姐姐一样为我们出点子，给我们正向的反馈，是家人一般的存在。”

在那艳玲的带动下，团队中综合素质过硬的人才不断涌现，大家心往一处想、劲往一处使，工作不断取得新突破。

时间的长河奔涌向前，奋斗的脚步永不停歇。这些年，那艳玲潜心钻研，一张张图纸在她和团队成员手中诞生、一条条舒适便捷的线路有她和她的团队守护。问及一路走来，最大的感悟是什么？那艳玲觉得，只要在自己的岗位上踏实肯干、保持乐观、坚持到底，所有的付出都会有所收获。这也更加坚定了她要在轨道交通环境设计领域继续发光发热、为钟爱的事业添砖加瓦的决心。

扫码观看视频

采访手记

心中有梦　笃行致远

在大多数人看来，搞科研、做设计非常辛苦，不仅周期长、出成果慢，而且要耐得住寂寞、坐得住“冷板凳”。然而在那艳玲眼里，科研工作中“发现”的乐趣和把想法变成现实的魅力，是其他行业所不能比拟的。

采访中，讲到攻坚克难的过程时，那艳玲笑着说：“虽然挺辛苦的，但是能有机会为梦想去拼搏，和大家一起研究出新成果，我觉得非常开心。”从初出茅庐到独当一面，在轨道交通环境设计这条科研道路上，她勇敢追梦、锐意进取，以实际行动彰显了新时代铁路人的先行风采和奋斗精神。

在宽广的人生舞台上，只要心中有梦，为梦想坚持不懈、努力拼搏，每个人都有机会实现人生价值，成就更好的自己。

（原载于2023年9月22日《人民铁道》报1版）

谢永江

中共党员，中国铁道科学研究院集团有限公司首席研究员，铁道建筑研究所工程材料事业部主任，曾获北京市劳动模范、首都劳动奖章等荣誉，获茅以升铁道科学技术奖、詹天佑铁道科学技术奖成就奖等奖项。

以匠心守初心　以创新致未来

——记中国铁道科学研究院集团有限公司首席研究员、铁建所工程材料事业部主任谢永江

许媛媛　邓彩屏　刘　竞

金秋时节，刚从高原铁路建设现场出差回来的谢永江，风尘仆仆拖着满箱资料，一头扎进办公室，开始新一轮的科技攻关。

一片匠心，一份执着。入行38年来，谢永江完成了许多急难险重的任务，又好像只做了一件事——研究混凝土技术。

深学精研，永不止步。现任中国铁道科学研究院集团有限公司首席研究员、铁道建筑研究所工程材料事业部主任的他，始终将破解铁路工程重大难题作为自己的科研课题，坚持把论文写在祖国万里铁道线上，把科研成果应用在推动铁路高水平科技自立自强的实践中，用满腔热忱谱写着科技报国的赤子之歌。

初心不改，创新超越，把不可能变为可能

“榜样的力量是无穷的”，这句话放在谢永江身上颇为贴切。

20世纪末，西藏仍没有铺上一寸钢轨。在青藏高原上建设一条经济、快速以及全天候的铁路大动脉，势在必行。

“早在听前辈们讲述当年工作经历的时候，‘一定要参与青藏铁路建设’的种子就在我心里生了根。当机会到来时，我感觉前辈们的研究成果和自己多年的努力，就是在为这一刻做准备。”谢永江回忆道。

谢永江（右）指导同事进行微观分析试验　中国铁道科学研究院集团有限公司提供

苍茫雪域，巍峨昆仑。青藏铁路是世界上海拔最高、线路最长的高原铁路，穿越多年冻土地带路段约 547 公里。冻土对季节温度变化非常敏感，受热融化下沉，遇冷则冻结膨胀，严重影响地基稳定性。为确保建筑工程安全稳定，设计单位提出“以桥代路”的穿越冻土区方案。

当时刚刚担任铁建所混凝土研究室主任的谢永江敏锐地意识到，要在多年冻土层上建桥，必然会在其中灌注混凝土。因此，如何调控混凝土的水化热以确保多年冻土稳定，是工程必须破解的难题。

“困难意味着机遇，没有条件就创造条件，把不可能变为可能。”2001 年，谢永江带领团队建立了首个高原环境模拟实验室，自行设计模拟试验模型，反复开展冻土层混凝土浇筑试验，成功研制出 DZ 系列、适应于铁路不同混凝土结构部位现浇混凝土及蒸养混凝土专用外加剂，获得了行业专家一致认可。

上高原，斗冻土！

为尽快在施工现场找到适配混凝土的原材料，谢永江带领团队深入青藏铁路沿线地区，顶风冒雪，不辞辛劳，仔细调查研究水泥、砂、石以及各种可利用的矿物掺和料料源品质。

“山路陡峭，累了就靠着石头歇一会儿，饿了就啃口干粮继续走。”回想起这些经历，谢永江说，“那时，大家都坚信技术上的小改进可以带来工程施工的大突破。虽然很苦，但我们乐在其中。”

功夫不负有心人。经过反复调试与验证，谢永江和团队成员终于研制出适用于多年冻土环境的耐久混凝土配方及施工工艺，成功破解了在保持多年冻土层不被破坏的情况下安全浇灌混凝土的技术难题，并将该技术在青藏铁路全线推广应用。青藏铁路工程获得 2008 年度国家科学技术进步奖特等奖，耐久混凝土技术正是其中的重要内容。

此后，谢永江踏上了研制、推广不同铁路高性能混凝土的艰难历程。一个个技术难题，犹如一声声冲锋号，激励着这位混凝土专家不断攀登科技高峰。

通过仔细查阅相关资料、虚心求教知名专家，谢永江和团队成员精心设计出数百个高性能混凝土配合比方案，并为此开展了不计其数的试验研究，最后以 20 余件混凝土构件的结构试验，验证了高性能混凝土技术的先进性、可靠性及在铁路行业大规模应用的可行性。

谢永江（左一）深入隧道作业现场开展调研　中国铁道科学研究院集团有限公司提供

大道至简，实干为要。

从全国首条高寒高速铁路哈大高铁，到途经大风干旱地区的第一条高速铁路兰新高铁；从世界首条环岛高速铁路海南环岛高铁，到世界上一次性建成里程最长、技术标准最高的高速铁路京沪高铁……在谢永江和团队成员的不懈努力下，高性能混凝土技术被广泛应用到我国高铁工程中，推动高铁混凝土应用量达 6 亿多立方米，为中国高铁技术持续领跑世界奠定了坚实基础。

不畏艰辛，聚力攻坚，行于责任忠于热爱

今年 9 月 7 日，随着一列银红涂装、配有印度尼西亚国宝级动物“科莫多龙”纹理图案的雅万高铁动车组上线开行，中国高铁“出海”迎来里程碑时刻。

“能为中国高铁技术走出国门贡献力量，我感到无比光荣！”谢永江十分激动。

雅万高铁是中国高铁全系统、全要素、全产业链走出国门“第一单”。其中，高性能混凝土担当了高铁工程走出去的“先行官”。

2016 年，雅万高铁开工在即，前方传来急电——由于当地没有在混凝土中使用矿物掺和料的经验，施工单位无法配制出满足中国标准的高性能混凝土。

临危受命，全力以赴。擅长解决工程“棘手活”的谢永江勇担重任。接到任务后，他立即带队前往印尼。为寻找合适的矿物掺和料，他和团队成员利用短暂的出国时间，翻阅了大量当地地质、环境资料，调研了印尼多个地区、岛屿，走访了多家水泥厂、发电厂。白天，他们马不停蹄地与印尼方一起开展调研沟通，晚上还要加班加点开展试验。

经过两个多月的日夜奋战，他们终于在印尼爪哇岛西部找到了合适的矿物掺和料，并配制出适用于当地高温环境的高性能混凝土，用试验数据告诉印尼方采用中国方案的必要性和可靠性，实现了中国高铁高性能混凝土的“印尼化”。

“我热爱铁路工程材料事业，奉献铁路事业是职责所在，更是毕生理想。”谢永江说。

2017 年 4 月 8 日夜间，办公室电话铃声猛然响起，阻断了谢永江准备回家休息的脚步。原来，彼时施工正酣的沪通长江大桥深水区水下混凝土施工遭遇堵管难题，业内多位专家到现场未能破解，上级部门紧急致电，希望他去试试。

谢永江掷地有声地回答："坚决完成任务！"他火速召集团队成员，研究分析可能造成现场堵管的原因，论证不同解决方案的可行性。随后，他带队赶赴沪通长江大桥建设现场。"狂风呼啸，江水湍急。我们跨过摇晃的栈桥，爬上陡峭的灌注平台，掌握了第一手资料。"谢永江说。

谢永江（右一）参与隧道喷射混凝土试验　中国铁道科学研究院集团有限公司提供

经过连日调查、试验和研究，谢永江创新提出采用疏水性复合浆体作为水下混凝土隔水保护层，防止混凝土水下分散的技术方案，经反复修正与调整，形成了水下混凝土"盾壳法"密实成桩技术，得到施工单位认可，成功破解超深水区水下混凝土施工堵管难题，为沪通长江大桥如期建成通车清除了障碍。

春风化雨，芬芳桃李，点点微光聚而成炬

走进铁路工程建设单位，只要提起谢永江这个名字，大家都会竖起大拇指。

谢永江常说："人才是一个单位事业发展的基础，有了优秀的人，其他困难都不是事儿。"在搞好科研工作的同时，他十分重视人才培养，毫无保留地把自己积累的知识和成功经验传授给年轻人，并为他们成长成才创造机会、搭建平台，鼓励他们在实践中建功立业。

"谢主任日常对我们要求非常严格。但在研究解决问题方案或面对我们的失误时，他从来不把自己的意见强加于人，而是和我们一起直面问题、分析原因、探讨解决方案，让我们从内心深处有正视错误、改正错误的力量。"副研究员李书明说。

一花独放不是春，万紫千红春满园。在谢永江的悉心指导与示范带动下，工程材料事业部已从当初只有几个人的小部门成长为上百人的铁建所中坚力量。近两年，团队中有多名青年人才获得国家级"万人计划"领军人才、"百千万人才"工程专业技术带头人、火车头奖章等荣誉。

"一个人的力量终究是有限的。我想尽可能多地和大家交流分享经验，一起为铁路高质量发展作贡献。"谢永江说。

跋山涉水，步履不停；山高水长，映照初心。谢永江带领的这支被铁路建设大军评价为"铁打的队伍"的团队，用脚步丈量着大地和时光，挥洒汗水，披荆斩棘，无问收获，但问耕耘。

扫码观看视频

采访手记

有梦想，永远激情飞扬

接触过谢永江的人，总会被他的激情所感染。

入行 38 年，谢永江带领的工程材料事业部从当初的小研究室发展到今天行业知名、路内领先的优秀团队，先后承担国家重点研发计划项目、国家自然科学基金项目、中国国家铁路集团有限公司科技攻关项目等 100 余项，荣获国家级、省部级科技奖励逾 70 项……这一项项荣誉背后，深藏着他们为铁路工程浇筑耐久基石的雄心壮志。

在谢永江看来，自己是幸运的，作为众多科研人员中的一员，赶上了高速铁路快速发展的新时代、站上了科技逐梦的大舞台。未来，除了继续发挥所长，他还想带动更多年轻人投身这个舞台，为铁路高水平科技自立自强作出贡献。

的确，能在自己热爱的领域不断耕耘和收获，还有什么能比这更让人快乐的呢！

（原载于 2023 年 10 月 13 日《人民铁道》报 1 版）

董昭阳

中共党员，中国铁路国际有限公司高级工程师，印尼雅万高铁承包商联合体工程部经理，曾获国际公司先进工作（生产）者等荣誉，被印尼交通部评为“中印尼科普文化交流大使”。

远渡重洋开新路　海外舞台写青春

——记中国铁路国际有限公司驻印尼雅万高铁承包商联合体工程部经理董昭阳

王召杰　任卫云

绚丽南洋，千岛之国，一列列“中国造”高速动车组列车在爪哇岛驰骋。10 月 17 日，中国共建“一带一路”倡议和印尼“全球海洋支点”构想对接、中印尼两国务实合作的旗舰项目，中印尼共建“一带一路”合作的“金字招牌”——雅万高铁正式开通运营，印尼跨入高铁时代。

“所有的付出都值得！”中国铁路国际有限公司驻印尼雅万高铁承包商联合体工程部经理董昭阳感慨良多，“雅万高铁是中国高铁全系统、全要素、全产业链走出国门的‘第一单’，有幸参与建设，我深感光荣。”

雅万高铁连接印尼首都雅加达和旅游名城万隆，线路全长 142.3 公里，最高运行时速 350 公里，是印尼乃至东南亚第一条高速铁路，不仅承载着印尼人民对美好生活的向往，也是地区发展中国家携手迈向现代化的成功范例。

2017 年底进驻雅万高铁项目以来，董昭阳精心做好施工计划编制、施工组织管理、重点工程推进等工作，在异国他乡一干就是 6 个年头。

时光记录难忘瞬间，更丰厚了人生履历。在“一带一路”建设最前沿，董昭阳见证并助力雅万高铁从构想到现实、从愿景到实景的华丽嬗变，书写了心怀大局、报效祖国的精彩人生篇章。

廿载高铁缘，一朝出海去

“我最大的愿望就是干好本职工作，不给国家丢脸！”董昭阳中等个子、皮肤黝黑、穿着朴素，如大多数工程人一样不善言谈，聊起工作时却打开了话匣子。

雅万高铁全线采用中国技术、中国标准。董昭阳深知，作为建设者，他们肩负着将中国高铁方案带到海外、服务“一带一路”建设、造福更多民众的重任。

董昭阳（右一）在雅万高铁建设现场与施工单位人员对接施工方案　任卫云 / 摄

“我国已建成世界最大高铁网，积累了丰富的高铁发展经验。到海外建高铁，既检验了我们的既有经验，又考验着建设者的能力。”董昭阳说。

谈到高铁，董昭阳与之有着不解之缘。

21 世纪初，在大学学习交通工程专业的他就对高铁颇感兴趣，经常翻阅技术资料，想象着中国有朝一日也能有“飞速奔跑的列车”。

2005 年 7 月，从石家庄铁道学院毕业的董昭阳进入中国铁建十六局集团有限公司工作，参与建设的首个铁路项目就是纵跨湖北、湖南、广东三省，全长 1000 多公里的武广高铁。

从扛着沉重的测量仪器走进人迹罕至的偏远山区，到带着施工机械在比成人还高的灌木丛中清表；从烈日炎炎下在几个山头间奔走忙碌，到连续几个月晚上在闷热、潮湿、蚊虫众多的环境下灌桩施工作业……恶劣的自然环境、繁杂的工作任务，锻造了董昭阳吃苦耐劳、不畏艰难的意志。他珍惜难得的实践机会，如饥似渴地学习高铁施工技术。

此后，董昭阳又在京沪、沪昆等多个重大高铁项目中经受历练。2008年初，他被选派到京沪高铁滕州梁场工作。面对高铁制架梁这一全新领域，他稳扎稳打，白天盯现场，晚上学资料，一个接一个步骤熟悉。梁场临建布置、梁场建设、设备进场组装、箱梁试生产、梁场认证、箱梁架设……几个月下来，他已经熟练掌握高铁制架梁整套流程和技巧。

就这样，凭着一股永不服输的韧劲和敢闯敢试的冲劲，董昭阳从略知高铁皮毛的业务"小白"成长为高铁施工领域的行家里手，逐渐独当一面。

"人生就是要不断挑战自己！"心怀这个信念，2016年，董昭阳考入中国铁路国际有限公司，准备在海外项目这个大舞台上施展拳脚。

不久后，机会来了。2017年12月，他被委派到雅万高铁项目担任承包商联合体工程部经理。

"是机会，也是挑战。"第一次接触海外工程就是雅万高铁如此重要的项目，董昭阳坦言心里多少有些忐忑。

在万米高空，董昭阳透过机舱窗户向外看去，下方是一片陌生的土地。赶往驻地的路上，印尼的天气着实给他来了一个"下马威"，身穿羽绒服的董昭阳立刻换上了短袖衬衫。"几个小时的飞机旅程，感觉一下子从冬天到了夏天。"董昭阳说，此刻他才清楚意识到自己已经离祖国万里之遥。

"既来之，则安之。没有克服不了的困难！"想到家人的期望、单位的重托、祖国的厚望，不服输的董昭阳下定决心要干出点成绩。他主动学说印尼语、吃印尼餐，主动向进场更早的中国同事请教，全方位摸清工点施工状况。

在国内高铁项目积累的丰富施工经验，给了董昭阳自信。

"爪哇岛是印尼人口数量最多、人口密度最高的岛屿，集中了全国主要工商业、旅游城市，是印尼经济文化最为发达的地区。雅万高铁的里程长度、社会条件、地位意义类似中国的京津城际铁路。"董昭阳说，他和同事们决心在岛上建一条速度快、带动力强的高铁，拉动印尼经济快速发展。

知重仍负重，闯过层层关

“与中国国内相比，雅万高铁的施工环境有很大不同。”回眸过往建设时光，董昭阳感慨道。

几年来的每一天，他几乎都在与高温较量。印尼全年炎热，气温超过30摄氏度是家常便饭。“穿着工作服，戴着安全帽，一天下来全身汗涔涔的，衣服湿了又干、干了又湿。”董昭阳说。

顶着烈日完成一天高强度的工作后，董昭阳还要利用晚上时间整理施工材料，制订次日施工计划。驻地条件简陋，有时晚上停电，空调用不了，忙碌一天的他只能在高温和蚊虫叮咬中睡去。

董昭阳在雅万高铁建设现场　任卫云 / 摄

爪哇岛地处板块交界地带，复杂的地质条件给雅万高铁建设带来了不少困难。

雅万高铁2号隧道全长1052米，是全线13座隧道中地质最复杂、施工难度最大的隧道。洞身围岩是膨胀性泥岩，开挖时多次出现涌泥、大变形、围岩破碎坍塌等险情，严重影响施工进度。

“在国内没见过这种岩土，遇水就化，接触空气就散。”董昭阳坚定地说，“必须啃下这块‘硬骨头’。”

办法总比困难多。董昭阳与施工单位多次对接研讨，并邀请国内外专家指导，最终决定使用洞内 CRD 法再创新施工。建设者将洞口按照“井”字形划分为 9 个工作面，以人工搭配小型机械开挖，同时通过地表注浆对山体和围岩进行加固，搭配采用钢管混凝土桩，有效控制了沉降大变形，最高月开挖 34.2 米。

社会制度、文化传统、思维模式等方面的差异，给施工组织提出挑战。

“受外界因素影响，雅万高铁施工组织方案经历了多次动态调整。”据董昭阳介绍，每次调整方案，他都要协调各承包商梳理剩余工程数量、合理安排资源，详细列明存在问题及解决建议。

一次，印尼方对交地计划提出异议。董昭阳耐心细致地解释按计划行事的重要性和利害关系。最终，双方就交地计划快速达成一致意见。

2022 年以来，雅万高铁建设进入关键冲刺阶段。董昭阳常驻现场，克服诸多困难，打赢了无砟轨道施工、路基移交、钢轨铺设、克缺整治、联调联试等攻坚战。

——2022 年 11 月开始，他协调印尼方施工企业 WIKA 公司尽快向中方无砟轨道施工单位移交工作面。近两个月里，他没有回过雅加达，一直住在爪哇岛的深山里，随时都有蛇虫叮咬风险。

——路基移交期间，董昭阳铁面无私，严格要求 WIKA 公司及时处理桥台和搭板标高超高问题。今年 7 月路基加固施工中，他每天“泡”在现场，连续作战，订方案、盯进展、解难题，一连值了 14 个大夜班。

——今年 2 月，进驻帕达拉朗站，盯控临近营业线施工安全；4 月初，到德卡鲁尔动车所，协助化解影响联调联试的风险；5 月中旬，转战卡拉旺站，督促站内剩余工程施工。为确保雅万高铁按计划联调联试，董昭阳一刻不得闲。为摸清 WIKA 公司声屏障剩余工程量及施工质量情况，董昭阳辗转 18 公里挨个工点步行检查。其实，他的膝盖患病严重，平时上下楼都要扶着护栏。

“虽然累，但想到自己肩负的责任、看到沿线百姓那期待的眼神，又瞬间动力十足。”董昭阳笑着说。

家国两相依，红心向远方

“现在正是雅万高铁正式通车前的关键时刻，一会儿收拾下我还得去现场。”8 月 5 日，董昭阳回到雅加达市区的公寓换洗衣服时，婉拒了同事劝他休息一下的好意。

此前的两个多月，董昭阳一直驻扎在卡拉旺山区施工现场。为了便于工作，施工点的工棚和沿线附近的宾馆、旅店成了董昭阳的“临时营地”。

“拼命三郎”式的工作态度，令身边的人钦佩不已。“不怕累、肯吃苦”“冲劲十足”“敢担当、有作为”……谈起董昭阳，同事和领导赞不绝口。

“董工经常提醒我们，要精细把控雅万高铁工程质量，这关乎中国铁路的形象。”承包商联合体成员单位中国电建水电七局雅万高铁项目部副经理张进科说，对于 2 号特大桥等重点工程的施工安排和技术交底，董昭阳总是逐一盯控、现场指导。

董昭阳眼里不揉沙子。刚开始，印尼施工企业不理解，后来认识到董昭阳都是为了工程好，也被他的敬业精神所折服。

雅万高铁全线线下主要工程，印尼 WIKA 公司承担了不少。为保证施工跟上进度，董昭阳成了该公司工程施工现场的“常客”，经常面对面、手把手帮助破解难题。“BAGUS（印尼语，好样的）！”WIKA 公司相关负责人夸赞董昭阳。

好几次，WIKA 公司现场技术人员在半路遇到董昭阳徒步查看线路，都会主动停下摩托车载他一程。一些印尼工人在工棚休息时，看到董昭阳路过，都会主动打招呼，请他喝咖啡或热情合影。

“感谢妻子的付出和对我工作的支持。”董昭阳说，6 年来，他回国的次数屈指可数，妻子挑起了照顾老人和孩子的重担。由于回国不方便，他就尽量挤时间跟她视频聊天，弥补不能在妻子身边陪伴的遗憾。

“他在国外也不容易，吃了不少苦，何况做的是为国争光的事，我们感到很自豪！”妻子十分理解董昭阳。

现在，雅万高铁开通运营了，他终于可以安心与家人团聚了。董昭阳欣慰不已："我计划抽空带家人到印尼走一走、看一看，乘坐雅万高铁列车，跟他们讲讲这几年的难忘故事。"

"感恩愈发强大的中国，'一带一路'倡议朋友圈不断扩大，为我们提供了广阔的海外奋斗平台。"放眼未来，董昭阳心潮澎湃，"听从召唤，到祖国最需要的地方去，把'一带一路'这条造福世界的幸福之路铺得更宽更远。"

扫码观看视频

采访手记

增色添彩　美美与共

雅万高铁通车前，董昭阳一直在工程现场奔波忙碌。项目开通的喜讯传来，面对各方夸赞，他连连摆手说："这是所有建设者共同努力的结果。"任务来了往前冲，成绩出了不抢功，董昭阳身上彰显出中国铁路建设者踏实工作、谦逊做人的优良品质。

面对国外复杂的施工环境和艰巨任务，董昭阳数年如一日，知重负重、迎难而上，以拳拳爱国心和强大意志力拓荒开路，取得了突出的业绩。

10年来，共建"一带一路"成为深受欢迎的国际公共产品和国际合作平台，离不开像董昭阳这样万千建设者的接续奋斗。汇聚众人合力，这幅通达世界的画卷将更加壮美，"美美与共"的和音将更加动听！

（原载于2023年10月31日《人民铁道》报1版）

王中美

中共党员，中国中铁工业九桥公司焊接试验室电焊工匠技师，享受国务院政府特殊津贴，曾获全国优秀共产党员、全国五一劳动奖章、全国劳动模范、全国技术能手、全国三八红旗手、中国青年五四奖章等荣誉。

钢板之上绣“美”花

——记中国中铁工业九桥公司电焊工匠技师王中美

陈梦竹

东襟鄱湖浩渺，北枕长江滔滔。中国中铁工业九桥公司坐落在江西省九江市浔阳区滨江东路148号。

这里，有这样一位“首席女焊将”。她入行二十二载，以20吨焊丝焊就了10万米焊缝，在朵朵焊花中淬炼工匠精神，践行铮铮誓言。

60余座世界一流桥梁留下了她的坚实足迹，27项技术攻关、19项技术专利，填补了多项焊接工艺国内空白，在技术创新、攻坚克难中映照着她的如磐初心。

从一名普通的电焊工学徒到全国劳模、全国优秀共产党员、全国技术能手……她就是手握焊枪在钢板之上“绣花”的王中美。

女承父业，两代人的大桥接力赛

桥，对于大多数人来说是城市交通的纽带。但对于王中美来说，桥是为之奉献一生的事业。

“每次有机会路过自己参建的桥，感觉既踏实又幸福。”平时，工作生活在九江的王中美时常会到九江长江大桥边上走一走。因为她的电焊梦是从这里起航。

1973年12月，王中美的父亲王全亮主动请缨，成为建设九江长江大桥的第一代电焊工。

江水滔滔，一望无垠。1981 年，王中美在静谧古朴的湖北省黄梅县小池镇出生。母亲带着王中美过着与父亲分隔两地的生活。尽管只是一江之隔，但一家人却难得团聚。站在江边守望着父亲的归来，占据了她对父亲的记忆。

1993 年 1 月 16 日，历时 20 年建设，九江长江大桥公路桥通车。父母早早带着她来到通车典礼现场，这一天成为王中美终生难忘的日子。父亲一改往日满头灰土的模样，容光焕发，精气神十足。

整个桥面人山人海，热闹非凡。站在大桥上，父亲笑容满面，自豪感溢于言表："以后呀，再也不用等渡船了！今后，我们国家还会建更多、更长、更好的桥，跨江的、跨海的，有可能还会到国外建大桥！"

望着横卧江面的大桥和神采奕奕的父亲，在那一瞬间，王中美觉得父亲特别伟岸。这一刻起，一朵朵跳跃的焊花在 12 岁的王中美脑中掀起了"燎原之势"，用焊枪捍卫大国重器的梦想也悄悄埋进了心间。

王中美（右二）与徒弟在进行业务交流　中国中铁工业九桥公司提供

"大桥开通不久后的一天，天还没亮，父母推着自行车带着我从江对岸出发，中午走到江这边，我吃了两个萝卜包子……”时过境迁，王中美回忆起来依旧热泪盈眶。

2001 年，20 岁的王中美走出校门，毅然选择接过父亲手中的焊枪，继承父亲的电焊事业，成为一名电焊工，一干就是 22 年。

刚开始，王中美印象还停留在与焊花初遇的场景：“焊花飞溅犹如绚烂烟花，分外美好。”然而，当自己拿起焊枪、头戴安全帽、穿上电焊服，站在焊花的背后，她体会到的却是不一样的风景，一切都变得不再那么美好。“拿开面罩多看了几眼弧光，眼睛就肿成一条缝，眼泪止不住地流，整张脸也开始起皮。虎口麻、胳膊疼、眼睛酸……”王中美说。

“我自从当上电焊工，皮肤就变得很粗糙。我没有留过长指甲，也很少穿高跟鞋，辛苦工作一天，腰部就像箍了一块铁板。放下焊枪，舒展一下身体，抬头看一眼蓝天白云，看一眼红花绿草，就是最幸福的事。”她回忆起那段苦中带甜的日子。

当梦想照进现实，王中美深切体会到焊花绽放背后的艰辛，也更能读懂父亲不舍昼夜的坚守与选择。

2015 年，中国中铁工业九桥公司再次成功中标九江长江大桥加固改造工程。王中美有幸参与其中，父女俩以这种方式与大桥再续前缘。

初心不改，在勤奋与坚守中成长

狭窄的作业空间、僵立的持枪姿势、焊接时的熏烤、弥漫的粉尘……同期进厂干电焊的几位女工先后转行，王中美也曾有过动摇的念头。但一想到自己亲手焊接的大桥能够横跨祖国的江河湖海、崇山峻岭，为人民出行带来便利，不服输的王中美顶住压力、稳住内心，倔强地坚持下来。

那时，父亲对她说：“你不只是简单的烧电焊，你是在捍卫一座大桥的生命，是在见证祖国桥梁事业的发展。岗位也许平凡，但意义重大、责任重大。”

王中美把父亲的话牢牢记在心底，苦练焊接手法，钻研焊接技术。为尽快掌握焊接技术，她白天认真观察师傅的操作手法，领会“一招一式”，对各种施焊要领一一牢记、反复琢磨，下功夫把施焊的站位、角度、手法钻研了个透。下了班，她找个角落练习，晚上就连做梦都在苦练焊接基本功。

慢慢地，王中美的焊缝越来越均匀、成型越来越漂亮。她焊接的产品一次性探伤合格率达到 99%，成了名副其实的“免检王”。

2004 年，中国中铁工业九桥公司承接港深西部通道后海湾大桥钢箱梁的制造任务。该桥设计及监理均为英国的公司，钢箱梁材质采用英国的一套标准，对焊接的要求与国内不尽相同。英国公司规定所有参与焊接施工的人员必须先通过外籍监理和业主代表组织的焊接考试。

在师傅的支持下，23 岁的王中美报了名。她对大桥所涉及的焊接工艺仔细研究琢磨，反复操练，遇到不懂的地方就向师傅和工友请教。

在专业技术人员的现场监考下，王中美以焊接细腻有创意，在业务比武中胜出。

被选中参与港深西部通道后海湾大桥钢箱梁的施焊作业后，善于总结和积累经验的王中美对世界有关电焊标准和技术有了更深的了解和掌握。在项目结束时，她满载而归，焊接水平实现了质的飞跃。

王中美（中）在施工现场和作业人员进行技术交流　中国中铁工业九桥公司提供

2010 年，中国中铁工业九桥公司承接了 3.6 万吨合福高铁铜陵长江大桥钢梁制造任务。该项目任务重、工期紧，对焊接要求特别高，急需人员驰援。

王中美得知后主动请缨，带领 6 名女子电焊突击队队员从九江紧急赶赴铜陵工地。

时值盛夏，似火的骄阳炙烤着大地。人们在室内都觉得暑热难耐，王中美却需要戴着口罩站在密闭的箱体里进行焊接。

在这样一个酷热的“蒸笼”内，王中美常常一干就是 10 多个小时，而且专挑难的施焊部位，易操作的施焊部位都安排给工友完成。

有一次为了保工期，连续作业好几天后的她晕倒在现场。工友们实在不忍心，劝她好好休息几天，可她在工地宿舍休息了一天，又回到了现场。

她说：“我是工班长，我的离开会影响大家的士气，这样下去会耽误工期。我还是一名共产党员，这个时候，我不上谁上！”就这样，还未恢复体力的她又重新投入紧张的工作中。一个月后，工程项目如期完工，并全部一次性验收合格。

王中美（左）指导徒弟刘青进行施焊作业　中国中铁工业九桥公司提供

倾囊相授，为年轻人照亮前行的路

“一个人再能干，力量也是有限的，整个团队的能量是无穷的。”王中美说。如今，她把技术毫无保留地传给更多年轻人。

2013 年，女子电焊突击队领头人的接力棒光荣地递交到了王中美手中。

说起这支以女子为主力的焊接队伍，大家无不竖起大拇指。10 年来，在王中美的带领下，女子电焊突击队屡次在桥梁施焊攻坚中大显身手，出现在一座座国内外知名桥梁建设现场，累计完成焊缝长度超 100 万米。

王中美不仅要求自己焊接的成品全部合格，而且严格要求女子电焊突击队队员完成的产品一次性探伤合格率达到 99% 以上。她要让团队焊接的成品成为驻厂代表、监理眼中的“免检产品”。

在进行南京大胜关长江大桥整体节点钢梁焊接工作时，面对高温、工位空间狭小、箱体底板温度超过 60 摄氏度，且焊接中途不能停止，否则会引起箱梁整体变形的情况，王中美带领女子电焊突击队队员们克服重重困难，在工期内高质量完成了任务。

火花四溅伴着大汗淋漓，汗水把衣服全部浸湿，双脚被烫得难以忍受，整个团队却没有一个队员退缩。心细的王中美捡来木板给大家垫在脚下隔开发烫的钢板，并不断鼓励队员们一鼓作气、认真对待每一条焊缝。就是在这样的环境中，大家硬是咬牙坚持下来了，保证了工期进度，保证了焊接质量。

焊接工作对女性的皮肤、体能是很大的挑战，但王中美总是很自信：“我们女同志的优势是体格小，比男同志更灵活、更细心，耐力也更好，焊缝成型美观、质量稳定。经过多年的磨炼，现在几十公斤重的焊材，我们照样能扛动。”

面对徒弟在业务上的困惑，王中美语重心长，言传身教：“只要手里的焊枪拿起来，就要对每一条焊缝负责。”“焊接时不要有太多想法，心要静。”只要有她在，大家心里就有底。

在她的帮助和影响下，一批批年轻人脱颖而出。现在，女子电焊突击队队员个个都是焊接能手，每个人都能独当一面。这支队伍也成了公司最能啃硬骨头的“尖刀连”，先后获得全国三八红旗集体和全国五一巾帼标兵岗等荣誉。

2015 年，中国中铁工业九桥公司成立“王中美劳模创新工作室”。创新工作室成立以来，王中美围绕施工现场技术难点和热点，先后组织开展了 20 多次材质试验和焊接攻关活动，取得了 27 项技术攻关成果、19 项创新成果，开展面向一线员工的技能培训、考试等活动 5000 多人次，不仅为企业培养出大批优秀电焊工，而且为九江市各大职业高校、工业园区企业培养了人才。

焊花在王中美身上留下了累累的印记，也留下了熠熠的勋章。

从女承父业的“新手小白”到技术一流的“免检王”，从基层一线电焊工人到全国技术能手……如今，王中美已经是公司的“首席电焊工”和电焊高级技师，可她却并不满足，依然沉浸在攻克新材质、新工艺、新工法的世界里乐此不疲。

走出一线车间的王中美，又在思考着大国工匠的传承问题。她说：“作为一名技术工人，今后我会继续执着钻研、爱岗敬业、精益求精，为这一领域培养出更多能够独当一面的焊接人才。”

扫码观看视频

采访手记

朵朵焊花映初心

王中美工作服上一个个火花飞溅的痕迹诉说着一名电焊工的艰辛。年逾不惑的王中美，身材消瘦，性子直爽，说起话来大大咧咧，一双大眼睛灵动而有神。当谈起自己和电焊的那些事儿时，她脸上绽开笑容，眼眸更明亮了。

在所获众多荣誉中，王中美最喜欢的是中国中铁“十大专家型技术工人”。她说，这个称号最贴近自己的身份。她对未来的展望很朴素、简单：把技术工人这一本职工作做到底、做到极致。

一路走来，正是始终坚守这一初心，王中美从普通焊接工人逐步成长为工匠技师，22 年不懈奋斗，在钢铁与火花中谱写了一名产业工人对中国桥梁建造事业的执着追求。

（原载于 2023 年 7 月 24 日《人民铁道》报 1 版）

张帅坤

中共党员，中国铁建重工集团股份有限公司掘进机研究设计院副院长，曾获全国五一劳动奖章、火车头奖章、首届湖湘工匠提名奖、全国首届盾构工匠等荣誉。

埋头潜行“掘”光明

——记中国铁建重工集团股份有限公司掘进机研究设计院副院长张帅坤

周 琼

麓山脚下，湘水之滨，素称“工程机械之都”的湖南长沙，一排排鲜红色钢结构厂房鳞次栉比。每年，大大小小的盾构机从这里出发，在全国乃至世界的地下工程建设中“大显身手”。然而，就在十几年前，这里还是一大片荒芜的鱼塘。中国铁建重工集团股份有限公司在这里的“安家落户”，就如一襟起于青萍之末的风，和着中国轨道交通大发展的脉动，掀开了国产盾构机自主创新的新篇。

从跟跑、并跑再到领跑，中国铁建重工集团股份有限公司掘进机研究设计院副院长张帅坤是见证并推动国产盾构机发展壮大的一员。作为自主创新的坚定实践者，一路走来，张帅坤就像一台穿山掘地的盾构机，在国内研发空白、行业前景未明的情况下，一头扎进泥水平衡盾构机自主研发的“深幽隧道”，13 年潜心钻研、精益求精，在一次次技术升级和工程突破中，带着团队“掘”出国产盾构机的广阔前景，也迎来一个又一个“高光时刻”。

从操作到研发，矢志掌握核心技术

有一种虫在啃食木头时，一边向前钻，一边在孔壁上分泌液体形成坚韧外壳，起到支撑保护作用——这就是盾构机掘进隧道的原理。

张帅坤在盾构机操作室调试设备　汤叶 / 摄

盾构机是集机械、电气、液压等技术于一体的大型高端装备。它可以一边挖掘隧道，一边铺设管片，实现隧道主体结构一次构筑成型，具有对周围环境影响小、自动化程度高、施工快速、优质高效等优点，被称为“世界工程机械之王”。

然而，如此重要的装备，在我国过去只能依靠进口。

2008 年，张帅坤大学毕业后便进入一家铁路隧道施工单位，负责管理、租赁国外引入的盾构机。在外人看来，这是一份轻松、待遇丰厚的工作，但张帅坤却觉得十分“煎熬”。

没有掌握核心技术，张帅坤监管的进口盾构机一旦发生故障，只能请求外方帮助。这样一来，不但费用昂贵、维修周期长，而且外方也不会透露故障原因和解决办法。

每当这时，跟在外国技术人员后面负责签单的张帅坤，犹如面对一堵密不透风的高墙。渴望研发出国产盾构机的强烈愿望，惊涛拍岸般激荡在他的胸膛。

要研发，就要先学懂弄通。2009 年初，张帅坤主动请缨，在完成本职工作的同时担任盾构机司机，并且不要额外工资。在同事和亲友不解的目光中，他义无反顾走进钱塘江底的隧道工地，成为一台进口盾构机的主司机。

隧道里阴暗、潮湿，机器运转产生的高温让人汗流不止，很多人不愿意做这份工作。农村长大的张帅坤，打小割麦子、挖红薯、收花生……地里农活都干过，他能吃苦、不怕累，值班时在隧道里高强度工作，下班回到宿舍还继续研究图纸。

一年多时间，张帅坤终日在见不到阳光的隧道里开着盾构机。直到掘通1766米的“钱塘江第一隧”，他迎来了人生的“曙光”。根据实操经验，张帅坤所作有关盾构机施工的论文，在业内获得认可。更重要的是，一年多的磨砺让他几乎摸透盾构机的每个零部件，也让他有信心造出中国人自己的盾构机。

2010年，张帅坤加入刚组建不久的铁建重工，这个不引进国外盾构技术的企业，与他的志向不谋而合。

张帅坤（左三）带领团队人员在生产车间进行研讨　汤叶 / 摄

张帅坤来自机械专业，他积极向不同专业背景的同事请教，拓展知识面。

不会画图，他就从最基础的内容开始练，盾体、主驱动、拼装机……每一个部件，从二维转为三维，他画了一版又一版，每天忙到凌晨才离开单位。

凭借以往操作盾构机的经验以及对地质情况的了解，2012 年，张帅坤带队研发的首台国产 6 米级复合式泥水平衡盾构机“行健号”成功下线。

这是团队第一次研制出用于工程实际的盾构机，要在浑河河床 13 米以下进行施工。团队成员范瑞强回忆，初期的掘进很辛苦，张帅坤带着团队一点点磨合，最终盾构机连续掘进 2400 米，超前完成任务。这是国产盾构机首次穿越浑河，为张帅坤带着团队继续自主研发提振了信心。

张帅坤（左三）带领团队人员检测设备　汤叶 / 摄

从小盾构到大盾构，攻关铸造“国之重器”

张帅坤团队研制的“行健号”最先投用，但他们涉足泥水平衡盾构机研发在更早之前。当时，一个项目施工面临兰州黄河底部富水全断面漂石地层的情况。过去在类似地层的隧道掘进中，进口泥水平衡盾构机因无法排出其中的大粒径卵石“吃尽苦头”，专家断定这类工程不能再用泥水平衡盾构法。

不迷信权威，不盲从既有学说，张帅坤团队临危受命，誓要啃下这块“硬骨头”。

破排大粒径卵石，关键在于环流系统。第一次担纲技术带头人，张帅坤买来大量关于流体输送力学的书籍，仔细查阅。长沙到兰州1600多公里的距离，4个月时间，他往返20多次实地考察；为研究透彻，把五六公斤重的大石块一路抱回来……终于，通过创新性采用双采石箱、二次破碎等技术，张帅坤带着团队实现国产盾构机穿越黄河底部的目标，破解了泥水平衡盾构机在全断面大粒径漂石地层中施工的难题。

小盾构、大盾构、超大盾构……盾构机直径越大，制造难度越大。随着京哈高铁京沈段施工的推进，张帅坤和团队迎来全新挑战——研制2台直径10.87米的大直径泥水平衡盾构机。

这是第一次做大直径盾构机，张帅坤压力巨大却斗志昂扬。从长沙到北京，他不知疲倦地一次又一次考察、研讨。婚期临近，他抽不开身回家筹备。直到一次出差路过河南老家，他才用半天时间把婚礼仪式“顺便”办了。

为保证生产质量，设备生产期间，张帅坤把自己的办公室从技术楼搬到了生产车间，这样遇到问题他能第一时间得知并予以解决。

为保证制作精度不受工件直径大的影响，他们设计了专用机床，通过固定工件移动机床的方式保证质量。为提升大盾构对泥浆控制的灵敏度，他们采用气压的方式，实现对阀门高精度的联锁控制……大半年时间，2万多个零部件一点点生产、组装起来，张帅坤带领团队生产出高铁大直径泥水平衡盾构机——“望京号”。

2016年，“望京号”成功下线，掘进时地面沉降仅0.68毫米，达到世界领先水平。同年，团队研发的铁路双线超大直径泥水平衡盾构机“中原一号”顺利始发，开挖直径达12.81米。自此，“洋盾构”独占我国大直径泥水平衡盾构机施工领域的局面一去不返。

16米级超大直径、150米整机长、4300吨总重量……2020年，张帅坤带领团队，仅用7个月研制出目前国产最大直径盾构机——“京华号”。这台涂装着国粹京剧脸谱的超大盾构机亮相国家“十三五”科技创新成就展，是当之无愧的“大国重器”。

从国内到国外，匠心擦亮民族品牌

盾构机是定制化产品，每一台都要结合工程实际单独设计。为深入了解地质和施工情况，每个月，张帅坤有一半时间在外出差。他的办公室的角落里总放着装有日常用品的行李箱，以便他随时出发。正是与施工现场的紧密结合，2017 年，张帅坤研制成功国产盾构机常压换刀技术，一举打破了国外垄断。

2019 年，张帅坤团队研发的盾构机走出国门，远销韩国、印度、意大利等地。

走出去就代表国家的形象，张帅坤在技术把关上更加高标严管。面对外方的质疑，他根据工程和技术实际，制订适宜的设计方案。盾构机上空间狭小，有的通道仅 600 毫米，张帅坤爬上爬下，不放过任何一个关键件，就连盾构机尾部出渣管道的布线，都坚持横平竖直、简约美观……近乎苛刻的要求，让国产盾构机这张名片在海外越擦越亮。

2020 年，印度一次性引入 5 台张帅坤团队研制的盾构机。为保障施工安全，团队成员疫情期间仍坚守在异国他乡提供技术服务，张帅坤则在国内配合做好整体把关。半年时间，他们的盾构机在同期项目中最先实现贯通。

虽然早已不是盾构司机，但张帅坤奋进的“刀盘”从不曾停歇。火车头奖章、全国首届盾构工匠……一项项荣誉记录着张帅坤奋进的足迹，也彰显着我国轨道交通技术人员自主创新的决心和实力。

扫码观看视频

采访手记

朴诚奋勉　求实创新

在2个小时的采访中，张帅坤接了9个工作电话。尽管频频被打断，他依然能条理清晰地说出每一台盾构机的编号和研发历程。

谈及过去的工作时光，张帅坤印象最深的是做盾构机司机那年的农历除夕，在30多米的钱塘江底、1000多米的隧道深处，他一个人独守值班，第二天走出去看到隧道口的亮光，泪流满面。在那个辞旧迎新的长夜里，这个怀揣“自主创新梦”的年轻人为国产盾构机的研制努力着。

回顾张帅坤这些年的经历，我们可以看到一种朴素的、真挚的、汹涌的、可以称之为“信念”的精神财富，展现了奋力推动我国自主创新、实现高质量发展的强大力量。

（原载于2023年5月18日《人民铁道》报1版）

冯　浩

中国通号研究设计院集团北京铁路信号有限公司信号组调工，享受国务院政府特殊津贴，曾获全国技术能手、中央企业技术能手、中央企业青年岗位能手、中央企业劳动模范、北京市有突出贡献的高技能人才等荣誉。

高铁信号的“守护者”

——记中国通号研究设计院集团北京铁路信号有限公司信号组调工冯浩

陈梦竹

10月的北京，秋高气爽。走进中国通号研究设计院集团北京铁路信号有限公司生产中心列控组调班，信号组调工冯浩正在争分夺秒测试机车信号车载设备。

高铁信号对于高铁安全稳定运行至关重要。冯浩的工作就是调试各种各样的信号设备，把好质量关。

安全责任重于泰山。工作24年来，他精益求精，在别人看来单调枯燥的工作，他却乐此不疲。从初出茅庐的信号“小白”，到职业技能竞赛冠军、全国技术能手，冯浩完成了两个看似遥不可及的身份之间的跨越，用实际行动默默守护铁路运输安全。

24年初心未改，24年始终如一。

争做业务过硬的“领头雁”

1999年，21岁的冯浩毕业后进入中国通号北信公司电装车间整机班。“只要做，我就要做到最好。”冯浩怀着这样的决心，学习组装、练习焊接、钻研产品原理，勤学苦练、精进技能。很快，他就成长为一名技术过硬、操作熟练的技术工人。

2005年，冯浩被调入调试班，成为一名信号组调工。调试班不仅要调试生产线上正常产出的产品，而且要完成工单尾单和返修产品疑难问题的诊断处理。特别是返修的故障产品，使用环境各不相同、故障现象千差万别、故障诊断和修复难度高，处理起来费时费力，一般人不愿意干。冯浩却认为，诊断故障就像医生看病一样，一定要见多才能识广。

冯浩刚来到调试班，就遇到一件棘手的事——一件烧焦后面目全非的印制板。他一筹莫展，便带着难题去请教师傅，而师傅却轻而易举就解决了。“有太多东西需要我从头学起。”冯浩的学习热情被激发出来。他白天跟着师傅学技术，晚上挑灯钻研原理图纸，遇到难题总是迎难而上。

工单尾单和返修产品的故障总是五花八门，每当工班长将这些任务交给冯浩时，他不但毫无怨言，而且十分兴奋。故障不排除，他吃不下饭、睡不着觉。日积月累，冯浩处理的故障数量越来越多，技能提升得也越来越快。

ATP（列车自动保护系统）是一种重要的列车安全防护设备，可以有效提高列车的安全性，保障旅客生命安全。2007 年，北信公司与国际知名企业庞巴迪公司合作开展 ATP 产品的国产化，冯浩作为生产骨干被选派参加 IPC（国际电子工业联接协会）系列标准学习。

冯浩在测试 VCU　崔健 / 摄

国外产品的设计理念、加工工艺、加工设备、检验方法都与既往经验有着巨大的差异。为保证国产化工作进度，冯浩白天和同事一起听外国专家授课，按条按序做好记录，晚上回家上网查资料，想方设法弄懂专家讲授的内容。如果还不明白，冯浩第二天上课就拉着翻译一起追着专家问。由于学习成绩优异，他先后参与了车载ATP产品国产化所有模块的生产和调试，为日后精通ATP全系列产品的故障诊断和功能修复奠定了牢固基础。

十年磨一剑，今朝露锋芒。2010年，冯浩迎来了职业生涯的第一次大考——中国通号第十二届职业技能大赛。由于经验不足，满怀信心去参赛的冯浩只获得了第3名。但他没有气馁，而是细心总结比赛经验，继续刻苦练技，以备再战。

功夫不负有心人，两年后，冯浩参加了中国通号第十三届职业技能大赛。备赛期间，他因抢修任务而错过系统集训，又在竞赛关键环节遇上了非日常工作涉及的产品。但冯浩凭借扎实的基本功、日常的用心积累以及比赛现场的从容，以干净利落的表现和用时最短的成绩赢得了在场所有裁判和选手的称赞，最终成功问鼎冠军，获得了全国技术能手荣誉称号。

勇当攻坚克难的“排头兵”

每逢急难险重任务，总能看到冯浩的身影。家住单位附近的他，只要公司有急活，不论白天还是黑夜，总是随叫随到，没有一句怨言。

2010年6月的一个周末，正在家吃晚饭的冯浩接到公司产品升级改造的紧急任务，要和另一名同事马上赶到机场，乘飞机前往青岛出差。冯浩二话没说放下碗筷，向妻子说明了情况，便急忙赶去公司收拾工具。当他收拾好工具准备出公司时，看到妻子已经拿着行李在大门口等他了。

“这么多年加班、出差的情况数不胜数，陪伴家人的时间屈指可数。特别感谢他们对我工作的理解和支持，他们是我最坚强的后盾。”提起家人，冯浩总觉得满怀歉意。

半夜才赶到青岛的二人，第二天一早便投入了工作。“工作地点是在厂房里的一辆机车上，不能通电，没有空调，没有照明，只能一个人打着手电筒一个人干活。”冯浩回忆当时的场景，“设备立在机车上，只留有一条半只脚宽的夹道，接线端子排在设备下方。”狭小的空间大大增加了工作难度。那几天，他们每天基本上工作十几个小时，最终成功完成了这次产品升级改造的任务。

冯浩在测试 BTM　崔健 / 摄

2019 年，公司现场运行的 ATP 产品经过多年运行陆续进入故障期，因 ATP 产品价值较高，现场备品不充裕，对返厂维修时间就提出了很高的要求。为满足用户需求、保证高铁安全运营，公司迅速成立维修项目攻关组，抽调了以冯浩为首的一批维修人员集中开展 ATP 产品维修攻关。冯浩凭借丰富的产品调试和维修经验，成为攻关组的“主心骨”。

除了自己承担的工作量，别人修不了的产品也全变成了他的“责任田”。为了保证维修周期，白天干不完他就晚上接着干，工作日干不完他就休息日继续干。那段时间，冯浩基本“长”在了工位上，一天都没有休息过。攻关组成员们吃住在车间工位上，室内明亮的灯光让他们分不清白天黑夜。在他的带领下，公司 ATP 产品的维修速度大幅提升。

作为技术能手，冯浩在技术上不断摸索与磨砺，对工作过程也不断进行改进与优化。

从最初的印刷电路板焊接起步，到熟练掌握核心装备的整机调试和疑难故障排除，再到承担中国高铁列控系统核心装备的国产化硬件研究、自主化产品试制等重点任务，冯浩始终用实力证明着自己。

他先后攻克了国外引进的高铁核心定位设备——BTM(应答器传输模块)多项技术难关，尤其是 BTM 一次性调试通过率。

这是一项难度较大的专项技术。冯浩通过无数次的试验研究得出了波形点位控制调试方法，将原 BTM 波形调试的一次性通过率提升至 100%，大大提高了BTM产品的测试效率，达到了国际领先水平。同时，他还参与了CAU(紧凑型天线单元)及 ATP 等多项核心关键产品的国产化自主研制项目，因超强的故障诊断、分析、排除能力，获得"信号产品医生"的美名。

冯浩在测试 60E 产品　黄磊 / 摄

当好传道授业的“启明星”

冯浩时刻不忘带领团队共同进步。无论是日常出现的小问题，还是项目攻关的大难题，他总是将技能技艺接力传承作为自己的使命责任，将所学所得毫无保留地分享给年轻的同事们。

2019 年，冯浩为即将参加技能大赛选拔赛的选手们进行培训。他在培训前认真备课，在课堂上从不吝于将自己总结的方法诀窍传予他人。他认真制作有关产品调试和故障处理的培训课件，同时也会给大家讲解比赛中容易出现问题的焊接手法和工艺纪律、参赛技巧等内容。

如今，无论何时何地，只要年轻职工有问题有疑惑，他都会认真回应，将自己所知所悟的技巧、经验毫无保留地教授给大家。对于他人创新的工艺工法，他也会从专业的角度进行推敲、优化，以提升其可用性和稳定性。

提起冯浩，身边人都会竖起大拇指，称赞他过硬的业务能力和积极向上的心态。

在同事眼中，他既是严师又是朋友。在工作中，他做事认真负责、业务技能强。“冯师傅认真负责，每天下班后都能看到他忙碌的身影。他时时关注着工序中发生的问题，对工作的热情和责任心令我十分敬佩。”谈到师傅冯浩，徒弟陈思一脸钦佩，“平时，师傅待我们特别随和，工作中却是一位严厉的老师。徒弟犯错，他绝不留情面，一定会当面批评指正。”

在生活中，冯浩不仅对自己家庭负责，而且对徒弟也格外关心，给予他们帮助和支持。“在我遇到困难和问题时，冯师傅总会伸出援手。”徒弟崔健说。

一个先进就是一粒火种。一批批积极向上、聪敏好学的青年人在冯浩的带动下不断前进。在多项产品的国产化试制过程中，他带领团队攻克一个个技术难关，使团队成员在工作中逐步成长成才。

他团队的成员中 3 人获得中央企业技术能手称号，2 人获得全国技术能手称号。今年 7 月，冯浩的徒弟陈思在首届 BGA/BTC 器件返工竞赛中斩获全国亚军。

看到徒弟所获的优异成绩，冯浩欣慰不已，激动地说：“高超精湛的技术是无数个日日夜夜磨炼的结果，希望我的徒弟们再接再厉，在工作中再创佳绩。”

全国技术能手、中央企业技术能手、中央企业青年岗位能手……当一顶顶桂冠戴到了冯浩头上时，他更加坚定了自己刻苦钻研技术的决心，在一个个项目中接受锻炼和磨砺，把精湛的技术应用在生产一线，把钻研的精神投入工作各个环节，承担起更多的责任和使命，以实际行动诠释大国工匠精神。

在冯浩的身上，我们看到了精益求精、专注专业、持久坚韧。如今，冯浩仍然在他的工匠之路上，一步一个脚印、踏踏实实地继续前行着。

扫码观看视频

采访手记

一棵风中劲草

“我只是一棵小草，一棵生长在北信的、普普通通的小草。”每当人们夸赞冯浩时，他都会这样谦虚地回应。

冯浩不善言辞，记者提问时，他总是沉默许久才回答。日常沉默寡言的他一旦上了操作台，就像变了一个人，眼神坚毅而有力量，全情投入、全神贯注，专注于当前的任务和工作，不被外界干扰或分心。从他专注的神情中，看得出他是真的热爱这份工作。初心在方寸，咫尺在匠心。

冯浩没有豪言壮语，他说只是因喜爱而热爱，因热爱而无悔。工作24年来，冯浩就是这样默默用心谱写人生的华丽乐章，用双手织就自己的“大国工匠”梦想。

（原载于2023年10月16日《人民铁道》报1版）

乔继兵

中共党员，哈尔滨铁路公安局佳木斯铁路公安处南岔站派出所所长，曾获全国优秀人民警察、全国特级优秀人民警察等荣誉，被公安部授予全国公安系统二级英雄模范荣誉称号。

兴安红松护平安

——记哈尔滨铁路公安局佳木斯铁路公安处南岔站派出所所长乔继兵

胡艳波　何佳曦　康　健

凌晨时分，南岔站站台上，他在路灯和月色的交映下，开始了夜间巡逻。借着手电筒的强光，他目光如炬，仔细探查站区中每一处治安隐患。

在南岔机务车间油库、乘务员公寓、南岔站货运及邮政快递中转站仓库，他带领民警实地踏查值班情况和内部安全防范设施，确保辖区内客货运输平稳有序。

他就是哈尔滨铁路公安局佳木斯铁路公安处南岔站派出所所长乔继兵，那个为了简单而又崇高的使命，扎根小兴安岭密林深处，像红松一样凛然挺立的人。

守护站区平安，他走过最长的路

3月21日，天刚蒙蒙亮，乔继兵便佩戴好徽章、肩章和警号牌，装备整齐，开始一天的工作。

弹指一挥间，他穿上这身警服已有34年。“当一名警察，除暴安良。”乔继兵从小就有这么一个梦想，并为这个梦想一直努力着。

1989年，20岁的乔继兵义无反顾报考了西安铁路人民警察学校。毕业时，教官给他写下了“是直木就做栋梁，是曲木就做弯犁”的赠言，他铭记在心。

1991年，乔继兵来到南岔站派出所工作。与电影中舍命追捕持枪毒贩的缉毒警察和身怀绝技千里追踪的特警不同，铁路警察乔继兵的日常就是驻守孤山，保障穿山越岭通江达海的钢铁大动脉安全畅通。

“自入职起，我每天都要沿着91公里的辖区线路进行巡逻，及时制止破坏铁路设备设施和影响行车安全的行为，确保铁路安全万无一失。”乔继兵说。

不论白天黑夜、刮风下雨，乔继兵坚持不懈走村屯、到田间。“我在线路区间巡查时，肚子饿了，就摘野果子吃；口渴了，就捧一口山泉水喝。山里蛇多，就算碰到毒蛇也没什么稀奇。”乔继兵说。巡查过程中，他会仔细观察沿线防护网有无破损，遇到能当即解决的小问题，就从随身携带的工具包中拿出钳子进行修复。山林茂密，树枝杂乱，手上、背上甚至头上总有一些小剐小蹭，但他从不在意。

乔继兵在夜间巡逻中仔细探查站区每一处治安隐患　康健／摄

仅仅从2007年担任所长至今的16年间，乔继兵步行巡查超过18000公里，几乎相当于从地球北极点到南极点的距离。

浩良河站派出所是乔继兵任职最久的地方，坐落在小兴安岭脚下的伊春市南岔县浩良河镇。小镇四面环山，汤旺河水绵绵不绝，养育着常住的两万多人。

跟乔继兵共事过的同事都知道，老乔有一个随身携带的笔记本。他说怕自己记性不好，就把工作的重点和发现的问题一一记下来，时常翻看以免耽误工作。

“2010 年 9 月 8 日，晴。线路巡查，绥佳线 289 公里 300 米处牲畜侵限，协调排除。”工作日志上短短两行字，乔继兵却干了好几年。

浩良河站派出所管辖绥佳线 91 公里 5 个车站，护路宣传范围辐射线路两侧的 18 个村屯。每年秋冬之际，沿线放牧户的牲畜啃食秸秆，极易造成牲畜侵越线路。乔继兵日复一日走村入户，宣传铁路法律法规，讲解铁路安全常识。他在经年累月中总结出经验，整合优势警力提前开展法治安全宣传。逢春节、端午等传统节日，他就有计划地赶着村民家中人最齐的时候送拜年祝福、送警民联系卡，实现了牲畜侵限等隐患数量逐年下降。

2012 年以来，国家不断加大保护森林资源、维护生态平衡力度，浩良河站派出所增加对管内林区的巡查检查频次。

有一次，乔继兵在香兰至汤原间巡线时，发现一处长达 500 米的防护林缺口。为防止被盗木材运走，他走访群众、勘察现场，连续一个月每天在清晨和夜晚时段对存放木材地点进行蹲守，终于成功打击了盗木犯罪。其间，为抓捕一名偷盗犯，他追着嫌犯钻进山里，又是翻山又是下河，直到嫌犯精疲力尽束手就擒。“只要他在我的视线范围内，我就决不能放过他。林木是铁路的更是国家的，保护林区对铁路安全和生态环境都至关重要。”乔继兵说。

春夏秋冬、寒来暑往，在一次次脚踏实地的排查中，乔继兵坚持做到小隐患整治消除不过夜，大隐患整改及时逐个销号。在他和同事的共同努力下，浩良河站派出所实现了多年管辖范围内线路事故、刑事案件“零发生”。

警心民心相连，他有金子般的心

在浩良河站派出所管内，有座铁路“八号桥”，位于绥佳线 291 公里 858 米处。这座桥曾是浩良河镇周边 5 个村屯 2000 余户居民出行的过河桥。桥上行车往来，存在一定安全隐患。

为了铁路沿线安全，乔继兵一边加大治安管控力度，一边开拓思路多方奔走，预判可能出现的安全问题，多次向南岔县区委区政府、浩良河镇政府汇报情况。经过多次沟通协商，2017 年 8 月，一座横跨汤旺河的大型浮桥在铁路“八号桥”上游 200 米处建成，2021 年底公路桥也建成通车，为河两岸居民的出行提供了便利。因为乔继兵的“乔”音同“桥”，他一心为民的“大桥所长”外号不胫而走。

老百姓的事没有大小。铁路是路，公路是路，田间小路也是路。

2021 年，乔继兵调到南岔站派出所担任所长。一次线路安全巡查过程中，他发现南乌线 14 公里 800 米至 870 米上行线路左侧没有田间路，双合村村民只能在路肩上通过，才能到农田耕作。这无论对列车通行还是对村民人身安全，都存在安全隐患。乔继兵立即走访线路车间和村屯摸清摸透情况，会同南岔线路车间与双合村委会协商修路，勘察线路电缆、制订施工方案，把为群众修路提上第一日程。

不到两个月，一条只有 70 米长、4 米宽，却每一米都洒下了老乔奔波劳累汗水的田间道路修建成功。当村民们开着农用车行驶在平坦的路面上时，脸上洋溢着幸福的笑容。

农忙了，他到田间地头；农闲了，他到屋里炕头。派出所辖区站线点段儿，铁道线路直拐沟弯儿，沿线村屯牛马羊倌儿，大车农机道口栏杆儿，特种经营大商小贩儿，辖区治安的大事小情都掌握在乔继兵心里。

有一次，在双合村进行路外安全宣传时，乔继兵偶然得知一个叫王宁的 9 岁小姑娘的家庭状况——父亲因病丧失劳动能力，母亲体弱没有工作。他主动拿出 1000 元钱让村支书匿名转交。

村民王春雷以务农为生，经济条件拮据。他难以忘记，儿子考上县城高中时，自己囊中羞涩无法支付学费，是乔继兵来到家里，悄悄留下了一沓钱。

乔继兵就是这样一个热心的人。他金子般的心，换来百姓珍贵的情。当地村民把乔继兵当成自家亲人。每当乔继兵进村时，村民们都会拉他到家里喝茶吃饭。为支持他的工作，村民组织了义务护路巡防队，自发到铁路沿线巡逻，开展法治安全宣传，及时消除路外安全隐患。

多年风雨兼程，他为大爱舍小家

乔继兵的心里，有两个家——一个在村里，有父老乡亲；一个在村外，有爱人和孩子。

今年新春前夕，爱人张秀梅带着年货，坐车来到警务区。“快过年了，来给他收拾收拾。”还没等乔继兵回来，张秀梅就在派出所里忙活起来，“16 个春节，年年都是在派出所里过的，年年都去村民家里，他把山沟沟当成了自己的家。”

结婚 30 多年，乔继兵一直在外工作。这个家基本是张秀梅一个人撑起来的。如今儿子乔木也成为一名铁路警察，每天早出晚归。张秀梅说：“爷俩一个比一个忙，家里就只剩我自己了。”

话虽如此，这位全国公安机关“好警嫂”总是默默给予丈夫最有力的支持。

2020 年元宵佳节，佳木斯铁路公安处党委收到一名民警家属的亲笔信。信中这样写道：“当前新冠疫情严重，我看在眼里急在心上。我把 2019 年国庆安保期间公安部慰问乔继兵的 1 万元钱捐出来，给咱们公安处所有奋战在抗疫一线的民警买口罩……”朴实无华的语言，非常时期的捐款，饱含了一名警嫂对抗疫一线民警最深切的关爱。写信的正是张秀梅。

有人曾问她，想不想老乔早点退休？她的眼泪一下子就出来了：“我最惦记的是他的身体和安全，只要他平安，再干多久我都支持！”

3 年前，乔继兵母亲病重，他忙于工作没时间照顾，一直是张秀梅衣不解带日夜照料。老人弥留之际一直念叨着乔继兵的名字。当张秀梅拨通丈夫电话时，两个人都哭了……

扁担挑水两头搁，顾得了一头，顾不了另一头。乔继兵说：“老百姓的平安总要有人守护，我既然选择了人民警察这个职业，就必须义无反顾坚持下去。”

任浩良河站、南岔站派出所所长以来，他始终坚持将警营文化作为队伍建设的第一要务，教导青年干警识大局、务实干、讲团结、比奉献，把对家人的爱转化为对老百姓的爱，共同将警营整体效能释放到最大化。他提出打造站区命运共同体，确保小矛盾不出班组、大矛盾不出车间，保障了民警队伍持续稳定。

乔继兵在为出行旅客服务，帮助旅客顺利乘车　康健 / 摄

时光隽永，一株株扎根小兴安岭的红松不惧狂风暴雨，不畏严寒酷暑，四季常青，生机勃勃。像乔继兵一样的铁警正如红松一般，奋发向上，坚韧挺拔，共同守护着平安中国。

扫码观看视频

采访手记

甘于平凡　忠于人民

有些人自命不凡，但终其一生碌碌无为；有些人甘于平凡，却在平凡中成就了不凡。乔继兵，这位长期扎根小兴安岭林区的铁路车站派出所所长，就是一个在平凡的岗位上成就不凡的人。

巍巍兴安岭，莽莽林海深。他与大山为伍、与铁路为伴，默默守护一方百姓平安。他用“舍小家为大家”的坚守，展现了一名共产党员、一名人民警察对党的忠诚、对事业的热爱、对人民的情怀。

兴安绵亘，这片红松钟情的土地，生成了爱国担当、敬业奉献的林区气质，挺起了“天地英雄气，千秋尚凛然”的不屈风骨。万壑松涛，见证了一代又一代小站铁路人埋头苦干、砥砺前行的奋斗历程。

（原载于2023年4月9日《人民铁道》报1版）